Klemens Ludwig

Die Opferrolle

Der Islam und seine
Inszenierung

Herbig

Für sachkundige Begleitung, anregende Diskussionen,
wichtige Hinweise und Korrekturen bedanke ich mich ganz herzlich
bei Atussa Azady, Monika Deimann-Clemens, Ralf Eilers,
Nikolaus Holz, Antje Ludwig, Collin Schubert, Barbara Simon-Mick,
Christa Stolle, Wolfgang Wagner und Jeanette Wechsler.

Besuchen Sie uns im Internet unter:
www.herbig-verlag.de

© 2011 F. A. Herbig
Verlagsbuchhandlung GmbH, München
Alle Rechte vorbehalten
Umschlaggestaltung: Wolfgang Heinzel
Herstellung und Satz: VerlagsService Dr. Helmut Neuberger
& Karl Schaumann GmbH, Heimstetten
Gesetzt aus der 11,25/14,15 Punkt Minion
Druck und Binden: GGP Media GmbH, Pößneck
Printed in Germany
ISBN 978-3-7766-2659-9

Inhalt

Vorwort
von Mina Ahadi

Religion an der Macht – das kennzeichnet zahlreiche islamische Staaten. Es bedeutet Geschlechterapartheid und Kopftuchzwang und verursacht großes Leid für unser Leben, insbesondere für unser Leben als Frauen. Die Mehrheit der Menschen in der modernen Welt hat gegenüber diesem religiös begründeten Angriff auf unsere Lebensführung, auf unsere Gefühle und unsere Sexualität zu lange geschwiegen, selbst gegenüber den brutalsten Auswirkungen wie Steinigung, Todesstrafe, Ehrenmorde und andere religiös sanktionierte Traditionen, die in Staaten wie dem Sudan, dem Iran, dem Jemen, Saudi-Arabien, Somalia oder Afghanistan weitverbreitet sind.

Ich führe hier keine theoretische Debatte, ich berichte von ganz alltäglichen Erfahrungen. Deshalb kann ich Politiker und sogenannte Islamwissenschaftler, die dieses Elend ignorieren, verharmlosen oder schönfärben und damit auch noch Geschäfte machen, nicht länger akzeptieren.

Ich klage die Weltöffentlichkeit an, die aus falsch verstandener Toleranz zu wenig unternimmt, wenn Religionsfanatiker aus der Regierung mich angreifen und mehrere von meinen iranischen Leidensgenossinnen steinigen, weil wir es wagen, gegen deren Moralvorstellungen zu verstoßen.

Ich klage die Weltöffentlichkeit an, die Erniedrigungen und Gewalt gegenüber Apostaten hinnimmt und nicht protestiert, sondern versucht, alles zu verharmlosen und kleinzureden.

Angesichts der Globalisierung, die vor Weltanschauungen und Ideologien nicht haltmacht, muss auch die undifferenzierte und unkritisch gewährte »Religionsfreiheit« überdacht und neu verhandelt werden. Ohne eine genaue Auseinandersetzung mit den Inhalten dürfen religiöse Lehren nicht länger ein Freifahrtschein für Menschenrechtsverletzungen sein. Die Duldung menschenverachtender religiöser Praktiken ist nicht etwa ein Indiz von Freiheit, sondern Beihilfe zur Bekämpfung der kulturellen Moderne, mit ihren Errungenschaften für alle Menschen. In einer modernen Welt dürfen Mord, Gewaltverbrechen und Vergewaltigung nicht hingenommen werden, und es stellt sich die Frage, wieso die Welt schweigt und zur Tagesordnung übergeht oder gar einer Politik das Wort redet, die auf eine Kapitulation vor gewaltbereiten Religionsfanatikern hinausläuft.

Besonders verzerrt wird die weltanschauliche Auseinandersetzung dadurch, dass ausgerechnet der politische Islam, der unnachgiebig und skrupellos seine Vorstellungen durchzusetzen versucht, schnell in die Rolle des Opfers schlüpft, wenn er auf Widerstand stößt und kritisiert wird. So gelingt es ihm auch noch, seinen Kritikern ein schlechtes Gewissen zu machen.

Dieses Phänomen greift Klemens Ludwig in dem vorliegenden Buch auf und dokumentiert es mit einer erdrückenden Zahl von Beispielen. Damit leistet er einen wichtigen Beitrag zur Aufklärung über die Strategie des politischen Islam, die bisher zu wenig Beachtung gefunden hat. Ich wünsche dem Buch offene Herzen. Möge es konstruktive Debatten auslösen!

Mina Ahadi
International Committee against Execution
International Committee against Stoning

Persönliche Vorbemerkung

Meine erste Begegnung mit dem Islam fand nördlich des Polarkreises statt, wo man nicht unbedingt starke islamische Gemeinden vermutet. Es war im August 1977. Ich war als junger Student kurz zuvor zur »Gesellschaft für bedrohte Völker« gestoßen, die mir das Tor zur Welt geöffnet hat. In jenem August fand in Kiruna im nordschwedischen Sapmi (Lappland) der Weltkongress der indigenen Völker statt – Multikultur im besten Sinne: Delegationen verschiedener nordamerikanischer Indianer, Ketchua und Aymara aus dem Andenhochland, Mapuche, die zu den Opfern der Pinochet-Diktatur in Chile gehörten, australische Aborigines, Vertreter der polynesischen Urbevölkerung Hawaiis, die ihre Inselkette nicht als 50. Staat der USA betrachten, und die Sami selbst gaben einen Eindruck von der Vielfalt derer, die vom Kolonialismus an den Rand gedrängt worden sind.

Daneben fiel eine Gruppe besonders auf. Ein paar junge schwarze Männer waren aus den USA angereist. Mit ihnen in Kontakt zu kommen war leicht, und schnell stellte sich heraus, dass es sich um Angehörige der Black-Muslim-Gemeinschaft handelte, bei denen sich alles um den Islam drehte: »Oh, du bist aus Deutschland? Wie ist der Islam bei euch verbreitet? Gibt es Moscheen? Wie viele?« Auf diese Art lief jedes Gespräch ab, das sie mit anderen führten – nur dass sie die Ländernamen austauschten.

Ich konnte nicht viel über den Islam in Deutschland sagen. In meinem heimatlichen Sauerland gab es keine Moscheen und der Religionsunterricht sah den Islam noch nicht vor. Insofern hatte ich keine konkrete Meinung. Der Islam war einfach ein unbeschriebenes Blatt für mich. Aber diese Begegnung in Sapmi war der Anstoß zu einer intensiven Beschäftigung mit ihm, die mich in zahlreiche islamische Länder führte, insbesondere in Asien. Lange bevor es in Deutschland den »Tag der offenen Moschee« gab, habe ich in den 1980er-Jahren in Marawi im Süden der Philippinen ein islamisches Gotteshaus besucht.

Es ist jedoch der wachsende Einfluss des Islam in Europa, der mich letztlich zu diesem Buch bewegte: Es reflektiert eine über 30-jährige Auseinandersetzung mit dem Islam und erhebt den Anspruch, Fakten zu liefern, die verifizierbar und diskutierbar sind, sofern sie unvoreingenommen zur Kenntnis genommen werden. In diesem Sinne lädt es zur Debatte ein.

Der Islam – Opfer abendländischer Arroganz?

Der Islam gehört inzwischen auch zu Deutschland«, erklärte Bundespräsident Christian Wulff programmatisch in seiner Rede zum Tag der Deutschen Einheit 2010. Dem stehen andere Schlagzeilen gegenüber: »Islamfeindlichkeit ist in Deutschland auf dem Vormarsch«; »Muslime fühlen sich unter Generalverdacht«; »Gefühl der Nicht-Akzeptanz und Frustration«; »ARD- und ZDF-Programm stärken Islam-Angst«; »Kampf dem Islam?«; »Feindbild Moslem«; »Feindbild Islam«. Oder: »Islamfeindlichkeit ist die gegenwärtig am meisten verbreitete Form von Rassismus«; »Wieder einmal stehen wir deutschen Muslime da wie Idioten«; »Früher waren es die Juden, heute sind es die Muslime«; »Alarmierend: Muslime fühlen sich ausgegrenzt«; »So seien die Muslime eben, beleidigt, rachsüchtig, unfähig zur ›Selbstkritik‹, unwandelbar, unverbesserlich – eben absolut böse«. Und zu guter Letzt: »In der Summe ist ein ganz erheblicher Teil der in Deutschland lebenden Muslime davon überzeugt, dass die Gemeinschaft der Muslime benachteiligt und schlecht behandelt wird.«

Das sind nur einige willkürlich herausgegriffene Schlagzeilen deutscher Medien oder Titel von Studien der letzten Jahre, mit denen das Bild vom Islam als Opferreligion festgeklopft wird. Dabei wird auch der Vergleich mit dem Schicksal der Juden, der zunächst für große Empörung gesorgt hat, immer salonfähiger. Bemerkenswert ist, dass derartige Äußerungen nicht nur von Muslimen selbst getan werden, sondern auch von zahlreichen einflussreichen europäischen Intellektuellen, Theologen und Islamwissenschaftlern, darunter dem ehemaligen Bundeskanzler Helmut Schmidt, den Politikern Oskar Lafontaine und Jürgen Todenhöfer, dem Schriftsteller Günter Grass, den Theologen Hans Küng und Eugen Drewermann sowie dem Psychoanalytiker Horst-Eberhard Richter. Auffällig an der Debatte ist zudem, wie gerne pauschaliert wird: »Der Westen« oder sogar »wir« sind kollektiv verantwortlich dafür, wenn Muslime sich als Opfer fühlen, ja letztlich werden »wir« für jede Gewalttätigkeit, jede misslungene Integration, jedes Bekenntnis zum Islamismus verantwortlich gemacht – »wir«, die abendländische Gesellschaft. Bezeichnend hierfür ist die Einschätzung des früheren CDU-Bundestagsabgeordneten und Medien-Managers Jürgen Todenhöfer: »Ist es wirklich erstaunlich, dass Extremisten immer mehr Zulauf bekommen? Dass einige Menschen irgendwann zurückschlagen, wenn ihre Familien wieder und wieder von unseren Vernichtungsmaschinen niedergewalzt werden? (…) Wie soll die muslimische Welt an unsere Werte Menschenrechte, Demokratie und Rechtsstaat glauben, wenn sie von uns nur Unterdrückung, Erniedrigung und Ausbeutung erlebt?«[1] Er schreibt wirklich »nur«! Sonderbarerweise werden die gegen »uns« gerichteten Pauschalvorwürfe zumeist von denen erhoben, die sich vehement dagegen wehren, »den Islam« pauschal für seine Schattenseiten verantwortlich zu machen. Doch das Gebot der Stunde sollte doch sein, die für den Islam geforderte Differenzierung auf beiden Seiten gelten zu lassen.

Muslime selbst nehmen die Opferrolle an: »Die Moslems sind die neuen Juden Europas«, meinte Faruk Sen, der Leiter des Instituts für Türkeistudien in Essen, den dieser Vergleich seine renommierte Stelle gekostet hat. Das behauptete auch Shahid Malik, Staatssekretär im britischen Entwicklungshilfe- sowie Justizministerium und ranghöchster Moslem im Dienst

Ihrer Majestät. Malik begründete seinen Vergleich damit, dass die Briten seit den Anschlägen auf die Londoner U-Bahn im Juli 2005 ein »enormes Misstrauen« gegenüber Muslimen zeigten. Auch im Zusammenhang der jüngst entbrannten Debatte um die Thesen des ehemaligen Bundesbank-Vorstands Thilo Sarrazin wurde immer wieder der Vorwurf der Islamfeindlichkeit seitens Muslimen und Nicht-Muslimen erhoben. Dabei hat sich Sarrazin zu der Religion als solcher gar nicht geäußert. Er unterstellt jedoch Migranten aus der islamischen Welt – insbesondere der arabisch- und türkisch-islamischen – mangelnde Integrations- und Leistungsbereitschaft in Deutschland. Gleichzeitig sieht er in der höheren Geburtenrate und der anhaltenden Zuwanderung dieser Gruppen deren wachsenden Einfluss auf die Gestaltung der Gesellschaft. Die Kritik an Sarrazins Thesen fiel auch deshalb so heftig aus, weil er diese genetisch zu belegen suchte.

Szenenwechsel: In dem Film *The Day after Tomorrow* von Roland Emmerich aus dem Jahre 2004, der auf sehr drastische Weise die Folgen der Klimakatastrophe schildert, spielt ein schwarzer Obdachloser eine wichtige Nebenrolle. Da er lange auf der Straße gelebt hat, kann er den Helden, die dem Ungemach der Natur trotzen, wichtige Überlebenstipps geben. Der Obdachlose hat einen Hund – und der heißt Buddha. Gewiss haben den Film viele Buddhisten gesehen. Was haben sie wohl gedacht, gefühlt, getan? Soweit man weiß, hat dieser Umstand unter den Buddhisten zu keinen nennenswerten Protesten wegen Verletzung religiöser Gefühle und Diskriminierung geführt. Welche Reaktion dagegen ein Hund namens »Mohammed« wohl ausgelöst hätte, lässt sich leicht ermessen. Dazu sollte man wissen: Im Sauerland wurde die Besitzerin eines Pferdes, das Mohammed hieß, dringend aufgefordert, den Namen zu ändern, weil damit die religiösen Gefühle der Muslime beleidigt würden. »Geschmacklos und moralisch unzulässig«,

»unverschämt«, »eine Beleidigung« waren die Reaktionen islamischer Vereine und Einzelpersonen.[2] Als eine englische Lehrerin im Sudan auf Vorschlag ihrer siebenjährigen Schüler das Klassenmaskottchen, einen Teddybären, Mohammed nannte, wurde sie wegen Beleidigung zu einer Gefängnisstrafe verurteilt.[3]

Und noch ein kurzer Blick auf andere Religionsgemeinschaften: In Paris wurde 1996 eine »Buddha-Bar« gegründet, von der es inzwischen Ableger in London, Prag, Sao Paulo, Kiew, Jakarta, Kairo und anderswo gibt. Da Buddha Rauschmittel abgelehnt hat, ist diese Namensgebung besonders geschmacklos. Dennoch gab es nur in Jakarta Proteste gegen die Einrichtung – von islamischen Sittenhütern. Auch Buddhas als lächerliche Figur der Auto- und sonstigen Werbung sind keine Seltenheit. Beleidigte Reaktionen fanatischer Buddhisten sind nicht bekannt. Dabei verehren die Buddhisten den Stifter ihrer Religion nicht weniger als die Muslime. Andere Religionen müssen ebenfalls ertragen, dass ihre Propheten und Gottheiten profanisiert werden. Nach den hinduistischen Göttern Shiva und Brahma werden Hunde, Katzen und sogar Hühner benannt. Jesus oder auch Moses sind häufig Gegenstand despektierlicher Karikaturen. Und in Deutschland ist eine gewisse Respektlosigkeit gegenüber religiösen Autoritäten bis in höchste Kreise verbreitet. Justizministerin Sabine Leutheusser-Schnarrenberger nannte ihren Hund – eine schwarze Dackelmischung mit weißem Hals – »Dr. Martin Luther«.

In diesem Buch soll nun die Behauptung, Muslime seien Opfer abendländischer Arroganz und Hegemonialbestrebungen – eine These, die führende Vertreter aller islamischen Richtungen beizeiten für sich reklamieren und dabei von so manchem Nicht-Muslim unterstützt werden – nicht nur kritisch hinterfragt, sondern auch nach den Motiven dieser Wahrnehmung gesucht werden. Denn letztlich geht es bei dieser Frage nicht um Sentimentalitäten. Es geht darum, welche Werte in Zeiten der kulturellen Vielfalt, der Migrationsbewegungen und der Globalisierung für das Zusammenleben in Europa maßgebend sein werden. Um dieser Sache auf den Grund zu gehen, wird es nötig sein, auch einen Blick auf die religiösen Lebensumstände in der islamischen Welt zu werfen. Wie steht es dort um die Werte, die Muslime hinsichtlich ihrer Religion in Europa selbstbewusst für sich einklagen?

Wer behauptet, es sei unakzeptabel, eine Verbindung zwischen der Behandlung von Muslimen in der abendländischen Welt und den nicht-islamischen Religionsgemeinschaften in der islamischen Welt herzustellen, fällt in das Menschenrechtsverständnis der Zeit vor der Aufklärung zurück. Bis zu jener Epoche wurden Menschen- und Freiheitsrechte nur gewährt, wenn es dem Souverän gefiel; universell und einklagbar waren sie nicht. Die Universalität der Menschenrechte, unabhängig von der Großzügigkeit des Souveräns, ist dagegen eine wesentliche Errungenschaft der Aufklärung. Über alle kulturellen Unterschiede hinweg erhielten diese Prinzipien ihre Bedeutung mit der Allgemeinen Erklärung der Menschenrechte, die am 10. Dezember 1948 von der Generalversammlung der Vereinten Nationen verabschiedet wurde. Ihr gehörten auch zahlreiche islamische Staaten an wie Ägypten, Iran, Irak, Saudi Arabien und Syrien. Daraus ergibt sich zwingend, dass den nicht-islamischen Glaubensgemeinschaften in der islamischen Welt die gleichen Rechte zustehen wie den Muslimen in der abendländischen. Das kann nicht nur eine abstrakte Forderung am Rande von Staatsbesuchen aus der islamischen Welt und Thema von politischen Talkshows sein, sondern die unbedingte Verpflichtung der Weltgemeinschaft – einschließlich der Muslime.

Eine fundierte kritische Auseinandersetzung mit der Frage nach der Opferrolle schürt weder neue Feindbilder, noch stellt sie eine ganze Religionsgemeinschaft unter Generalverdacht, noch leistet sie intoleranten Ideologien Vorschub. Dieses Rollenverständnis sorgt vielmehr für ein grundlegendes Missverständnis in der gegenwärtigen Debatte um Integration, Multikultur und Toleranz. Es ist ein unüberwindliches Hindernis auf dem Weg zu einem gleichberechtigten, respektvollen Miteinander. So selbstverständlich es sein muss, dem Islam mit Respekt zu begegnen und zu versuchen, ihn aus sich selbst heraus zu verstehen, so wenig darf die Auseinandersetzung mit der sich in Europa rasch ausbreitenden Religion tabuisiert werden, da die Entwicklung durchaus ihre schwierigen Seiten hat. Das Buch sucht deshalb seinen Platz zwischen den Fronten, zwischen den Islamophilen und den Islamophoben. Es lehnt den Islam nicht pauschal ab, aber es widerspricht der weitverbreiteten Meinung, ihn in erster Linie als Opfer zu sehen. Somit bietet das Buch einen eigenständigen Ansatz zum aktuellen gesellschaftlichen Diskurs, der umso leidenschaftlicher geführt wird, je mehr Einfluss der Islam in Europa ausübt.

Kapitel 1

Tragende Werte? Das Abendland und die islamische Welt

Die gesellschaftliche Auseinandersetzung um das Miteinander verschiedener Kulturen wird besonders hierzulande kontrovers und heftig geführt und droht bisweilen, die eigene Basis, die eigenen Errungenschaften aus dem Auge zu verlieren. Wer von »Werten« redet, macht sich schnell verdächtig, ein Reaktionär zu sein, ein Ewiggestriger, an dem die Herausforderungen einer globalisierten Welt vorübergegangen sind oder der davon so verunsichert ist, dass er sich in die Wagenburg der eigenen Tradition zurückzieht. Wer gar von einer Leitkultur, das heißt von einem verbindlichen gesellschaftlichen Wertekonsens spricht, muss damit rechnen, in die rassistische oder gar die braune, völkische Ecke gedrängt zu werden. Das sind keine Auswüchse einer lebhaften Debatte, es sind weitverbreitete Überzeugungen von öffentlichen Meinungsführern.

Dabei wird pikanterweise häufig übersehen, dass die Debatte über die Leitkultur von einem arabisch-islamischen Migranten angestoßen wurde: Bassam Tibi – und nicht von dem CDU-Politiker Friedrich Merz, wie häufig kolportiert. Tibi, ein Politologieprofessor, der aus einer alten syrisch-islamischen Gelehrtenfamilie stammt, wusste, was er tat: »Mit der Debatte über Leitkultur wurde eine lange überfällige Diskussion über eine bisher tabuisierte Thematik entfacht, die das Land braucht. Die Kritik an der Wertebeliebigkeit *der multikulturellen Gesellschaft* ist der Hintergrund des von mir geprägten Begriffs der Leitkultur als konsensueller Werte-

17

orientierung.«[1] Tibi fordert in dem Zusammenhang eine »kulturelle Moderne«, deren Basis Vernunft, Säkularisierung, Demokratie, Pluralismus und Toleranz sein sollten. Die Reaktionen auf seine Initiative waren nicht gerade ermutigend: »Wie bei anderen Debatten, so auch bei diesem Thema, holten die Kontrahenten von links und rechts ihre Keulen, mit denen sie ihre Gegner k. o. schlagen wollten, heraus, ohne auf die Inhalte des Begriffs ›Leitkultur‹ einzugehen und seine Bedeutung für die Integration zu erkennen.«[2] Unerschrocken an Tibis Seite stellte sich eine weitere Persönlichkeit mit Migrationshintergrund. Die aus der Türkei stammende Rechtsanwältin und Autorin Seyran Ates tritt entschieden dafür ein, sich zu einer Leitkultur zu bekennen: »Der Begriff Leitkultur erzeugt bei vielen Menschen eine extreme, fast aggressive Abwehrhaltung, als sei er ein Angriff auf ihre politisch korrekten Überzeugungen von Liberalität und Toleranz. Ich kann mir diese Überreaktion teilweise erklären, wirklich verstehen kann ich sie nicht. Denn wenn wir über Leitkultur sprechen, sprechen wir über Werte, diskutieren wir über Werte. Es geht dabei um das Entdecken gemeinsamer, transkultureller Werte, um das Gegenteil einer intoleranten, antiliberalen, alles Fremde und andere ausgrenzenden Blut-und-Boden-Ideologie. (…) Wir brauchen eine europäische Leitkultur, an der sich nach Europa zugewanderte, eingewanderte Menschen orientieren können und müssen«,[3] fordert Ates, die sich selbst gern als »Deutschländerin« bezeichnet.

Von Leitkultur spricht auch Michael Schmidt-Salomon, der Geschäftsführer der religionskritischen Giordano-Bruno-Stiftung. Er plädiert für eine »Leitkultur Humanismus und Aufklärung«, die er »jenseits von Fundamentalismus und Beliebigkeit«[4] ansiedelt.

Tatsächlich darf die Auseinandersetzung mit Leitkultur und Werten nicht tabuisiert werden oder Ideologen überlassen bleiben. Im Gegenteil, die Frage muss erlaubt sein, ob Werte an sich etwas Reaktionäres, Rückwärtsgewandtes sind, das abzulehnen ist, weil es keinen Raum für Vielfalt und Toleranz lässt? Oder ob sich die weithin spürbaren Vorbehalte speziell gegen die Werte und Traditionen der abendländischen Welt richten? Doch was ist eigentlich das Abendland?

Das Abendland – eine Begriffsschärfung

Der französische Philosoph Roger-Pol Droit stellt dafür zahlreiche Möglichkeiten zur Disposition: »Ist es ein Ort, eine Region? Europa oder Amerika? Sind es beide? Oder nur die reichen Staaten? Handelt es sich um einen historischen Zeitabschnitt? Oder nur um ein Wirtschaftssystem? Sind es ethische Grundsätze oder ist es eine Religion? Ein Lebensstil oder eine Geisteshaltung? Ist es ein Fluch oder ein Segen?«[5] Oder noch etwas ganz anderes, nämlich »schon im 18. Jahrhundert ein antiaufklärerischer Kampfbegriff«?[6] Droit nimmt die definitorische Herausforderung an und bestimmt das Abendland. Als Ausgangspunkt dafür ortet er Athen und das antike Griechenland als den ersten »Grenzmeridian«: »Im Osten trafen die Griechen auf die Perser, den heutigen Iran, die Küste von Kleinasien, die am Mittelmeer gelegenen Gebiete der heutigen Türkei und jenseits des Schwarzen Meeres auf die Ausläufer des Kaukasus und Zentralasiens. Diese Region war für sie das ›Morgenland‹. Im Westen, auf der Seite, die bald als ›Abendland‹ bezeichnet wurde, befinden sich Italien, Sizilien, Spanien, Gallien, alle Länder, die Griechenland von der anderen Seite des Mittelmeers trennen und die darüber hinaus das Mittelmeer vom Atlantik trennen.«[7] Doch »Abendland« ist weit mehr als ein geografischer Begriff. Erst Religion, Philosophie, Wissenschaft, Kunst, Wirtschaft und die gesellschaftliche Ordnung charakterisieren den Begriff in seiner Vielfalt. Droit, ein entschiedener

Gegner jeder Form von Totalitarismus, bringt seine Definition auf den Punkt, wenn er das Abendland heute als eine »grenzüberschreitende Idee von einer Modernität in konstanter Entwicklung« bezeichnet, »in dem politische und religiöse Macht getrennt sind, in dem grundlegende Freiheiten garantiert und die Gleichheit der Geschlechter beschlossen ist, in dem die Demokratie nicht nur ein Wort ist. (…) Dieses Abendland ist kein Land und auch keine Zivilisation, sondern eine Geisteshaltung – eine, in der der Geist, im Gegensatz zur Sonne, es ablehnt zu ruhen.«[8]

Bei allen Schattenseiten, auf die später noch eingegangen wird, hat die abendländische Kultur in dem Raum zwischen Mittelmeer, Atlantik und Ostsee grundlegenden Werten den Weg bereitet, die nicht zur Disposition gestellt werden sollten, weil sie die Basis für ein tolerantes und respektvolles Miteinander bilden. Dazu zählt an erster Stelle die Bedeutung des Individuums. Ungeachtet aller Versuche totalitärer Bewegungen – auch im Abendland –, diese Errungenschaften auszuhöhlen, zieht sich der Kampf um die Bedeutung und Achtung des Individuums wie ein roter Faden durch 2500 Jahre abendländische Geschichte. Daraus resultieren Werte wie persönliche und politische Freiheit, Selbstbestimmung, Pluralismus, die Bedeutung von Bildung und Wissenschaft, soziale Verantwortung, Menschenwürde sowie die unveräußerlichen und durch sich selbst legitimierten Menschenrechte. In der uns bekannten Geschichte hat es keine Kultur gegeben, in der dem Individuum eine solche Bedeutung beigemessen wurde.

Die Wurzeln abendländischer Kultur

Manche Historiker wie beispielsweise Heinrich August Winkler, Emeritus der Humboldt-Universität in Berlin, datieren die Geburt der abendländischen Kultur noch 1000

Jahre früher als die griechische Antike und betrachten den ägyptischen Pharao Echnaton (Amenophis) im 14. vorchristlichen Jahrhundert als deren Stammvater. Dieser gilt als Begründer der Monotheismus und beeinflusste damit den jüdischen Stammvater Moses, der den Monotheismus über Ägypten hinaus verbreitete. Winkler sieht in diesem kulturhistorisch bemerkenswerten Schritt »einen gewaltigen Schub in Richtung Rationalisierung, Zivilisierung und Intellektualisierung«.[9] Die Betonung des Individuums hat jedoch ihre Wurzeln in der antiken griechischen Kultur. Die mündigen Bürger der *polis*, des alten griechischen Stadtstaats, gestalteten ihre öffentlichen Angelegenheiten selbst – ein Grundsatz, der von der jungen römischen Republik übernommen wurde. Dass es sich bei den »Souveränen« nur um freie Männer gehandelt hat, mag aus heutiger Sicht die Errungenschaften schmälern. Es ändert indes nichts an der Grundidee, wonach die Gemeinschaft von ihren Bürgern zu bilden sei und jeder einzelne mündige Bürger eine eigenständige Rolle gegenüber dem Kollektiv und dessen Autoritäten einnimmt. Feudalismus, Monarchie, Gottesgnadentum und Willkürherrschaft blieben dem Abendland zwar dennoch nicht erspart, aber es gab immer auch die entgegengesetzte Bewegung hin zu verbrieften Rechten und individuellen Freiheiten. Der Philosoph Karl Jaspers sieht in der antiken Polis »den Grund allen abendländischen Freiheitsbewusstseins, sowohl in der Wirklichkeit der Freiheit wie des Freiheitsdenkens.«[10]

Die Individualität wurde in der Antike auch philosophisch begründet. Aristoteles, der einflussreichste Philosoph, war ein entschiedener Verfechter autarker, persönlicher Selbstbestimmung. In der Nikomachischen Ethik, einem seiner Hauptwerke, beschreibt er drei unterschiedliche Lebensformen, die genussorientierte, die politische und die betrachtende. Die erste wird von der Mehrzahl der Menschen praktiziert; dabei geht es nur um die Befriedigung der Bedürfnisse. Aristoteles bezeichnet sie als »sklavenartig«. Die Gebildeteren hingegen wählen die zweite Form, womit Aristoteles nicht im modernen Sinn ein politisches, sondern vielmehr ein öffentliches Leben meint, in dem jeder einzelne Verantwortung für alle gesellschaftlichen Fragen übernimmt. Dabei spielen immaterielle Werte wie Ehre und Tüchtigkeit eine große Rolle. Anhängern dieser Lebensform attestiert der Philosoph jedoch Oberflächlichkeit. Nur eine Minderheit entscheidet sich für die dritte Form, nach Aristoteles die wirklich erstrebenswerte. Für den »betrachtenden«, kontemplativen Menschen steht nur noch der Geist im Mittelpunkt. Wer so lebt, ist eine autarke, das heißt geistig unabhängige und vernunftgeleitete Persönlichkeit. Nur die betrachtende Lebensform führt zur Glückseligkeit (*eudaimonia*), nach Aristoteles das höchste Ziel. Ihre Verfechter benötigen weder eine göttliche Offenbarung noch Gesetze, weil sie selbst alles besitzen. So gesehen, liegen in dieser Ethik bereits die Wurzeln der Säkularisierung, das heißt, der Verbannung des Religiösen ins Private, die seit dem frühen 19. Jahrhundert den Charakter des Abendlandes prägt.

Die Antike ist auch in Sachen Rechtssicherheit und Bildung die Basis für viele der heutigen Errungenschaften. Aus der Zeit von Kaiser Justinian I. im frühen 6. Jahrhundert stammt der Gesetzeskodex Corpus Iuris Civilis, der 533 n. Chr. in Kraft trat. Es war die Zeit, als das Römische Reich im Westen den Höhepunkt seiner Macht überschritten hatte und sein kultureller Einfluss mehr und mehr zurückging. Mit dem Gesetzeskodex gelang es dem in Konstantinopel regierenden Kaiser, die alten, zerstreuten Rechtstraditionen des römischen Rechts zusammenzufassen und entsprechend der aktuellen Belange zu modernisieren. Der Rechtsstatus der Frauen und Sklaven verbesserte sich im Zuge dessen erheblich. Der Corpus Iuris Civilis hatte seine Bedeutung jedoch nicht nur in der Aufarbeitung der Vergangenheit, sondern er sollte auch zu einem höchst einflussreichen Werk für die

Rechtsgeschichte Europas bis in die Gegenwart hinein werden, schuf er doch die Grundlage für die Herausbildung rechtsstaatlicher Traditionen, die zu den wichtigsten Errungenschaften der Zivilisation gehören. Im Hochmittelalter sorgte insbesondere die Rechtsschule von Bologna für die Rezeption und Verbreitung des Kodexes, der schließlich zur Grundlage der Rechtsprechung im Heiligen Römischen Reich Deutscher Nation wurde. Gerade den nicht-privilegierten Schichten wie der bäuerlichen Bevölkerungsmehrheit gewährte der Kodex weit mehr Rechtssicherheit als in außereuropäischen autoritären Gesellschaften üblich. Um sich gegen Willkürherrschaft und Frevel des Adels zur Wehr zu setzen, beriefen sich beispielsweise die Bauern während des Deutschen Bauernkrieges von 1524–1525 auf das alte oder gemeine Recht, eben den Corpus Iuris Civilis. In der Neuzeit beeinflusste der Kodex auch die Rechtspraxis der Preußen, Habsburger und Franzosen, bis sein Geist schließlich Eingang in das Bürgerliche Gesetzbuch von 1900 fand. Somit stehen die rechtsstaatlichen Strukturen Europas in einer eineinhalb Jahrtausende alten juristischen Tradition, eine weltgeschichtlich vermutlich einmalige Kontinuität.

Ein weiterer Meilenstein im Kampf um Rechtssicherheit, Freiheit und Achtung des Individuums war die englische Magna Charta Libertatum von 1215. Damit zwang der Adel den König, rechtlichen Garantien zuzustimmen, die seine Macht begrenzten und auch nicht-feudalen Gruppen einen Schutz vor Willkür sicherten.

Säkularisierung

Die Renaissance, die ihre Wurzeln im 15. Jahrhundert in Italien hatte, verhalf dem antiken Wert der Individualität zu neuer Bedeutung und leitete damit eine allmähliche Schwächung der dominierenden Institutionen von Kirche und Kaiser ein. Obwohl sich ihre Vertreter noch als selbstverständliche Teile der Kirche betrachteten, markierte die Renaissance den Anfang vom Ende der uneingeschränkten Herrschaft des Klerus. Die von Deutschland ausgehende Reformation forcierte zusätzlich dessen Entmachtung. Der Augustinermönch Martin Luther (1483–1546) bestritt nämlich dem Papst das Recht, über den Nachlass der Sünden verfügen zu können. Dies sei allein der Gnade Gottes vorbehalten, nicht guten Taten oder dem weitverbreiteten Ablasshandel. Somit bereiteten Renaissance und Reformation entscheidend den Boden dafür, was sich später als Aufklärung und seit dem 18. Jahrhundert als Säkularisierung vollzog.

Auch politisch hatte die Reformation weitreichende Folgen, wie Winkler ausführt: »Die Reformation war, theologisch gesehen, eine deutsche Revolution, was die politischen Wirkungen angeht, eine angelsächsische. Ohne die Reformation würde es die Vereinigten Staaten von Amerika vermutlich nicht geben. (…) Ohne Luther kein Calvin und ohne die calvinistischen Nonkonformisten nicht das, was man die westliche Demokratie nennt. Calvin war zwar alles andere als ein Demokrat, doch die unterdrückten calvinistischen Minderheiten waren später die Ersten, die in Nordamerika die Prinzipien der politischen Gleichberechtigung aller Menschen zum Programm erhoben.«[11] 1689, knapp ein halbes Jahrtausend nach der Magna Charta, wurde ebenfalls in Großbritannien die »Bill of Rights« verabschiedet, ein erstes Grundgesetz, das die Kompetenzen des Königs in Friedenszeiten erheblich einschränkte. Die Bill of Rights beeinflusste auch die Verfassung der USA vom 17. September 1787, in die zudem zahlreiche Ideen der europäischen Aufklärung sowie die Gewaltenteilung Eingang fanden. Noch zur Kolonialzeit, am 12. Juni 1776, hatten die nach Unabhängigkeit strebenden Nordamerikaner die »Virginia Declaration of Rights«

veröffentlicht, in der die Rechte der Bürger und ihre Beziehungen zur Regierung niedergelegt waren.

Unter dem Eindruck der Epoche des »Sonnenkönigs« Ludwig XIV. (1638–1715), als der Absolutismus seinen Höhepunkt erreicht hatte, entwickelte der Staatstheoretiker und Anti-Monarchist Charles de Secondat Montesquieu (1689–1755) seine modernen Staatstheorien. Interessanterweise nannte er eines seiner frühen Hauptwerke *Persische Briefe*. Darin machen sich zwei fiktive Europa-Reisende aus Persien Gedanken über »Gott und die Welt«. Montesquieus bedeutendster Verdienst ist die Theorie von der Gewaltenteilung, bis heute die Basis demokratischer Gemeinwesen, in der Exekutive, Legislative und Judikative unabhängig voneinander agieren und sich gegenseitig kontrollieren. Montesquieu war mit seinen Werken ein Wegbereiter der Aufklärung, laut Immanuel Kant (1724–1804) »der Ausgang des Menschen aus seiner selbst verschuldeten Unmündigkeit.« Ihre Verfechter glaubten an die Kraft des Verstandes und lehnten alle Traditionen, Normen und Institutionen ab, die nicht durch die Vernunft begründet werden konnten.

Die Französische Revolution beendete schließlich nicht nur die über tausendjährige Feudalherrschaft in Europa, sondern sie schuf auch die Grundlage für die Umsetzung von utopischen Ideen in konkrete politische Reformen. Am 26. August 1789 legte General Marquis de Lafayette, ein Veteran des amerikanischen Unabhängigkeitskrieges, der französischen Nationalversammlung eine Erklärung der Menschen- und Bürgerrechte vor. Gut zwei Jahre später wurde sie in die Verfassung aufgenommen. Darin ist von »natürlichen, unveräußerlichen, heiligen und unantastbaren« Rechten die Rede, deren Erhalt »Ziel jeder politischen Vereinigung« sein muss. Die Ideale der Französischen Revolution inspirierten zahlreiche Dichter und Staatstheoretiker, sodass neue Modelle des Miteinanders diskutiert wurden. Letztlich hat auch die Allgemeine Erklärung der Menschenrechte vom 10. Dezember 1948 darin ihre Wurzeln.

Ein Kind der Revolution, Kaiser Napoleon Bonaparte, der sich in der Ausübung seiner persönlichen Macht eher am Absolutismus orientierte, blieb in einem Punkt seinen ursprünglichen Idealen treu: Er verfügte die Säkularisierung. Durch sie wurde die Macht der Kirche endgültig gebrochen, Klöster geschlossen, der Klerus enteignet. Der Code Civil Napoleon verstand sich als Fortsetzung des römischen Corpus Iuris Civilis.

Auf die Epoche der Französischen Revolution geht auch die moderne Frauenbewegung zurück. Staatstheoretiker wie Montesquieu, Lafayette oder die amerikanischen Verfassungsväter meinten mit den »Menschen«, deren Rechte sie einklagten, nur freie Männer. Für Frauen und Sklaven waren solche Rechte nicht vorgesehen. Dagegen wandte sich die französische Schriftstellerin Olymp de Gouges (Marie Gouze, 1748–1793). Als Reaktion auf die »Erklärung der Menschen- und Bürgerrechte« legte sie im September 1791 die »Erklärung der Rechte der Frau und Bürgerin« vor, die erste universelle Erklärung von Menschenrechten. Darin hieß es unter anderem: »Artikel 04: Freiheit und Gerechtigkeit beruhen darauf, dass dem anderen abgegolten wird, was ihm zusteht. (…)« Leider fanden zu ihrer Zeit die Forderungen wenig Beachtung. Als eine entschiedene Gegnerin der Jakobiner wurde sie im Sommer 1793 verhaftet, zum Tode verurteilt und am 3. November 1793 hingerichtet.

Bildungsideal

Es war das Verdienst der Bildung, die neben technischem und wirtschaftlichem Fortschritt schließlich zu einer anderen Haltung gegenüber fremden Kulturen sowie zu einem neuen

Verhältnis der Geschlechter geführt hat. Verkürzt gesagt, eine über eine kleine, privilegierte Schicht hinausgehende allgemeine Bildung bewirkte, dass über die Zeit hinweg rassistische und sexistische Vorurteile immer weiter zurückgedrängt wurden. Es mag wohl kaum überraschen, dass das Bildungsideal seine Wurzeln ebenfalls in der Antike hat, auch wenn es zur allgemeinen Bildung nach unserem heutigen Verständnis noch ein langer Weg war, denn abgesehen vom sozialen Status war für Mädchen im antiken Bildungssystem kein Platz, selbst wenn sie aus gutem Hause kamen.

Paideia lautete der Anspruch der Griechen, von dem der Dichter Menandros sagt: »Ein unverlierbar Gut ist Bildung Sterblichen.«[12] Der Begriff umfasst sehr viel mehr als Wissensvermittlung für Heranwachsende oder junge Erwachsene, wie es heute die Schulen und Universitäten praktizieren. *Paideia* beschreibt die Verbindung von Wissen und Tugend, die zu einem ethischen Handeln führt und die Eigenverantwortung des mündigen Individuums betont. Ein solcher Prozess umfasst Körper, Geist und Seele, und er hört nie auf. Das Ideal der philosophischen Disputation, bei der ein Lehrer das logische Denken und die Kritikfähigkeit seiner Schüler durch ethisch-intellektuelle Debatten schärft, wurde von allen philosophischen Schulen im antiken Griechenland propagiert. Bildung und Erkenntnis dienten den antiken Griechen – zumindest vom Anspruch – nicht in erster Linie als Vehikel für eine erfolgreiche berufliche Karriere, sondern als Basis für individuelle Verantwortung, die wiederum jeder Form von Selbstbestimmung zugrunde liegt. In Anlehnung an das *Paideia*-Ideal wird Bildung heute als ein allgemeines und unteilbares Gut betrachtet, das nun unabhängig von Geschlecht, Religion, Herkunft und sozialem Status in Anspruch genommen werden kann.

Individualität, gefördert durch Bildung, führt notwendigerweise zur Vielfalt. Da es zum Wesen eines Individuums gehört, sich in seinen Bedürfnissen, Interessen und Neigungen von anderen zu unterscheiden, ist die Gemeinschaft gefordert, dem Rechnung zu tragen und die Balance zu finden zwischen Kollektiv und Individuum. Daraus ist eine pluralistische Gesellschaft entstanden, die dem Einzelnen ein hohes Maß an Gestaltungsmöglichkeit in allen wichtigen Bereichen zugesteht wie dem religiösen Bekenntnis und dessen Praxis, Beruf, Partnerwahl, Freizeitgestaltung, Kleidung, etc. Gleichzeitig werden aber auch die Bedürfnisse der Allgemeinheit nicht aus den Augen verloren. Dazu zählt nicht zuletzt die Verwirklichung sozialer Gerechtigkeit. Das bedeutet nicht die völlige wirtschaftlich-soziale Nivellierung – deren Umsetzung zu den größten Katastrophen der Menschheitsgeschichte geführt hat, vom Stalinismus über den Maoismus bis hin zu den Roten Khmer in Kambodscha –, sondern ein gesellschaftlicher Konsens, dass auch sozial Schwache von der Gemeinschaft mitgetragen werden und eine Chance auf ein Leben in Würde bekommen, die mehr ist als nur Almosen empfangen. Dass darum immer wieder gekämpft werden muss, weil unterschiedliche gesellschaftliche Gruppen ihre Partikularinteressen durchzusetzen versuchen, spricht nicht gegen das abendländische System, sondern entschieden dafür, zeigt es doch seinen lebendigen Charakter und seinen gelebten Pluralismus.

Das abendländische Erbe

Zusammenfassend lässt sich festhalten: Die Basis des abendländischen kulturellen Erbes bildet die griechisch-römische Antike, zu deren Vorläufern auch altägyptische und jüdische Einflüsse gehören. Nach dem Untergang der antiken Welt hat zunächst das Christentum den Kulturraum geprägt, der als Abendland bezeichnet wird. Mit Beginn der Neuzeit wurde dieser Raum

jedoch immer vielfältiger. Konkurrierende, ja sich be-
kämpfende geistesgeschichtliche Strömungen drückten
ihm ihren Stempel auf. Dazu zählen die Renaissance
und die Reformation, der Absolutismus und die Aufklärung, die Industrielle Revolution und die Allgemeine
Erklärung der Menschenrechte.

So gestalten das Abendland letztlich Menschen, die
unterschiedliche Sprachen sprechen, unterschiedlichen
Glaubensvorstellungen folgen, unterschiedliche Sitten,
Tabus und Gewohnheiten pflegen, aber vereint sind im
Bewusstsein eines kollektiven Erbes. Es gibt heute keine
Region auf der Erde, in der ein so hohes Maß an individueller Freiheit, persönlicher Selbstbestimmung, politischer Mitgestaltung, Rechtsstaatlichkeit, sozialer Sicherheit sowie Toleranz gegenüber anderen herrscht wie in
der abendländischen Kultur bzw. ihren Ablegern in einigen der ehemaligen Kolonien. Eine starke Zivilgesell-
schaft, in der die Rechte des Einzelnen gegenüber dem
Kollektiv gewahrt sind, sichert diese Errungenschaften.

Mit anderen Worten: »Prinzipiell bleibt die Fähigkeit zu
Selbstkorrektur, Ironie, Skepsis, zur diskursiven Verständigung auch über Tod und Unsterblichkeit, Gottesglauben und
Gotteszweifel, vor allem aber zur offenen Debatte ohne Ein-
schüchterung Andersdenkender ein Grundkennzeichen der
westlichen Moderne. (…) Satz und Gegensatz, Versuch und
Irrtum, der Widerspruch als Lebensmittel – das kann man als
das Prinzip Europa definieren.«[13] Das macht die Europäer
skeptisch und staatsgläubig zugleich, sie gestehen dem Staat
das Gewaltmonopol zu und bestehen auf der Gewaltenteilung; die Gleichheit vor dem Gesetz ist ebenso selbstverständlich wie die soziale Ungleichheit.

Manche Chronisten sprechen schlicht vom »Westen«, wenn sie die abendländische Wertegemeinschaft meinen, und definieren ihn auch über die Abgrenzung, die ihm entgegengebracht wird. So tut es Heinrich August Winkler in einem *Spiegel*-Interview: »Selbst wenn der Westen daran zweifeln würde, dass es ihn gibt – diejenigen, die ihn bekämpfen, nehmen ihn als Einheit wahr.«[14]

Kein Raum für Nationalismus

Für eines lässt die abendländische Kultur keinen Raum, wenn man ihre Werte ernst nimmt: für Nationalismus und nationalen Chauvinismus. Die geistesgeschichtliche Entwicklung Europas hat, wie beschrieben, nicht innerhalb nationaler Grenzen stattgefunden, und sie ist nicht von Persönlichkeiten angestoßen worden, die ihre nationale oder ethnische Identität betont haben. Insofern ist es unredlich, sie für Nationalismus, Rassismus und Chauvinismus zu missbrauchen oder gar eine kulturell begründete Überlegenheit und Hegemonialstreben daraus abzuleiten. Nationalistische Parolen und Abgrenzungen im Sinne von »Wir Deutsche«, »Nous, les Français« oder »We Americans« sind Konzepte, die den emanzipativen und aufklärerischen Ideen des Abendlandes entgegenstehen und dazu geführt haben, dass sie immer wieder ausgehöhlt wurden. Nationale Identitäten ebenso wie nationale Grenzen und Abgrenzungen haben etwas Willkürliches und Gefährliches. Falsch verstanden, leisten sie leicht Ausgrenzung und Intoleranz Vorschub, und können somit nicht als erstrebenswerte Perspektive im Ringen um tragende Werte angesehen werden« Der Nationalismus ist, anbei bemerkt, historisch eine sehr viel jüngere Erscheinung, als seine Verfechter glauben. Er geht zurück auf die zweite Hälfte des 18. Jahrhunderts, als zahlreiche ethnische Gemeinschaften insbesondere in Osteuropa gegen die Herrschaft der Großreiche Österreich-Ungarn, Russland und Türkei aufbegehrten und dabei ihre Eigenständigkeit betonten.

Vor dem Aufkommen des Nationalismus identifizierten sich die Menschen vor allem über ihren sozialen Status und ihre Religion – beide Kriterien haben heute ihre identitätsstiftende Rolle im Abendland weitgehend eingebüßt, denn sie waren mit den Idealen der Aufklärung wie persönliche Freiheit, Gleichheit und Mündigkeit nicht vereinbar – Ideale, die die Französische Revolution zur Grundlage für konkrete politische Aktivitäten machte. Der »Citoyen« wurde zum Subjekt des politischen Gemeinwesens; er war der selbstverantwortlich handelnde Bürger, für dessen Status seine Herkunft, Religion, Hautfarbe oder andere äußere Kennzeichen keine Rolle spielten.

Gemeinsamkeiten von Christentum und Islam?

Der christlich-islamische Kontakt geht in die früheste Zeit des Islam zurück, der sich seit dem 7. Jahrhundert in einer von der jüdisch-christlichen Tradition geprägten Umgebung entwickelt hat. Die gewaltsamen Versuche islamischer Eroberer, in das Kernland Europas vorzudringen, wurden erstmals 732 bei Tours und Poitiers vom Frankenherrscher Karl Martell gestoppt; 759 drängte dessen Sohn Pippin der Jüngere die Araber endgültig über die Pyrenäen zurück. Jahrhunderte später versuchten die Osmanischen Herrscher, nach der Eroberung des Balkans Zentraleuropa von Südosten einzunehmen, doch auch sie scheiterten 1529 und 1683 vor Wien. So blieb die unmittelbare Begegnung bzw. kriegerische Konfrontation der abendländischen Welt mit dem Islam auf wenige Ereignisse beschränkt.

Ein Sprung in das 20. Jahrhundert: Dass bereits 1915 in Wünsdorf/Brandenburg die erste Moschee in Deutschland gebaut wurde, hat die große Mehrheit der damaligen Bevölkerung nicht zur Kenntnis genommen. Die war für muslimische Kriegsgefangene gedacht. Manche Stimmen behaupten sogar, dass die erste Moschee in Deutschland auf das Jahr 1731 zu datieren sei, als der Preußenkönig Friedrich Wilhelm I. (1713–1740) Nachkommen von Kriegsgefangenen aus den Türkenkriegen einen Saal in Potsdam zum Beten überließ.

Das Schattendasein des Islam in der abendländischen Welt endete jedenfalls spätestens in der 2. Hälfte des 20. Jahrhunderts, als die prosperierende Wirtschaft nach Arbeitskräften suchte, die auch in islamischen Staaten wie der Türkei angeworben wurden. Darüber hinaus drängten Muslime aus den ehemaligen Kolonien in die sogenannten Mutterländer; das betraf vor allem Frankreich und Großbritannien.

Diejenigen, die den wachsenden islamischen Einfluss auf das gesellschaftliche Miteinander im Abendland als Ausdruck einer multikulturellen Gesellschaft begrüßen, betonen die Gemeinsamkeiten der beiden großen monotheistischen Religionen. Dabei werden – neben den gemeinsamen Wurzeln bei Abraham und Moses – folgende Werte hervorgehoben: Barmherzigkeit, Gerechtigkeit, Frömmigkeit, Respekt und Wertschätzung des anderen, Aufrichtigkeit und Wahrheitsliebe, Herzensreinheit und Großzügigkeit.[15] Bemerkenswert ist, dass es sich dabei ausschließlich um ethische Maßstäbe für das persönliche Leben des Einzelnen handelt, die noch dazu so universell sind, dass sie als Anspruch in nahezu jeder Kultur in jedem Teil der Erde vorkommen. Der Dalai Lama und Thich Nath Than, die bekanntesten Vertreter des Buddhismus, hören nicht auf, diese Werte zu propagieren. Bedeutende hinduistische Lehrer wie Ramakrishna, Swami Vivekananda, Sri Aurobindo fordern nichts anderes. Konfuzius, Laotse und ihre heutigen Anhänger werden sich darin ebenso wiederfinden, die jüdische Tradition erst recht, und auch kein indigener Schamane würde Hartherzigkeit, Respektlosigkeit und Lügen propagieren. Aus diesem Wertekanon, der zweifellos wichtig für das Zusammenleben in einer Gemeinschaft ist, somit jedoch den Nachweis für die geistige Nähe der christlich-abendländischen und der islamischen Tradition abzuleiten, müsste zwangsläufig zur Nivellierung aller religiösen und kulturellen Traditionen der Welt führen. Dieser Nivellierung hält Bischof Wolfgang Huber, der ehemalige EKD-Ratspräsident, deshalb entgegen: »Das Leugnen von Unterschieden ist gerade kein Ausdruck von Respekt. Und es bringt den Frieden kein Stück voran.«[16]

Eine andere vordergründige Gemeinsamkeit ist die Wertschätzung, die das Märtyrertum in beiden Religionen erfährt. Doch da zeigt sich beim näheren Hinschauen ein fundamentaler Unterschied: Der christliche Märtyrer erduldet in der Tradition von Jesus am Kreuz passiv das Leid, das ihm angetan wird, und beweist damit seine Hingabe an Gott. Der muslimische Märtyrer duldet in der Regel nicht, sondern ist aktiv im Einsatz für das, was er als Verbreitung des Glaubens oder als Kampf gegen Ungläubige versteht. Die Verbrechen vom 11. September waren die extremste Form des muslimischen Märtyrertums und wurden auch von den Akteuren so verstanden.

Die islamische Welt und ihre Werte

Damit drängt sich die Frage auf, welche alleinstellende Werte den Islam prägen und wie weit sie mit dem abendländischen Wertekanon vereinbar sind. Ein kurzer Rückblick in die Historie soll dabei Klarheit verschaffen.

Der Islam entstand in einer sehr patriarchal geprägten arabischen Gesellschaft des 7. Jahrhunderts. Bereits die geografische Lage hat seinen Charakter mitbestimmt. Die arabische Halbinsel mit den heiligen Städten Mekka und Medina wird im Westen, Süden und Osten vom Meer umgeben; im Norden führt eine einzige Landverbindung nach Kleinasien, allerdings durch endlose Wüsten, die für damalige traditionelle Gemeinschaften ohne moderne Transportmittel ähnlich mühsam zu überwinden waren wie das Meer. Diese topografischen Umstände führten insgesamt dazu, dass im arabischen Kernland schon immer ein ausgeprägtes Inselbewusstsein herrschte. Zur Zeit des Religionsstifters Mohammed (ca. 570–632) gab es vor allem zwei Bevölkerungsschichten, die nomadischen Beduinen und die Städter. Der harte Überlebenskampf der Beduinen in einer feindlichen Umgebung hatte wenig mit den romantischen Vorstellungen späterer Generationen zu tun. Sie zogen mit ihren Dromedaren auf der Suche nach rarem Weideland und Wasserstellen umher. Die Städte lagen zumeist nahe der Küste, fungierten als Handelszentren und verschafften einer kleinen Oberschicht der Bewohner einen gewissen Wohlstand. Dorthin zogen die Beduinen, um ihre Erzeugnisse zu verkaufen und Produkte zu erwerben, die über die bloße Subsistenz hinausgingen.

In der insgesamt sehr lebensfeindlichen Umgebung war Überleben nur in der Gemeinschaft möglich, und deren Basis bildete die Blutsverwandtschaft. Für Begriffe wie »Clan« oder »Sippe« gibt es im Arabischen eine Vielzahl von Ausdrücken, die unterschiedliche Formen von Gemeinschaften genau differenzieren. Allen aber ist gemeinsam, dass sich der Einzelne dem Verband bedingungslos untergeordnet hat; damals war das keine Repression oder Schikane, sondern eine ökonomische Notwendigkeit. »Der Einzelgänger wird hier als Räuber oder als Ausgeschlossener angesehen«,[17] schreiben die französischen Orientalisten André Miquel und Henry Laurens. Damit herrschten grundlegend andere Bedingungen als in den gemäßigten Zonen des antiken Griechenlands und Italiens, wo es möglich war, auch unabhängig von der Gemeinschaft sein Dasein zu bestreiten.

Da der Einzelne in der traditionellen arabisch-islamischen Gesellschaft im Grunde dem Kollektiv seine Existenz verdankte, gilt es in diesem Kulturraum als eines der größten Vergehen, die Interessen, das Ansehen und Ehre der Gemeinschaft zu verletzten. Gleichzeitig war es selbstverständlich, dass der Einzelne seine individuellen Anliegen hinter die der Gemeinschaft stellen und ihr gegenüber Opfer bringen musste. Das Überleben des Kollektivs ging immer vor. Die Gemeinschaft fällte in diesem Sinne wichtige Entscheidungen, die für das Individuum verbindlich waren. Eine arrangierte Ehe oder die frühzeitige Mitarbeit von Kindern zur Sicherung des Unterhalts der Familien zum Beispiel waren über Jahrhunderte auch in anderen Kulturen und Erdteilen eher die Regel als die Ausnahme, in der vorislamischen arabischen Welt haben sich derartige Traditionen jedoch so tief ins Bewusstsein der Menschen eingebrannt, dass sie bis heute von vielen nicht infrage gestellt werden.

Gegründet waren die Familienverbände auf der männlichen Linie. »Die Frau hingegen, sei sie nun Schwester, Mutter oder Gattin, besitzt nur die Bedeutung, die sich aus ihrer Stellung, ihrer moralischen Autorität in der Familie und ihrer Fruchtbarkeit ergibt. Im Übrigen bleibt sie eine Person zweiten Ranges, insbesondere was die Entscheidung der Gruppe, deren kulturelles Leben und deren Geschichte angeht. (…) Die Frau, die nur ein Mittel ist, für Nachkommenschaft zu sorgen, oder Beziehungen nach außen, zu anderen Gruppen anzuknüpfen, soll diese Welt der Männer so wenig wie möglich stören«,[18] so Miquel und Laurens über die vorislamische arabische Geschlechterordnung.

Mohammed war ein Kind seiner Zeit. Den Zusammenhalt und die Bedeutung des Familienclans erlebte er sehr früh, denn seine Eltern starben kurz nach seiner Geburt. Zunächst nahm ihn sein Großvater, dann sein Onkel väterlicherseits auf. So hat er die Gemeinschaft als Schutz und Sicherheit erlebt und es als normal erachtet, sich ihr zu unterwerfen. Diese soziale Erfahrung wurde die Basis seiner neuen Glaubenslehre, von der er für sich in Anspruch nahm, dass sie ihm seit seinem 40. Lebensjahr von Gott (Allah) durch den Erzengel Gabriel offenbart worden war. Den von ihm verkündeten Glauben nannte er »Islam«, was die vollständige Hingabe an Gott bzw. die Unterwerfung unter seine Allmacht bedeutet. Auf Allah wird alles zurückgeführt, seine Lehre durchdringt alle Bereiche des Lebens, den persönlichen, den gesellschaftlichen, den politischen. Da Allah alles umfasst, allmächtig und allwissend ist, kann es keinen Bereich auf Erden geben, der nicht von ihm und seinen durch Mohammed offenbarten Regeln betroffen ist. Der libanesische Theologe Adel Theodor Khoury, einer der Väter des christlich-islamischen Dialogs in der arabischen Welt, charakterisiert Mohammeds Offenbarung folgendermaßen: »Der Islam ist die Religion der totalen Hingabe an Gott, der vollkommenen Unterwerfung des Menschen unter den Willen des einen, einzigen, gütigen und barmherzigen Herrn. (…) Das Denken, der Glaube, das Reden als Ausdruck des Glaubens, das Handeln als Ausdruck des Glaubens, der Bereich des persönlichen Lebens, der des Familienlebens, endlich die zwischenmenschlichen Beziehungen in der Gruppe, der Gemeinde, der Gemeinschaft und der Gesamtgesellschaft sowie der zwischenstaatlichen Beziehungen: alles unterliegt der Führung Gottes und gehört somit in den direkten Einflussbereich der Religion. Es gibt also keine Trennung zwischen Sakralem und Profanem, zwischen Religion, Sozialethik und Politik.«[19]

Bis zu diesem Punkt herrscht Konsens unter den verschiedenen Richtungen des Islam, der in seiner Geschichte zahlreiche Abspaltungen kennt. Auch die heute vor allem im

Abendland getätigte Unterscheidung zwischen »liberalen« und »orthodoxen« Muslimen ist von dieser Basis nicht berührt.

Die orthodoxen Schulen des Islam interpretieren die Offenbarung Mohammeds rückwärtsgewandt. Danach hat es den Koran schon immer im Himmel gegeben und erst durch den letzten der Propheten, auch »das Siegel der Propheten« genannt, wurde er den Menschen offenbart. Er ist somit zeitlos, gilt für immer und darf als direkte Botschaft Allahs nicht verändert werden. Aus dieser Entstehungsgeschichte verstehen viele Muslime den Koran als unmittelbare Handlungsanweisung für das Leben der Gläubigen.

Der Koran selbst besteht aus 114 Suren – das sind die Abschnitte, in die das umfangreiche Werk unterteilt ist –, die Mohammed innerhalb von zwanzig Jahren empfangen haben soll. In der aktuellen Debatte ist es üblich, dass sich Freunde und Kritiker des Islam beständig Koransuren vorhalten, die unterschiedlicher und widersprüchlicher kaum sein könnten. Suren, die von Humanismus zeugen (»Wenn man einen Menschen tötet, ist es, als töte man die ganze Menschheit«, Sure 5,32) und von Toleranz (»Kein Zwang in der Religion«, Sure 2,256), stehen andere gegenüber, die an Militanz und Unversöhnlichkeit kaum zu übertreffen sind (»Ich werde diejenigen, die nicht glauben, in Angst und Schrecken versetzen. Daher haut auf ihre Hälse, schlagt ihre Fingerspitzen ab, denn sie haben Allah und seinem Gesandten zuwider gehandelt. Allah bestraft streng«, Sure 8,12-13). Der niederländische Schriftsteller Leon de Winter bringt den Umgang mit dem heiligen Buch der Muslime auf den Punkt: »Das Problem besteht darin, dass die radikalen Verse, mit denen Terroristen ihre Aktionen rechtfertigen, demselben Koran entstammen, den gemäßigte Muslime lesen.«[20] Und der aus dem Iran stammende Publizist und Islamwissenschaftler Navid Kermani bemerkt dazu: »Man kann ein solches Surenpingpong beliebig fortsetzen (...) Einzelne Verse, aus ihrem textuellen und historischen Kontext gerissen und von ihrer Rezeptionsgeschichte abgetrennt, sagen nichts aus, weder über die Friedfertigkeit noch über die Gewalt des Korans.«[21]

Die Rolle des Propheten

Diese Widersprüchlichkeit resultiert nicht aus der Schwierigkeit der Übersetzung, sondern aus der Entstehungsgeschichte. Mohammed predigte seine neue Lehre zunächst in seiner Geburtsstadt Mekka, und sie handelte von Frieden, Liebe und Toleranz, allerdings auch der unbedingten Verpflichtung, sich allein zu Allah zu bekennen. Letzteres stieß in Mekka auf Ablehnung, denn die alte heilige Stadt war – mit modernen Begriffen ausgedrückt – ein Hort von Multikulti. Nach Mekka kamen Gläubige jeder Couleur zum Beten und sorgten damit für gute Einnahmen der Einheimischen. Da Mohammeds monotheistischer Rigorismus nicht viel Raum für andere Konfessionen ließ, lehnten die Stadtväter von Mekka seine Lehre ab und zwangen ihn schließlich, seine Heimat zu verlassen. Am 24. September 622 floh er nach Medina. Diese sogenannte Hidschra ist das zentrale Ereignis des frühen Islam und der Beginn seiner Zeitrechnung. In Medina, wo Mohammed gestorben ist, wurde der Kampf gegen die Ungläubigen zur Pflicht und Mohammeds Bekehrungserfolge waren ungleich erfolgreicher, denn dort begann noch zu seinen Lebzeiten die Glaubensverbreitung mit militärischen Mitteln. Das erste Opfer waren die Banu Quraiza, eine jüdische Volksgruppe. Sie gehörten in Medina bis zum Siegeszug des Islam zu den einflussreichen gesellschaftlichen Gruppen, denn sie verfügten über fruchtbare Oasen, worauf Mohammeds Anhänger ein Auge geworfen hatten. 627 wurden sie von Mohammeds Kriegern vernichtend geschlagen. Unter seiner Aufsicht wurden alle Männer, über 600 Personen, geköpft, die Frauen und Kinder in die Sklaverei verkauft.[22]

Der Islamkundler und Journalist Wolfgang Günter Lerch schreibt über den historischen Mohammed: »Es führt kein Weg daran vorbei: Mohammed war, im Unterschied zu Buddha oder Jesus, ein bewaffneter Prophet, der nicht bereit war, die andere Wange hinzuhalten und sich seinen Verfolgern in Mekka (…) auszuliefern. (…) Der Prophet des Islam war als Politiker und Feldherr in das System stammesmäßiger bewaffneter Auseinandersetzungen integriert, zu dem auch die Eliminierung von Gegnern gehörte; dessen bediente er sich, dessen Opfer hätte er aber auch werden können.«[23]

Somit bestand zwischen Mohammeds Verkündigung in Mekka und Medina ein grundlegender Unterschied hinsichtlich seiner Toleranz und Militanz. Das ist allerdings formal in der Niederschrift der Suren insofern nicht erkennbar, als sie nicht chronologisch, sondern der Länge nach geordnet sind. Der Koran beginnt mit der längsten, darauf folgt die zweitlängste und so weiter, bis die kürzeste Sure den Kanon abschließt. Eine Ausnahme bildet nur die einleitende Sure, die »Öffnende«, die sehr kurz in sieben Versen Allah preist und anruft. Sie kann als Prolog verstanden werden.

Kermani beschreibt den Unterschied von Mohammeds Lehren in Mekka und Medina wie folgt: »Insbesondere in der ersten Verkündigungsperiode hat der Koran die Anwendung von Gewalt zur Ausbreitung des Glaubens ausdrücklich verboten. Wer die Toleranz des Islam zu belegen sucht, wird daher vorzugsweise in diesen frühen Suren fündig werden. In Medina wird das Gewaltverbot an einer Stelle explizit aufgehoben, nämlich in Sure 4,77: ›Denjenigen, die gegen die Ungläubigen kämpfen, ist die Erlaubnis zum Kämpfen erteilt worden, weil ihnen vorher Unrecht geschehen ist‹, heißt es dort.«[24]

Auch gegenüber den Anhängern des Christentums, das von allen anderen Religionen die meiste Achtung im Koran erfährt, war der frühe Mohammed toleranter und mehr auf die Betonung des Gemeinsamen ausgerichtet als der späte. Zu Beginn seiner Verkündigung bemühte er sich darum, von ihnen als neuer Prophet anerkannt zu werden. Als diese dem jedoch nicht folgten, kam es zur Entfremdung, die schließlich auch theologisch begründet wurde. Jesus war für Mohammed der Gesandte, aber nicht der Sohn Gottes, der Christus. Mohammeds radikaler Monotheismus ließ keinen Raum für eine Trinität, wie sie das Christentum lehrt. Damit war ein grundlegender Bruch vollzogen, mit der Konsequenz, »dass die Einladung zum Islam an die ganze Welt erging und daher alle diejenigen als Ungläubige zu bezeichnen seien, die sich dem Islam nicht unterworfen haben. Darunter würden auch die Christen fallen«,[25] so die Islamwissenschaftlerin Christine Schirrmacher.

In der Geschlechterfrage blieb Mohammed ebenso seiner Zeit verhaftet. Wie viele patriarchale Traditionen verehrte er vor allem die Mutter. Aus dem Hadith, den Schriften, die nicht direkt zum Koran gehören, sondern Sprüche und Lebensbeschreibungen von Mohammed enthalten, ist folgender Dialog überliefert: »Ein Jüngling kam zum Propheten und fragte: ›Wer verdient meine Liebe und Fürsorge am meisten?‹ Der Prophet sprach: ›Deine Mutter.‹ ›Und wer an zweiter Stelle?‹ ›Deine Mutter!‹ ›Und wer an dritter Stelle?‹ ›Deine Mutter!‹«

Seine insgesamt vier Frauen hingegen behandelte Mohammed zwar den Überlieferungen nach respektvoll und er gebot auch, keine zu bevorzugen, doch ist die institutionelle Diskriminierung der Frau im Koran nicht wegzudiskutieren. Generell steht der Mann über der Frau (Sure 2,228) und das wird in vielen gesellschaftlichen Bereichen spezifiziert, von Zeugenaussagen vor Gericht, bei denen ein Mann so viel gilt wie zwei Frauen (Sure 2,282), über die ständige sexuelle Verfügbarkeit der Ehefrau (Sure 2,223) bis hin zum Recht auf körperliche

Gewaltanwendung (Sure 4,34). Zudem wird die Frau latent als Verführerin und moralisch verwerflich gesehen, deshalb die Kleidervorschriften (Suren 24,31 und 33,59).

Von liberalen Muslimen und Islamfreunden wird heute häufig betont, dass viele der dem Abendland befremdlichen Traditionen wie die Zurücksetzung der Frau nicht auf Mohammed, sondern auf vorislamische Wurzeln zurückgehen. »Der Prophet Mohammed, gepriesen sei sein Name, hat den Frauen Freiheiten verschafft, die zu seiner Zeit im 7. Jahrhundert unerhört waren«, zitiert das Magazin *Der Stern* die ägyptische Muslima und Frauenrechtlerin Ithar al-Katatney.[26] Selbst wenn die patriarchalen Praktiken keine Erfindung von Mohammed sind, so stellt sich dennoch die Frage, warum eine so normative Religion wie der Islam es in über 1000 Jahren nicht geschafft hat, sie zu überwinden. Stattdessen wurden die damals gültigen Wertvorstellungen, gerade was die untergeordnete Rolle der Frau betrifft, in den Koran übernommen und erhielten so die göttliche Weihe, sodass sie nach orthodox-islamischem Verständnis zeitlose und universelle Gültigkeit besitzen.

Exkurs: Die islamische Klassifikation der Menschheit

Der Koran und das daraus abgeleitete klassische islamische Recht unterteilen die Menschheit in vier Gruppen und begründen damit eine offensichtliche Diskriminierung nicht-islamischer Glaubensangehöriger.

- die **Muslime**, wörtlich: »die sich (Gott) hingeben, bzw. unterwerfen«
  Sie sind die Rechtgläubigen, die dem Koran folgen, der als das direkte und unverfälschte Wort Gottes betrachtet wird, das dieser durch den Erzengel Gabriel dem Propheten Mohammed

(570–632) offenbart hat. Der Islam vertritt einen strengen Monotheismus. Er basiert auf fünf Säulen: Dem Glaubensbekenntnis, dem Gebet fünfmal am Tag, der Pilgerfahrt nach Mekka einmal im Leben, dem Fasten im Monat Ramadan sowie dem Almosengeben. Der Übertritt zum Islam ist einfach: In Anwesenheit zweier erwachsener Muslime muss das Glaubensbekenntnis im vollen Bewusstsein gesprochen werden. Ein Abfall vom Glauben (Apostasie) wird für einen Muslim nach dem Verständnis des Korans hart bestraft (u. a. Sure 2,217 und 3,90). Die Todesstrafe für Apostasie, die radikal-islamische Bewegungen fordern, wird im Koran allerdings nicht vorgeschrieben.

Die Gemeinschaft der Muslime wird als »Umma« bezeichnet, ein Begriff, der ursprünglich auch für andere Glaubensgemeinschaften wie Juden und Christen galt. Alle Angehörigen der Umma sind gleich vor Gott und füreinander verantwortlich. Dies wird heute vor allem dahingehend interpretiert, dass sich die islamische Welt verantwortlich für die Rechte und Freiheiten der Muslime in den Diaspora-Gemeinden fühlt.

Das Missionsgebot ist weniger streng als im Christentum. Der entsprechende Begriff dazu lautet »da'wa«, was mit »einladen« übersetzt werden kann: einladen, sich der Wahrheit anzunähern. Die Bekehrung selbst erfolgt nur durch Allahs Gnade: »Lade ein zum Weg deines Herrn mit Weisheit und schöner Ermahnung, und disputiere mit ihnen auf die beste Art. Dein Herr weiß besser, wer von seinem Weg abirrt, und Er weiß besser, wer die sind, die der Rechtleitung folgten.« (Sure 16,125)

- die **Dhimmi**, wörtlich »Schutzbefohlene«
  Dabei handelt es sich um Angehörige anderer monotheistischer Religionen, denen ein eingeschränkter Rechtsstatus zugestanden wird. Die theologische Grundlage dafür bietet Sure 9. In Vers 4 heißt es: »Ausgenommen [Anm.: vom Strafgericht sind] diejenigen von den Heiden, mit denen ihr eine bindende Abmachung eingegangen habt und die euch hierauf in nichts

(von euren vertraglichen Rechten) haben zu kurz kommen lassen und niemanden gegen euch unterstützt haben. Ihnen gegenüber müsst ihr die mit ihnen getroffene Abmachung vollständig einhalten, bis die ihnen zugestandene Frist abgelaufen ist. Allah liebt die, die ihn fürchten.«

Sure 22,17 benennt fünf Religionen, deren Angehörige als Dhimmi gelten: Christen, Juden, Saabier, Zoroastrier und diejenigen, die »einem Gott andere Götter beigesellen«, also Polytheisten.

Juden und Christen gelten aufgrund ihrer vorislamischen Offenbarungen auch als »Schriftbesitzer«. Im privaten Bereich ist es ihnen erlaubt, ihren Traditionen nachzugehen, doch müssen sie sich in der öffentlichen Ausübung der Religion dezent und unauffällig verhalten. Rechtlich sind sie gegenüber den »Rechtgläubigen« benachteiligt. In der Frühzeit des Islam wurden die Dhimmi öffentlich stigmatisiert und mit Sondersteuern belegt. Sie mussten eine gelbe Kopfbedeckung und honigfarbene Umhänge tragen.

- die **Mu'ahids**, wörtlich »Verbündete«
  Hierbei handelt es sich um Nicht-Muslime, die unter der Herrschaft eines islamischen Gemeinwesens leben und dies anerkennen. Häufig ist das Verhältnis vertraglich abgesichert. Ihnen darf kein Schaden zugefügt werden, allerdings gibt es unterschiedliche Interpretationen hinsichtlich ihrer Behandlung. Die konservative Rechtstradition hält einen dauerhaften Friedensvertrag zwischen »Gläubigen« und »Ungläubigen« für nicht möglich und erkennt deshalb auch keine Mu'ahids an.

- die **Harbi**, wörtlich »die zum Krieg gehören«
  Harbi sind die Angehörige der polytheistischen Religionen. Im Laufe der Expansion wendete sich das Harbi-Konzept vor allem gegen Buddhisten und Hindus, mit denen Mohammed selbst keinen Kontakt hatte. Sie sind durch ihre bloße Existenz die Feinde des Islam, ihr Territorium wird als »Dar al-Harb«

bezeichnet, als »Haus des Krieges« bzw. Kriegsgebiet. Das islamische Recht schreibt den Krieg gegen sie vor, was eine wesentliche Motivation für die frühzeitige militante Ausbreitung des Islam war. Der Koran erlaubt ausdrücklich die Tötung, Versklavung, Vertreibung und Enteignung der Harbi. »Und tötet sie, wo immer ihr sie zu fassen bekommt, und vertreibt sie, von wo sie euch vertrieben haben! Der Versuch, Gläubige zum Abfall vom Islam zu verführen, ist schlimmer als Töten. (…) Und kämpft gegen sie, bis niemand mehr versucht, Gläubige zum Abfall vom Islam zu verführen, und bis nur noch Allah verehrt wird!« (Suren 2,191 und 2,193)

Ähnlich lauten die Suren 4,89, 5,33, 9,5 und 9,29-39: »Und wenn nun die heiligen Monate abgelaufen sind, dann tötet die Heiden, wo immer ihr sie findet, greift sie, umzingelt sie und lauert ihnen überall auf! Wenn sie sich aber bekehren, das Gebet verrichten und die Almosensteuer geben, dann lasst sie ihres Weges ziehen! Allah ist barmherzig und bereit zu vergeben.« Sure 47,4 fordert: »Wenn ihr mit den Ungläubigen zusammentrefft, dann herunter mit dem Haupt, bis ihr ein Gemetzel unter ihnen angerichtet habt. Dann legt sie in Fesseln, um sie später entweder auf dem Gnadenweg oder gegen Lösegeld freizugeben!«

Weitere Repressionen beschreibt Sure 33,25-27: »Allah ist stark und mächtig. Und er ließ diejenigen von den Leuten der Schrift, die sie unterstützt hatten, aus ihren Burgen herunterkommen und jagte ihnen Schrecken ein, sodass ihr sie in eure Gewalt bekommen habt und zum Teil töten, zum Teil gefangen nehmen konntet. Und er gab euch ihr Land, ihre Wohnungen und ihr Vermögen zum Erbe, und alle Lande, in denen ihr Fuß fassen werdet. Allah hat zu allem die Macht.«

Bis heute vertreten einflussreiche konservative Rechtsgelehrte die Auffassung, dass Harbi weder ein Recht auf Leben noch auf Besitz haben. Zu ihnen zählen der Großmufti Ali Gum'a und Yusuf al-Qaradawi aus Ägypten, Abu Bakar Bashir aus Indonesien sowie der 1989 verstorbene Ayatollah Chomeini.

Vor diesem Hintergrund hält die immer wieder betonte Barmherzigkeit und Güte als Grundpfeiler des Islam einer kritischen Betrachtung nicht stand. Auch wenn im Koran häufig die Rede von diesen positiven ethischen Eigenschaften ist, so gelten sie doch immer mit einer gewichtigen Einschränkung: Barmherzigkeit wird nur gewährt, wenn sich der Mensch vollständig Allahs Gesetzen unterwirft. Wer sich dem widersetzt, kann in keiner Weise mit Güte, Nachsicht oder eben Barmherzigkeit rechnen, sondern mit einem Strafgericht. Dem wiederum kann der Sünder nur entgehen, wenn er sein Verhalten und seine Gesinnung bereut und sich Allah unterwirft. Aus christlich-abendländischer Sicht ist das ein fragwürdiges Verständnis von göttlicher Gnade, denn welche Bedeutung haben Gottes Segnungen, die nur gewährt werden, wenn man sie sich verdient hat? Dort gehört es gerade zum Wesen von Barmherzigkeit, dass sie ohne Gegenleistung und Ansehen der Person gewährt wird; das Gleichnis vom barmherzigen Samariter im Neuen Testament (Lk 10,25-37) ist ein Beleg dafür.

Noch ein Punkt ist im islamischen Wertekanon von großer Bedeutung: das Opfer. Wie erwähnt wurde es als selbstverständlich angesehen, dass sich der Einzelne im Zweifelsfall opferte, wenn es um das Überleben seiner Gemeinschaft ging. Eine derart am konkreten Nutzen orientierte Praxis wurde im Christentum bereits im Alten Testament theologisch umgedeutet. Stammvater Abraham (Ibrahim) war bereit, seinen einzigen und erst im hohen Alter gezeugten Sohn Isaak zu opfern; nicht weil es irgendeinen Sinn für die Gemeinschaft gemacht hätte, sondern allein, weil Gott es gefordert hat. Dass er damit Abrahams Ergebenheit prüfen wollte, erfuhr der Stammvater erst im Nachhinein (Genesis 22,1-19, bzw. Sure 37,99-113). Bekanntlich erschien im letzten Moment ein Engel und rettete Isaak; stattdessen wurde ein Widder geopfert. Die unbedingte Bereitschaft Abrahams,

Gottes Befehl zu folgen, auch wenn ihm das den einzigen legitimen Sohn genommen hätte, wird in der islamischen Tradition dagegen als Ideal hochgehalten und bildet die Basis für das wichtigste Fest im islamischen Jahreslauf, das Opferfest (Eid al-Adha). Es wird am 10. Tag des letzten Monats im islamischen Mondkalender während der Hadsch, der Wallfahrt nach Mekka, gefeiert.

Menschenpflichten

Angesichts der Bedingungen, unter denen der Islam vor knapp eineinhalb Jahrtausenden auf der arabischen Halbinsel entstanden ist, stehen Werte, die dem Kollektiv dienen, im Zentrum des Kanons. Der Einzelne hat sich der Gemeinschaft unterzuordnen; es gibt klare Hierarchien. Über allem steht der allmächtige und alleine Allah, an dem sich alles orientiert, auch die Rechte, die Menschen und Gemeinschaft in Anspruch nehmen können.

Eine weit größere Bedeutung als den Rechten misst der Islam den Pflichten bei. Nach traditionellem islamischen Verständnis hat Allah klare, verbindliche Vorschriften für alle Lebensbereiche erlassen, denen die Menschen gehorchen müssen, sonst werden sie bestraft. Werte wie Individualität, Toleranz, Gleichheit der Geschlechter, eine säkularisierte Gesellschaft, ein kritischer Diskurs oder aus sich selbst heraus legitimierte Menschenrechte hatten unter diesen Bedingungen nie eine echte Perspektive; sie spielen selbst in liberalen islamischen Gemeinschaften bis heute keine zentrale Rolle. Dies zu behaupten, ist weder polemisch, islamfeindlich noch gar rassistisch, sondern trägt der Entstehungsgeschichte dieser letzten Großreligion Rechnung.

Die Konservierung der islamischen Werte

Der Islam entstand in einer relativ überschaubaren und hierarchisch strukturierten Gesellschaft, in der der Kampf ums Überleben die grundlegenden Werte – wie dargelegt – maßgeblich geprägt hat. Schon bei der Verkündigung erhob Mohammed den Anspruch, der letzte der Propheten zu sein, der die für alle Zeiten gültige göttliche Offenbarung erhalten habe; dem dürfe nichts mehr hinzugefügt werden. Mit dieser Forderung verschloss sich der Islam gegen weitere prägende Einflüsse. Für eine historisch-kritische Exegese, die jede Offenbarung aus ihrer Zeit heraus interpretiert und die inzwischen von den meisten christlichen Theologen im Umgang mit der Bibel praktiziert wird, blieb somit kein Raum. Der Koran wird als zeitlose normative Lehre betrachtet, jede Infragestellung der Überlieferung als Ketzerei. Daran hat sich in den führenden islamischen Schulen bis heute nichts geändert. Bezeichnend für den Absolutheitsanspruch des Korans ist eine kleine Geschichte, die dem Kalifen Umar ibn al-Chattab zugeschrieben wird, deren Historizität jedoch nicht gesichert ist. Bei der Eroberung der hellenistischen Metropole Alexandria in Ägypten 642 gab er den Befehl, die noch verbliebenen Bücher der Bibliothek zu verbrennen, die einst die bedeutendste der Antike war. Seine Vertrauten versuchten jedoch, ihn davon abzubringen. Der Kalif antwortete: »Entweder die Bücher sagen dasselbe wie der Koran, dann sind sie überflüssig. Oder sie sagen etwas anderes als der Koran, dann sind sie schädlich.«

Natürlich gab es auch in der islamischen Welt Zeiten einer Hochkultur, in denen eine größere Offenheit gegenüber Einflüssen von außen herrschte. Sie blieben jedoch zeitlich und räumlich begrenzt und konnten die Interpretation der Lehre nicht nachhaltig prägen. Eine solche Phase war das Kalifat von Bagdad zwischen dem 8. und dem frühen 11. Jahrhundert. Die urbane Entwicklung öffnete die Tradition, und Philosophie, Theologie, Mathematik, Astronomie, Medizin und Poesie erblühten. Dazu kamen zahlreiche Übersetzungen antiker Texte, die damit zum Teil vor der Vernichtung bewahrt wurden. Neben Bagdad bildeten Damaskus, Kairo und Cordoba die Zentren der islamischen Gelehrsamkeit. Doch dessen ungeachtet gab es auch während dieser wissenschaftlichen Blüte keine grundsätzliche Infragestellung der Lehre wie etwa in der europäischen Aufklärung oder in der Renaissance. Selbst wenn es reformistische Impulse im Islam gab, wurden sie im Keim erstickt, denn der Koran blieb der Bezugspunkt: »Das arabische Erbe hingegen, das manchmal von den übernommenen Methoden der Forschung und der Disputation profitiert, gründet auf der Verteidigung und der Veranschaulichung des Glaubens«,[27] schreiben die Orientalisten Miquel und Laurens.

Die Schattenseiten der beiden Weltreligionen

In Bezug auf Intoleranz, Kriege oder die Auslöschung ganzer Völker stehen sich die christlich-abendländische und die islamische Welt in nichts nach. Das gilt für den Islam vor allem während der Zeit der arabischen und türkischen Großreiche (Vgl. Kapitel 5), aber auch im christlichen Abendland verging kein Jahrhundert ohne Kriege und Zerstörungen. Dabei fielen die herrschenden Mächte ebenso häufig übereinander her wie über Kulturen außerhalb ihres originären Machtbereichs. Der Siebenjährige, der Dreißigjährige, ja der Hundertjährige Krieg, zahllose »Erbfolgekriege«, der Erste Weltkrieg und der Zweite Weltkrieg, die Kreuzzüge, die koloniale Unterwerfung der halben Erde, Rassismus und Sklaverei gehören in diese Tradition. Hervorzuheben gilt es insbesondere den Zweiten Weltkrieg. Er markierte insofern den tragischen Höhepunkt des von Europa ausgehenden Schreckens, weil in seinem Verlauf in nie dagewesener Weise Hegemonialbestrebungen und Rassismus Hand in Hand gingen. Die nationalsozialistische Ideologie mit dem Kerngedanken des Antisemitismus konnte umso effektiver umgesetzt werden, je größer der Machtbereich der Nazis war und desto mehr Juden sich unter ihrer Herrschaft befanden. Die kriegerische Ausdehnung des »deutschen Lebensraumes« nach Osteuropa und die Unterwerfung der slawischen Völker, die zwar nicht als »lebensunwert«, aber als »minderwertig« angesehen wurden, war aus der Sicht des nationalsozialistischen Wahns unvermeidlich, aus objektiver Perspektive eine einzige menschliche Katastrophe.

Doch dieses markante Beispiel macht auch eines deutlich: Die abendländische Kultur hat in den Jahrhunderten, in denen sie um ihre Identität gerungen hat, nicht nur ein weltgeschichtlich unerreichtes Maß an politischer Freiheit und individueller Selbstbestimmung hervorgebracht, sie hat es auch geschafft, sich in einer kritischen Weise den eigenen Schattenseiten und Fehlentwicklungen zu stellen, für die es ebenfalls nur wenige Beispiele gibt. So ist es heute weitgehender gesellschaftlicher Konsens, die eigenen Verbrechen nicht zu verdrängen, schönzureden oder sogar zu rechtfertigen. Sie sind vielmehr Gegenstand von Scham und Reue. Der Erinnerung an die nationalsozialistischen Verbrechen und der sich daraus ergebenden Verpflichtung wird in Deutschland in vielfacher Form durch würdige Gedenkstätten, Gedenkfeiern, Schulprojekte, die besondere Förderung des wieder erwachten jüdischen Lebens und anderes Rechnung getragen. Dass es auch gegenteilige Versuche gegeben hat und gibt, die derartiges menschliches Versagen glorifizieren oder leugnen, liegt auf der Hand. Die Beispiele reichen von der Umdeutung des Kolonialismus zur emanzipatorischen Leistung durch Schriftsteller wie Rudyard Kipling oder

Walt Whitman über die Verherrlichung Stalins durch westeuropäische Intellektuelle wie Lion Feuchtwanger bis zur »Auschwitz-Lüge« geistiger Brandstifter – doch über all das besteht kein gesellschaftliches Einvernehmen. Selbst die katholische Kirche, die sich mit Selbstkritik gemeinhin sehr schwertut, leistet einen bescheidenen Beitrag zur Sühne. Im sogenannten Heiligen Jahr 2000 legte Papst Johannes Paul II. am 12. März erstmals in der Kirchengeschichte ein umfassendes Schuldbekenntnis im Namen der Kirche ab. Mit der alten Beichtformel »Mea Culpa« (»meine Schuld«) entschuldigte er sich für Fehler und Sünden der Kirche bei Glaubenskriegen, der Inquisition und der Judenverfolgung. Damit hat er Maßstäbe gesetzt, denn als sein Nachfolger Benedikt XVI. bei einem Brasilienbesuch 2007 auf zynische Weise die Vernichtung der dortigen Indianer relativiert hat, folgte ein Aufschrei der Empörung.

Dass sich generell aus der Einsicht in das eigene Unvermögen eine gewisse Bescheidenheit und Zurückhaltung gegenüber den Opfern ergeben sollte, sollte selbstverständlich sein. Die eigene Kultur als Folge kritischer Selbstreflexion und des offenen Umgangs mit den eigenen Fehltritten dagegen nur kleinzureden, wäre unangemessen.

Offizielle, das heißt von Regierungen oder dem Klerus vorgebrachte, Schuldbekenntnisse aus der islamischen Kultur sind nicht bekannt. Die Vernichtung von 1,5 Millionen »ungläubigen« Armeniern und 250 000 Assyrern durch die Osmanische Türkei von 1915–1918, denen ihre Mörder mangelnde Loyalität unterstellt haben, wird noch ein Jahrhundert später von weiten Teilen der modernen Türkei und ihrem politischen Establishment geleugnet und der Vorwurf sogar als »Beleidigung des Türkentums« geahndet.[28] Wer das Tabu bricht wie der Journalist Hrant Dink, ist seines Lebens nicht mehr sicher. Dink wurde am 19. Januar 2007 von einem 16-jährigen Fanatiker erschossen, der laut Augenzeugen anschließend gerufen haben soll: »Ich habe den Ungläubigen erschossen.«[29] Dinks Ermordung ist kein Einzelfall. Auch gegenüber Buddhisten, deren blühende Gemeinden in Zentral-, Süd- und Südostasien durch die Brutalität islamischer Eroberer weitgehend ausgelöscht wurden – das damalige geistige Zentrum der buddhistischen Welt, die Universitäts- und Klosterstadt Nalanda im indischen Bundesstaat Bihar wurde 1202 von dem persischen Eroberer Muhammad Bakhtyar Khalji dem Erdboden gleichgemacht –, hat noch kein repräsentativer Vertreter des Islam jemals ein Wort des Bedauerns gefunden. Wer so unbefangen und kritiklos mit der eigenen Vergangenheit und deren Schattenseiten umgeht, bei dem stellt sich oft allzu leicht ein Gefühl der Überlegenheit ein – auch in moralischer Hinsicht.

Die Krux mit der Leitkultur

Die Zuwanderung von Millionen Muslimen nach Europa und die damit verbundenen Herausforderungen der Integration werfen in der Politik und in der Gesellschaft die Frage auf, ob die christlich-abendländischen Werte als Leitkultur für das Zusammenleben in Europa geeignet sind oder ob dadurch Dominanz und Hegemonie ausgeübt werden. Objektiv betrachtet, spricht vieles dafür, dass diese Werte eine geeignete Basis für ein friedvolles Miteinander bilden, in dem jeder nach seiner eigenen Tradition leben kann und gleichzeitig bereit ist, auch die Werte des anderen zu akzeptieren, zumal es bereits als universeller Grundsatz in allen Teilen der Welt gilt, die jeweils herrschenden Traditionen und Moralvorstellungen als eine Art Leitkultur anzuerkennen. Ein Blick in die Reiseliteratur oder -empfehlungen zeigt: Gerade für fremde Kulturen werden zahllose Tipps gegeben, wie die Sitten und Gebräuche der Reiseländer am besten respektiert werden. Und wenn Politikerinnen wie die ehemalige irische Staatspräsidentin und UN-Hochkommissarin für die Menschenrechte, Mary Robinson, oder die Schweizer Außenministerin Micheline Calmy-Rey in den Iran reisen, treten sie aus Achtung der dortigen Gepflogenheiten nur mit Kopftuch auf.

Warum aber sprechen sich angesichts dieser stillen Übereinkunft so viele Europäer das Recht ab, ihre Traditionen zur Grundlage einer Leitkultur in Europa zu erheben? Und dies, wo sich doch einige führende Vertreter islamischer Verbände immer dann auf die dort geltenden Werte berufen, wenn es ihnen gerade nützlich ist? Etwa auf den Grundsatz der Gleichheit bzw. der Religionsfreiheit, wenn es um den Bau neuer Moscheen, islamischen Religionsunterricht oder das Kopftuch in öffentlichen Einrichtungen geht.

Sobald Muslime z. B. in der öffentlichen Debatte um ihre Präsenz in der abendländischen Welt mit der Frage konfrontiert werden, wie es im Gegenzug um die Rechte der Christen und anderer nicht-islamischer Religionsgemeinschaften in der islamischen Welt bestellt ist, weisen sie derartige Vergleiche in der Regel entschieden zurück. Sie beharren darauf, die Diskussion allein auf die Situation in dem Land zu konzentrieren, in dem sie leben. Und dann berufen sie sich auf genuin abendländische und gesetzlich verbriefte Grundsätze wie Religionsfreiheit und Gleichheitsprinzip. Nun kann man einwenden, das entspricht genau der Logik der Leitkultur, die in der islamischen Welt eben anders ist. Wie eingangs ausgeführt, gibt es aber universelle Werte, die ihren wichtigsten Ausdruck in der auch von den islamischen Staaten anerkannten Allgemeinen Erklärung der Menschenrechte gefunden haben. Die dortigen Prinzipien können von keiner Leitkultur relativiert werden, sonst verschwindet die Basis für ein friedliches globales Miteinander. So fordert die algerische Wissenschaftlerin und Kulturministerin Khalida Messaoudi (Toumi) folgerichtig als Repräsentantin des muslimischen Kulturkreises: »Wir Algerierinnen, Marokkanerinnen, Iranerinnen und Sudanesinnen haben uns zusammengetan, um etwas zu fordern, was im Westen selbstverständlich ist: die Universalität der Menschenrechte, die unabhängig von Geschlecht, Hautfarbe und Religion für alle gelten.«[30] Doch gerade wegen ihres Eintretens für die Universalität der Menschenrechte wurde sie von der »Islamischen Heilsfront« (FIS) zum Tode verurteilt; bislang konnte sie sich dem Terror entziehen.

Zurück zur Frage der Leitkultur für Europa. Hier gilt: Wenn sich führende Vertreter von Traditionen, die historisch nicht zum Erbe der abendländischen Welt zählen, auf derart zentrale Errungenschaften dieses Erbes wie Gleichberechtigung und Religionsfreiheit berufen, dann sollte sich die weitere Debatte darüber, ob dieses Erbe generell eine legitime Basis des Zusammenlebens ist, erübrigt haben. Das Dilemma in dieser Diskussion ist jedoch, dass die abendländischen Werte häufig selektiv in Anspruch genommen werden. Wer aber das Grundgesetz herbeizitiert, um die Gleichbehandlung aller Religionen in Deutschland zu fordern, muss auch andere Prinzipien des Grundgesetzes akzeptieren – etwa die Gleichheit der Geschlechter, die Mädchen das gleiche Recht auf Ausbildung zugesteht wie Jungen, oder die Pressefreiheit, die es erlaubt, Artikel oder Karikaturen zu veröffentlichen, die nicht die uneingeschränkte Zustimmung konservativ islamischer Vertreter finden oder gar als beleidigend aufgefasst werden. Der Lernschritt, dass einzelne Rechtsgrundsätze nicht zum eigenen Vorteil selektiv aus einem allgemeingültigen Rechtekanon herausgegriffen werden können, darf den in Europa lebenden Muslimen abverlangt werden.

Leider wird die Forderung nach einer aufgeklärt-abendländischen Leitkultur zudem dadurch erschwert, dass viele Europäer selbst ein gebrochenes Verhältnis zu der eigenen Tradition haben. Auch wenn, wie gesagt, die Schattenseiten Anlass zur Bescheidenheit sein müssen, gibt es dennoch keinen Grund, die Errungenschaften gänzlich zu relativieren. Das geschieht oftmals mit derartiger Bestimmtheit, dass sich sogar nicht aus Europa stammende Intellektuelle genötigt sehen, die Europäer an ihre Verdienste zu erinnern und den weitverbreiteten Kulturrelativismus zurückzuweisen. Bassam Tibi meint dazu: »Im welthistorischen Kontext scheint sich der Westen als Zivilisation in einem Niedergang zu befinden. (…) Er drückt sich unter anderem darin aus, dass Europäer – vor allem die Deutschen – in einem unverständlichen Selbsthass ihre eigenen Werte selbstverleugnerisch vor anderen in den Schmutz ziehen; sie merken dabei nicht, dass ihnen die ›Büßerhemd-Mentalität‹ bei den potenziellen Adressaten nur Geringschätzung einbringt. (…) Ich argumentiere für den Dialog und mache hierbei meine deutschen Mitbürger auf die Tatsache aufmerksam, dass Selbstrespekt und Selbstbewusstsein unerlässliche Voraussetzungen dafür sind; denn sie sind wichtig, um vom anderen akzeptiert werden zu können.«[31] Und Tibi warnt unmissverständlich: »Die Übertragung des Werte-Relativismus auf die Ideen von der multikulturellen Gesellschaft (…) verfolgt ein erklärtes politisches Ziel. Es geht darum, die Bundesrepublik in eine ›Vielvölkerrepublik‹ zu verwandeln, in der es keine verbindlichen Normen und Werte mehr gibt. Das wäre das Ende der Demokratie.«[32]

Toleranz – und ihre Grenzen

Die Büßerhemd-Mentalität auf der einen Seite und selbstbewusste Forderungen auf der anderen prägen heute das Verhältnis zwischen abendländischer und islamischer Gesellschaft und belasten einen ehrlichen und vorbehaltlosen gegenseitigen Umgang. Verschärft wird dieses Missverhältnis durch eine der großen Errungenschaften der Aufklärung: Toleranz. Der Voltaire zugeschriebene berühmte Grundsatz »Ich missbillige Ihre Meinung, aber ich werde bis auf den Tod Ihr Recht verteidigen, sie zu äußern« ist zweifellos einer der bedeutendsten Schätze der abendländischen Tradition. Was aber, wenn Toleranz nicht nur für eine abweichende Meinung verlangt wird, sondern für Traditionen und Handlungen, die den abendländischen Grundlagen des Zusammenlebens in Europa zuwiderlaufen, humanitäre Grundsätze mit Füßen treten und am Ende die Toleranz selbst infrage stellen?

Konkrete Beispiele dafür gibt es genug, in der Geschichte wie in der Gegenwart. So ist es heute unbestritten, dass die aus einer fatalen und naiven Fehleinschätzung resultierende Toleranz der westeuropäischen Regierungen gegenüber Hitlers Hegemonialbestrebungen (Ansprüche auf das Sudetenland, Memelland etc.) den Diktator maßgeblich darin bestärkt hat, seine Kriegspläne voranzutreiben. Auch in der aktuellen gesellschaftspolitischen Debatte gibt es einige heftig diskutierte Reizthemen, an denen unterschiedliche Konzepte von Toleranz deutlich werden: Wie vertretbar ist Toleranz gegenüber Personen, die die freiheitlichen Werte Europas ausnutzen, um selbige zu bekämpfen? Die Kontroverse um sogenannte Hassprediger in Moscheen, von denen es laut Verfassungsschutz etwa ca. 150 gibt, flammt immer wieder auf. Dabei zeigen sich die staatlichen Behörden mit Sanktionen selbst dann zurückhaltend, wenn die einschlägig bekannten Männer die grundlegenden Werte des Grundgesetzes verhöhnen und ihre Zuhörer auf ein System einschwören, das mit der bestehenden Grundordnung nichts zu tun hat. Solche Hasspredigten auf die gesellschaftliche Ordnung, die sie erst möglich machen, finden nicht nur in Hinterhofmoscheen statt. Ein Beispiel dafür ist die Taiba-Moschee am Hamburger Steindamm, die Basis des Todespiloten vom 11. September, Muhammad Atta. Die Innenbehörde der

Hansestadt schloss sie am 9. August 2010, weil der Trägerverein über Jahre hinweg »eine demokratiefeindliche Ideologie verbreitet« habe, so der damalige Innensenator und heutige Erste Bürgermeister Christoph Ahlhaus. Auch habe die Moschee nach Erkenntnissen des Verfassungsschutzes Gotteskrieger für Ausbildungscamps im pakistanisch-afghanischen Grenzgebiet rekrutiert. Mindestens zehn seien vom Steindamm aus dorthin aufgebrochen. Ein anderes Beispiel ist der aus Syrien stammende Imam von Leipzig, Hassan Dabbagh. Der sächsische Verfassungsschutz weist ihm Kontakte zu den Attentätern vom 11. September nach und einer seiner ehemaligen Anhänger belegt, dass er die Todesstrafe für Konvertiten fordert. »Auf die Frage ›Wie lautet das Urteil über den Apostaten (Abtrünnigen) im Islam?‹ hat der Imam Dabbagh beschrieben, dass das Urteil die Todesstrafe ist. Derjenige, der vom islamischen Glauben abfällt, muss getötet werden.«[33] Trotz solcher Äußerungen stehen dem Mann öffentlich Foren zur Verfügung. Am 23. Juni 2009 hielt er einen Vortrag an der Technischen Universität Ilmenau, zudem fungiert er als geistiger Beistand für islamische Gefangene in der Justizvollzugsanstalt Leipzig. Auch der Frankfurter Geistliche Said Khobaib Sadat zählt zu den prominenteren Muslimen, die vom hessischen Verfassungsschutz als »Hassprediger« eingestuft werden. Mehrere Ermittlungsverfahren gegen ihn wegen Aufrufs zur Gewalt gegen Ungläubige wurden aus Mangel an Beweisen eingestellt.

Ähnlich zurückhaltend verhält sich der Staat gegenüber Eltern, die ihre Mädchen vom Schwimm- oder sonstigen Sportunterricht sowie von Klassenfahrten fernhalten, weil sie dabei in einen zu engen Kontakt mit Jungen kommen könnten. Der spielerische frühe Umgang mit dem anderen Geschlecht gehört jedoch für beide Seiten zu einer wichtigen sozialen Erfahrung, die einen entscheidenden Beitrag dazu leistet, im späteren Leben zu einem gleichberechtigten und vertrauensvollen Miteinander zu finden. Diese pädagogischen Grundsätze werden ohne Not einem Verständnis von Toleranz geopfert, das die Interessen der Schwächeren, der Mädchen aus Migrantenfamilien, ignoriert.

Im Oktober 2009 forderte gar Kenen Kolat, der Vorsitzende der türkischen Gemeinde in Deutschland, in der *Berliner Zeitung*, allen Kindern an deutschen Schulen an einem islamischen Feiertag schulfrei zu geben. Noch befremdlicher als die Forderung selbst war ihre Begründung. Kolat sagte, ein solcher Akt sei »ein Zeichen der Toleranz«. Wer »ein Zeichen von Toleranz« fordert, vermisst selbige offenkundig, sonst müsste sie nicht eingefordert werden. Kenan Kolat stellt mit seiner Formulierung also die Toleranz der deutschen Gesellschaft infrage – ein herber Angriff.

Die westliche Gesellschaft hat lange Zeit ihren allzu gütigen Mantel der Toleranz über Unrechtstaten wie Zwangsverheiratungen gehalten. Wenn in Deutschland lebende Mädchen zu Beginn ihrer Pubertät oder noch eher bei Heimatbesuchen in islamischen Staaten mit weitaus älteren Männern vermählt wurden, die sie nie zuvor gesehen haben, betrachteten deutsche Behörden dies lange als Privatangelegenheit statt als eklatante Verletzung des Rechts auf Selbstbestimmung. Erst durch die intensive Aufklärungsarbeit von Frauengruppen wie Terre des Femmes oder betroffenen Frauen wie Serap Cileli sah sich der Gesetzgeber genötigt, gegen die Praxis vorzugehen.

In der Debatte um Toleranz stehen sich also unterschiedliche Prinzipien einer aufgeklärten Gesellschaft gegenüber: Zählen eine uneingeschränkte Toleranz und die uneingeschränkte Religionsfreiheit mehr als das Recht auf körperliche Unversehrtheit, individuelle Selbstbestimmung oder andere Prinzipien? Oder wird der positive Wert der Toleranz nur vorgeschoben, um Opportunismus und Feigheit zu kaschieren? Wie leicht die Grenzen verschwimmen, zeigt die Auseinandersetzung um die König-Fahd-Akademie in Bad Godesberg. Die 1995 gegründete Schule ist ein Prestigeobjekt des saudischen Königs für Kinder aus dem arabisch-islamischen Kulturkreis, die sich vorübergehend in Deutschland aufhalten. Der Unterricht findet überwiegend auf Arabisch statt und an die Schule ist eine Moschee angeschlossen. Wenn sich einer der wichtigsten strategischen Verbündeten und Öllieferanten großzügig erweist, steht die Politik nicht abseits, und so waren bei der Eröffnung unter anderem der damalige Außenminister Klaus Kinkel sowie Ministerpräsident Johannes Rau zugegen und fanden lobende Worte für die Initiative. Schon frühzeitig jedoch stand die Akademie im Verdacht, extremistische Lerninhalte zu vermitteln, zumal sie nicht der deutschen Schulaufsicht, sondern dem Regierungspräsidium Köln untersteht. Es ist jedoch nicht der Aufmerksamkeit der deutschen Behörden, sondern den Redakteuren der Fernsehsendung *Panorama* zu verdanken, dass derartige Inhalte an die Öffentlichkeit drangen. 2003 wies *Panorama* nach, dass in der Akademie systematisch zum Hass gegen Juden und zum Heiligen Krieg aufgerufen wird. Unter dem Eindruck der gut recherchierten Dokumentation wurden Forderungen nach der Schließung der Schule laut, doch die Politik – darunter Außenminister Joschka Fischer – intervenierte entschieden, die Partner in Riad sollten nicht brüskiert werden. Stattdessen wurde die Schule angehalten, ihre Lehrpläne und Schulbücher zu ändern. Das geschah in einigen Bereichen, auch wurde mehr Unterricht in Deutsch versprochen. Die Reform blieb jedoch halbherzig, denn eine Untersuchung von 2008 brachte ans Tageslicht, dass der Antisemitismus ein wesentliches Element der Lerninhalte geblieben war: In den Schulbüchern wurde sogar indirekt zum Mord an Juden aufgerufen; so hieß es, der (von den Muslimen ersehnte) Jüngste Tag kann so lange nicht eintreten, bis nicht alle Juden getötet worden sind. Eine solche Darstellung fünf

Jahre nach den Enthüllungen von *Panorama* war noch immer kein Grund, nach der grundsätzlichen Legitimation der Akademie zu fragen. Ein Zeichen von Toleranz?

Der Publizist Henryk M. Broder hat der Debatte um Toleranz und ihre Grenzen ein Buch gewidmet: *Kritik der reinen Toleranz*. Darin kommt er zu dem Schluss: »Toleranz ist nicht nur Euphemismus für Nachlässigkeit, Faulheit, Bequemlichkeit, Schlamperei, Trägheit und Gleichgültigkeit. Es ist auch eine Art von Vorauszahlung, die sich selten bezahlt macht. (…) Ich halte Toleranz für keine Tugend, sondern für eine Schwäche – und Intoleranz für ein Gebot der Stunde.«[34] Ähnlich sieht es die Rechtsanwältin Seyran Ates: »Jeder soll nach seiner Fasson und mit seiner Religion glücklich werden – diese Forderung ist in Zeiten des politischen Islam verantwortungslos.«[35] Weniger programmatisch-zugespitzt, aber nicht weniger deutlich warnt auch Bassam Tibi vor überzogener Toleranz: »Erstaunlich ist, wie manche Multikulturalisten objektiv und gegen ihren erklärten Willen zu Handlangern der Fundamentalisten und ihres Neo-Absolutismus werden. (…) Obwohl Fundamentalisten aus Opportunismus den Kulturrelativismus gutheißen, bietet ihre Ideologie keinen Raum für Multi-Kulti-Illusionen. Die Fundamentalisten instrumentalisieren die Werte-Indifferenz der Multikulturalisten zu ihren Gunsten, um ihre eigenen Intoleranz im Namen der Toleranz der anderen hoffähig zu machen.«[36]

Bleibt die Frage, warum in Deutschland die Toleranz gegenüber der Intoleranz so groß und der Respekt gegenüber den eigenen Werten bisweilen so gering ist. Die Journalistin und Frauenrechtlerin Alice Schwarzer versucht, diese Tatsache zu ergründen, und geht mit ihren Landsleuten scharf ins Gericht: »Klar ist, dass die Deutschen seit der Nazizeit ganz besonders bemüht sind, über dem Verdacht des Rassismus zu stehen und Fremdes demonstrativ zu tolerieren. Klar ist ebenfalls, dass der Protestantismus ein besonderer Nährboden zu sein scheint für geißelnde Selbstverleugnung und adorierende Fremdenliebe. Aber da sind auch noch andere Motive, die nicht ganz so eindeutig sind. Zum Beispiel das der Überheblichkeit, für die Fremde die ›Anderen‹ sind, Menschen mit anderen Sitten und einer anderen Kultur, für die uns elementar und unverzichtbar scheinende Menschenrechte und Freiheit des Individuums einfach nicht gelten. Oder auch das des Machotums ...«[37] Man mag sich über die Gründe und Ausmaße von Toleranz streiten, fest steht: Toleranz als Basis des gesellschaftlichen Zusammenlebens hat ihre Grenzen dort, wo sie benutzt wird, um totalitäre Ideologien durchzusetzen. Viele von denen, die den Islam als Opfer sehen, reflektieren nicht, wie zu viel Toleranz die Regeln des Zusammenlebens relativieren und nivellieren kann. Zum Wesen einer toleranten Gesellschaft gehört es, deren Grenzen zu erkennen und selbstbewusst zu verteidigen – damit eine Gesellschaft erhalten bleibt, die auch langfristig das hohe Gut der Toleranz praktiziert.

Zugegeben, die ganze Diskussion um Toleranz und ihre Grenzen wäre unausgewogen, schaute man nicht auch darauf, was der Koran zur Toleranz von Muslimen gegenüber Nicht-Muslimen sagt. Dabei wird zumeist auf zwei Suren verwiesen: Sure 2,256: »Es soll keinen Zwang im Glauben geben« – und Sure 5,32: »Wenn jemand einen Menschen tötet, so soll es sein, als hätte er die ganze Menschheit getötet. Und wenn jemand einem Menschen das Leben erhält, so soll es sein, als hätte er der ganzen Menschheit das Leben erhalten.«

Was hier beim ersten Hören tolerant klingt, hat im Kontext der Entstehungsgeschichte eine andere Bedeutung. Sure 2,256 fordert nicht Religionsfreiheit im umfassenden Sinn, sondern die Freiheit der »Rechtgläubigen«, den Islam ohne Zwang und Einschränkung leben zu können. Schon der Rest des Verses, der von Islam-Sympathisanten gewöhnlich unterschlagen wird, macht deutlich, dass es nicht um allgemeine

Religionsfreiheit geht: »Klar ist nunmehr unterschieden das Rechte vom Irrtum; und wer den Taghut [Anm.: Götzenbild] verleugnet und an Allah glaubt, der hält sich an der stärksten Handhabe, in der kein Spalt ist; und Allah ist hörend und wissend.« In Sure 5,32 sind mit den »Menschen« allein die Muslime gemeint, die Umma, keinesfalls aber Mu'ahids, Dhimmi oder gar Harbi. Nur einen Vers weiter, in 5,33 heißt es nämlich: »Siehe, der Lohn derer, welche Allah und seinen Gesandten befehden und Verderben auf der Erde betreiben, ist nur der, dass sie getötet oder gekreuzigt oder an Händen und Füßen wechselseitig verstümmelt oder aus dem Land vertrieben werden. Das ist ihr Lohn hienieden, und im Jenseits wird ihnen schreckliche Strafe.«

Kapitel 2

Wer pflegt die Opferrolle des Islam?

Das Wort »Opfer« umfasst ein weites Bedeutungsfeld. Assoziiert wird der Begriff in erster Linie mit Menschen, die schuldlos durch Verbrechen, Naturkatastrophen, Unfällen u. a. in Not geraten, verletzt oder gar getötet werden. Im Zusammenhang mit Kulten bzw. Kulthandlungen spricht man ebenfalls von Opfer, wenn etwas einer höheren Macht dargebracht wird. Meist geht damit ein im Idealfall freiwillig getaner Verzicht einher, der womöglich auch das eigene Leben betreffen kann. In der frühen Phase der Zivilisationsgeschichte waren Menschenopfer keine Seltenheit. Funde aus der Jungsteinzeit belegen dies für Europa; auch aus der frühen chinesischen und ägyptischen Kultur sind derartige Praktiken überliefert. Häufig waren diejenigen, die sich hingaben, von hohem Rang, denn mit dem Opfer sollte von dem Göttlichen etwas erbeten werden und da musste der Einsatz hoch sein. Im Laufe der Zivilisation wurden diese Menschenopfer durch Tieropfer ersetzt und später in rituelle Symbolhandlungen umgewandelt. Eine der bekanntesten ist die christliche Kommunion mit Brot und Wein als Symbole für den Leib und das Blut Christi.

Im Islam spielt das religiöse Opfer eine außergewöhnlich starke Rolle. Wie bereits erwähnt, bedeutet Islam »Hingabe an Gott« und von der Hingabe bis zum Opfer ist es nur ein kleiner Schritt. Alle Muslime messen der Bereitschaft zum Opfer und zum unbedingten Gehorsam gegenüber dem Willen Gottes größte Bedeutung bei. So erscheint es nicht verwunderlich, wenn auch in der Debatte um die gesellschaftliche Rolle des Islam immer wieder vom »Opfer« die Rede ist. Doch geht es dabei nicht um das religiöse Opfer im Sinne Abrahams, es geht vielmehr um das Gefühl der Muslime, selbst Opfer zu sein, indem sie sich und ihren Glauben schutzlos der Diskriminierung und Gewalt ausgesetzt sehen, die ihre Ursache in einer Ablehnung des Islam als solchen hätten. Nach einer vom Innenministerium in Auftrag gegebenen Studie der Hamburger Sozialforscher Katrin Brettfeld und Peter Wetzels fühlen sich Muslime sogar dann als Opfer, wenn sie persönlich noch nie diskriminiert wurden. »Die Beschreibungen sind in hohem Maße durchsetzt von einem solchen Topos der Muslime als ›Opfer‹ in unterschiedlichsten Schattierungen. (…) Dies wird zwar in gewissem Umfang mit Hinweisen auf Details untermauert, die aber in den wenigsten Fällen auf eigene direkte Erfahrungen rekurrieren. Dominant ist die Schilderung der Situation anderer, die man kennt und von denen man weiß.«[1] Diese Eigenwahrnehmung findet häufig Rückhalt bei zahlreichen Führungspersönlichkeiten aller gesellschaftlich relevanten und einflussreichen Gruppen innerhalb der deutschen Mehrheitsgesellschaft: bei Wissenschaftlern und Politikern, Schriftstellern und Journalisten, Soziologen und Theologen.

Beispielhaft ist der tragische Mord an der 32-jährigen schwangeren Ägypterin Marwa El-Sherbini, der außerordentliche öffentliche Aufmerksamkeit erfahren hat. Warum? Weil er dem Opferbewusstsein der Muslime ein Gesicht gegeben hat. Marwa El-Sherbini wurde am 1. Juli 2009 im Dresdner Gerichtssaal von dem Russlanddeutschen Alex W. erstochen. Sie hatte ihn wegen Beleidigung angeklagt, weil er an ihrem Kopftuch Anstoß genommen hatte, das sie als Zeichen ihres islamischen Glaubens trug. Marwa El-Sherbini wurde die uneingeschränkte Solidarität in der christlichen wie in der islamischen Welt zuteil. Vor dem Dresdner Rathaus fand am 11. Juli eine öffentliche Trauerfeier statt, an der führende

Vertreter von Stadt, Land und Parteien teilnahmen, darunter der damalige SPD-Vorsitzende Franz Müntefering. Bundeskanzlerin Angela Merkel und Außenminister Frank-Walter Steinmeier kondolierten der ägyptischen Regierung sowie der Familie der Ermordeten. Staatsministerin Maria Böhmer besuchte den Ehemann der Ermordeten, der bei der Auseinandersetzung von Sicherheitskräften verletzt worden war, im Krankenhaus. Bezeichnend war ein Kommentar der *Tagesschau* mit dem Titel: »Der Mord an Marwa betrifft uns alle«.[2] Ein Jahr nach dem Verbrechen wurde im Landgericht Dresden von Sachsens Justizminister Jürgen Martens eine Gedenktafel für Marwa El-Sherbini enthüllt. Dort steht in deutscher und arabischer Schrift: »Wir verneigen uns vor dem Opfer dieser schrecklichen und unfassbaren Tat und trauern mit ihrer Familie.«

Der Mord im Dresdner Gerichtssaal wirft in der Tat Fragen auf, die kein gutes Bild auf die Behörden werfen. Wie war es möglich, dass der als fanatisch und cholerisch bekannte Angeklagte ein Messer in den Gerichtssaal schmuggeln konnte? Wieso haben die Sicherheitskräfte nicht rechtzeitig eingegriffen und wieso konnten sie während der Auseinandersetzung den Ehemann des Opfers nicht von dem Mörder unterscheiden? Zweifellos wurde die Tat durch den Dilettantismus, womöglich gar durch die Verantwortungslosigkeit deutscher Behörden begünstigt. Dennoch gilt es, sich Folgendes klarzumachen: Das Verbrechen selbst geht auf einen einzelnen Fanatiker zurück, der 2003 im Alter von 22 Jahren von Russland nach Deutschland übersiedelte, wo sich sein Traum vom »goldenen Westen« nie erfüllt hat. Dafür hat er andere Menschen mit Migrationshintergrund verantwortlich gemacht, insbesondere Muslime. Das persönliche Scheitern und die Suche nach einem Sündenbock waren nachweislich Tatmotive für den grausamen Mord, nicht aber eine inhaltliche Auseinandersetzung mit der Islam-Kritik.

Die Anteilnahme seitens der Bevölkerung sowie führender Vertreter des Staates und die rasche Verurteilung des Mörders zur Höchststrafe – lebenslange Haft mit besonderer Schwere der Schuld, die eine Begnadigung nach 15 Jahren ausschließt – waren klare Signale, dass es in Deutschland für derartige Gewaltexzesse keinerlei Toleranz oder Verständnis gibt. Doch all das hat die Verfechter der Opfer-These nicht beeindruckt. Sie haben den Mord an Marwa El-Sherbini in einer Weise instrumentalisiert, die nur noch schwer Respekt vor der Toten erkennen ließ. Das Verbrechen wurde nicht nur im Heimatland der Ermordeten oder anderen islamischen Staaten, sondern auch in Deutschland religiös-politisch ausgenutzt. Muslimische Extremisten wie die Bewegung der Salafiten machten Deutschland pauschal für den Mord verantwortlich. Im Aufruf zu einer Kundgebung salafitischer Organisationen in Berlin am Sonntag, den 5. Juli 2009, hieß es, Frau El-Sherbini sei »das erste Todesopfer der islamfeindlichen Propaganda«. Die von dem deutschen Konvertiten und Salafiten Pierre Vogel betriebene Internetseite »Muslimegegenrechts« warnte bei dem Anlass vor einem »erneuten Holocaust«. Peter Heine, Islamwissenschaftler an der Berliner Humboldt-Universität, vertrat die Ansicht, viele Muslime würden den Mordfall in Dresden als eine Bestätigung der Erfahrungen deuten, »die sie im Kleinen jeden Tag machen«[3]. Seine Kollegin Claudia Dantschke pflichtete ihm bei: »Dieser Mord bestätigt die Diskriminierungserfahrungen junger Frauen mit Kopftuch«. Und: »Die deutsche Mehrheitsgesellschaft unterschätzt den Symbolwert dieses Mordes. Bei den meisten ist das keine böse Absicht, sondern es fehlt einfach das Einfühlungsvermögen, um zu erkennen, was diese Tat für die Muslime hier bedeutet.«[4] Für den Vorsitzenden der Zentralverbands der Muslime, den deutschen Konvertiten Ayyub Axel Köhler, ist der Hintergrund eindeutig: »Islamophobie«.

Ideologische Instrumentalisierung

Den Höhepunkt ideologischer Instrumentalisierung als Reaktion auf den Mord an Marwa El-Sherbini setzte Sabine Schiffer von der Universität Erlangen. Sie leitet dort eine von ihr gegründete Einrichtung, die sich »Institut für Medienverantwortung« nennt; zudem war sie Mitglied der unter dem damaligen Innenminister Wolfgang Schäuble angeregten Islamkonferenz.

Ihr Verständnis von Medienverantwortung dokumentierte sie unter anderem, als sie am 14. Juli 2009 dem Rundfunk der Islamischen Republik Iran ein Interview gab. Dieses Medium ist ein wichtiges Sprachrohr eines der weltweit brutalsten totalitären Regime. Als Frau Schiffer dort auf Sendung war, waren Tausende von Menschen auf den Straßen, um gegen die Wahlfälschung der politischen Nomenklatura zu protestieren. Nur mit roher Gewalt der Milizen behielt die Staatsmacht die Oberhand. Flankiert wurde der Kampf gegen Demokratie und Meinungsfreiheit von der Propaganda des Rundfunks.

In dem Interview mit Sabine Schiffer ging es aber nicht um Grundrechte im Iran, sondern um den Mord an Marwa El-Sherbini, das Verhalten der deutschen Medien und ganz grundsätzlich um das »Ausmaß von Islamfeindlichkeit in Deutschland und mögliche Maßnahmen dagegen«. Die Medienexpertin stellte gewagte Behauptungen auf, so auch über den ägyptischen Ehemann der Ermordeten, »der versucht hatte, seine Frau zu retten und sicherlich aus rassistischen Gründen von einem Polizisten auch noch angeschossen wurde.«[5] Für diese Unterstellung der vorsätzlichen Körperverletzung aus niederen Beweggründen erhielt sie einen Strafbefehl über 6000 Euro wegen übler Nachrede. Sie klagte dagegen und wurde vom Amtsgericht Erlangen in erster Instanz freigesprochen, da ihre Einschätzung durch die freie Meinungsäußerung gedeckt sei.[6] Die Staatsanwaltschaft stellte allerdings einen Antrag auf Revision – ein Vorgehen, das die These vom »Feindbild Islam« bestätigt? Fast überflüssig zu erwähnen, dass Sabine Schiffer von ihren Gesinnungsfreunden selbst zum Opfer und zur Märtyrerin für die Meinungsfreiheit stilisiert wurde. Eine für sie initiierte Kampagne steht unter dem Motto »Kriminalisierung von Meinungsäußerungen statt Aufklärungsarbeit im Mordfall Marwa El-Sherbini«.[7]

Zu dem Interview passt eine Initiative des iranischen Präsidenten Mahmud Ahmadinedschad, der aus dem Mord ein großes Politikum machte und gegenüber UN-Generalsekretär Ban Ki Moon Sanktionen gegen Deutschland anregte. Dieser diplomatische Schritt war die Antwort auf die Demonstrationen, die es außer im Heimatland der Ermordeten, in Ägypten, auch im Iran gab; die emotional aufgeheizten Kundgebungen richteten sich pauschal gegen Deutschland oder gar »den Westen«.

Der Adressat der verbalen Aggression, die deutsche Öffentlichkeit, nahm seinerseits mit Erleichterung zur Kenntnis, dass die große internationale Eskalation nach dem Vorbild der Mohammed-Karikaturen ausblieb – so zumindest beschreiben es manche Medien. Die Wochenzeitung *Die Zeit* konstatierte: »Doch sieht es so aus, als komme die Welt diesmal um die volle, unkontrollierte Eskalation herum. Drei Gründe bewahren Deutschland hoffentlich vor dem Schlimmsten. Erstens: Die arabischen Regierungen verhalten sich maßvoll (…) Zweitens: Die deutsche Politik hat alles zu spät, aber das meiste richtig gemacht (…) Drittens: Glück, verdammtes Glück. Das kann beim nächsten Mal auch schiefgehen.«[8] Deutlicher wie in diesem Kommentar könnte nicht dokumentiert werden, dass die Opferrolle, die Muslime gerne für sich in Anspruch nehmen, im Grunde längst auf die Nicht-Muslime übergegangen ist. Denn wer so argumentiert, hat die Maßstäbe der vermeintlichen Opfer verinnerlicht und ihnen das Heft des Handelns in die Hand gegeben. Er hat sich freiwillig zu deren Geisel gemacht, starrt wie das sprichwörtliche Kaninchen auf die Schlange und ist glücklich, wenn selbige nicht ganz so heftig zubeißt wie befürchtet.

Woher diese Angst? Vielleicht weil man ahnt, dass die angeblichen Opfer eine sehr militante Seite haben können? Und warum diese Ignoranz gegenüber all den Hunderten, die im Irak, in der Türkei, in Pakistan, in Ägypten oder im Jemen ermordet werden, allein weil sie Christen sind? Das hat nichts mit Aufrechnen zu tun. Es ist im Miteinander der Kulturen langfristig nicht vertretbar, immer nur die Opfer der einen Seite zu beklagen und die der anderen zu ignorieren.

Rita Stumpp, Anita Grünwald und Ilan Halimi

Die drei Genannten teilen das Schicksal von Marwa El-Sherbini insofern, als sie sehr jung – im Alter zwischen 23 und 26 Jahren – starben. Doch wurden sie nicht Opfer gescheiterter Persönlichkeiten, sondern aus religiösem Fanatismus getötet. In den öffentlichen Reaktionen auf die Verbrechen gab es zudem erhebliche Unterschiede im Vergleich zur Tat an Marwa El-Sherbini.

Die 24-jährige Rita Stumpp sowie die zwei Jahre ältere Anita Grünwald waren Bibelschülerinnen aus Brake, die für drei Monate als Pflegehelferinnen in ein Krankenhaus im nordjemenitischen Saada arbeiteten, weil sie nach eigenem Verständnis den Ärmsten der Armen helfen wollten. Im Juni 2009 wurden sie bei einem Ausflug im Geländewagen eines britischen Arztes überfallen. Ihre verstümmelten Leichen mit Schusswunden im Rücken fand man später in einem Feld. Offiziell hieß es, sie seien Opfer erboster Islamisten geworden, weil sie versucht hätten zu missionieren.

Die Trauerbekundungen beschränkten sich weitgehend auf die christliche Welt und selbst dort hielt sich die Solidarität mit den jungen Bibelschülerinnen in Grenzen. Sogar islamkritische Zeitungen orakelten: »Der Hauptvorwurf, der im Raum steht, ist aber nicht die Gefährdung durch ein vom Bürgerkrieg zerrissenes Land, sondern der Verdacht, die Studierenden könnten in missionarischer Absicht nach Saada gereist, ja gesandt worden sein. Für die Vermutung sprechen viele Anzeichen (...).«[9] Also selbst schuld?

Am grausamsten was das Schicksal des 23-jährigen Ilan Hamini, eines jungen Juden, der einen kleinen Handyladen in einem Pariser Vorwort betrieb. Im Januar 2006 wurde er von einer Gruppe, die sich »Bande der Barbaren« nannte, entführt. Ihr Anführer war der 25-jährige Youssouf Fofana von der Elfenbeinküste. Die Bande bestand aus 19 Männern und acht Frauen. Lockvogel war eine 17-jährige Iranerin. 24 Tage lang war Ilan Hamini in der Gewalt der Entführer, die ihn systematisch zu Tode folterten. Dabei nahm ihre Perversität groteske Ausmaße an: Wenn ihr Opfer unter der brutalen Folter schrie, riefen sie seine Mutter an. Sie sollte die Schmerzensschreie ihres Sohnes hören. Schließlich legten sie ihn an Bahngleisen ab, doch nachdem er gefunden worden war, starb er noch im Krankenwagen. Angeblich wollte die Bande 450 000 Euro Lösegeld erpressen, denn, so erklärten sie vor Gericht, »Juden sind reich«.

Die »Bande der Barbaren« bestand aus jungen muslimischen Migranten. Dabei gab sich Youssouf Fofana besonders fromm. Vor Gericht erschien er regelmäßig mit dem Ruf »Allahu Akbar« (Gott ist groß) und bekannte sich zum salafitischen Islam, der für seinen Extremismus und Judenhass bekannt ist. Fofana wurde zu lebenslanger Haft verurteilt, doch viele seiner Komplizen erhielten nur geringe Gefängnisstrafen von zum Teil sechs Monaten, zwei wurden freigesprochen. Jüdische Verbände warfen Polizei und Justiz vor, dem antisemitischen Aspekt des Verbrechens kaum Beachtung geschenkt zu haben.[10]

Die Wahrnehmung der Anteilnahme an einem bestimmten Schicksal kann subjektiv sein und der persönlichen Nähe zum Opfer unterliegen. Muslimische Verbände und Lobbygruppen haben immer wieder die mangelnde öffentliche Aufmerksamkeit für das Schicksal von Marwa El-Sherbini beklagt und die deutschen Medien entsprechend ermahnt.[11] Insofern muss versucht werden, objektive Maßstäbe zu finden. Ein Indikator dafür ist die Trefferquote im World Wide Web. Unter Marwa El-Sherbini erscheinen im deutschsprachigen Angebot von *Google* 683 000 Einträge; unter Ilan Halimi 409 000; unter Rita Stumpp und Anita Grünewald 4280, allerdings wurde über beide häufig mit Kürzeln beim Nachnamen berichtet. Gibt man »Rita S.« und »Anita G.« ein, kommt man auf 579 000. Das ist viel mehr, als es erscheint, denn darunter sind alle Veröffentlichungen enthalten, die auf Rita und Anita zurückgehen, wie zum Beispiel auf Rita Hayworth. Damit zeigt eine emotionslose Suchmaschine, wie viel mehr Beachtung die Welt einem Verbrechen entgegenbringt, das ein Islamhasser an einer Muslima begeht, als an den Verbrechen, die islamische Fanatiker an Christen oder Juden begehen.

Dramatischer, schlimmer, spektakulärer

Über die Instrumentalisierung des Mordes an Marwa El-Sherbini hinaus ist die Homepage »Muslimegegenrechts« ein besonders eindrucksvolles Dokument für den Versuch von einigen Muslimen, sich zum Opfer zu stilisieren und sich dabei auf eine Art zu entlarven, die an Realsatire grenzt. Die Homepage zeigt zunächst das Foto eines Nazi-Konzentrationslagers mit Gefangenen hinter Stacheldraht. Dann erscheint der Aufruf »Wehret den Anfängen« mit einem bekannten Symbol des Antifaschismus: ein Hakenkreuz wird in einen Papierkorb geworfen. Hier handelt es sich um eine besonders geschickte Bild-Text-Manipulation. Die Seite weckt sofort Assoziationen an die Shoa und die Muslime fühlen sich davon bedroht. Sie sind jedoch wachsam und bekämpfen den Faschismus in seinen Anfängen.

Zu den einzelnen Links »Frauen und Islam«, »Christen in islamischen Ländern« etc. werden keine schriftlichen Erläuterungen gegeben, sondern Videos mit Belehrungen vom Betreiber der Homepage, Pierre Vogel, abgespielt. Der Mann ist zweifellos eine der schillerndsten Figuren der deutschen Muslime: Absolvent einer Klosterschule, ehemaliger Profiboxer, islamischer Konvertit, Student der Islamwissenschaften u. a. in Mekka und heute einer der einflussreichsten muslimischen Prediger, dessen öffentliche Auftritte volle Hallen garantieren. Unter »Muslimegegenrechts« erklärt er wortreich, was der echte Islam ist und warum sich Christen in der islamischen Welt ebenso wie Frauen im Islam keinesfalls beklagen dürfen: Schließlich sei der Islam zu allen gütig.

Bei alledem kann man Vogel eines nicht absprechen: Der Mann hat einen hohen Unterhaltungswert. Während seiner Belehrungen kalauert er über die Höhepunkte vergangener

Fußballweltmeisterschaften; wenn er in seinen rheinischen Dialekt verfällt, wirkt er besonders kumpelhaft und man wähnt sich mit Freunden in der Kneipe. Selbstbewusst legt er einen Machismo-Stil an den Tag, der durchaus sympathische Züge haben kann. Der junge deutsche Konvertit ist sogar so sehr von sich überzeugt, dass er Saudi-Arabien, dem Iran, Ägypten und anderen islamischen Staaten vorschreibt, wie genau der wahre Islam aussieht. Dazu muss man wissen, dass Vogel zu der radikalen Richtung der Salafiten gehört, die eine Gesellschaft wie zu Zeiten Mohammeds anstreben und dem schon in äußeren Formen wie der Kleiderordnung nachkommen. Das ganze Auftreten hat nur einen Schönheitsfehler: In der Rolle des Opfers, die subtil durch die Website-Gestaltung vermittelt werden soll, vermag der Selbstdarsteller Vogel nicht zu überzeugen. Wer sich so locker und forsch gibt wie er, fühlt sich offenkundig sehr wohl in seiner Haut und auch in seiner Umgebung; wer so auftritt, sieht sich und seine Gesinnungsfreunde keinesfalls kurz vor einem »neuen Holocaust«, der nur durch die wachsame Öffentlichkeit in letzter Minute vielleicht noch abgewendet werden kann.

Die Diskrepanz zwischen dem selbst auferlegten Opferstatus und dem selbstbewussten Auftreten kommt bei Pierre Vogel, der aufgrund seiner extremen Ansichten innerhalb der islamischen Gemeinden umstritten ist, besonders deutlich zum Ausdruck. Doch er ist keine Ausnahme, wenn es darum geht zu veranschaulichen, wie angenehm und komfortabel es ist, sich zum Opfer zu machen, wenn man es gar nicht ist. Erfunden hat er diese Strategie nicht. Selbst bei Anschlägen mit Hunderten oder Tausenden von toten »Ungläubigen«, ausgeführt von Menschen, die streng nach dem Islam leben und alle seine Gebote befolgen, scheuen sich muslimische Vereine nicht, in Klage auszubrechen: »Bei jedem Anlass muss man nach jedem Anschlag, der vermeintlich von Muslimen ausgeführt wurde, erklären, dass man diesen aufs Schärfste verurteilt",[12] jammern Mitglieder der islamischen Gemeinschaft Milli Görüs.

Das Referendum der Schweizer gegen den Bau von weiteren Minaretten im Alpenstaat am 29. November 2009 bestärkte viele Muslime in ihrer Opferrolle. In Großbritannien und einigen islamischen Staaten gingen sie auf die Straße, um gegen »anti-islamische Gesetze« wie dieses zu demonstrieren. Besonders hervorzuheben gilt es aber die Reaktionen mancher abendländischer Sympathisanten. Stellvertretend hier sei der Schweizer Soziologe, Autor, UN-Sonderberichterstatter, Berater des UN-Menschenrechtsrates und ehemalige Abgeordnete Jean Ziegler zitiert. Er sah das Votum »hart an der Grenze zum Faschismus« und musste folglich vor einer »Pogromstimmung« warnen: »Viele Muslime fürchten sich vor Anschlägen, vor Gewalt, vor Stigmatisierung.«[13]

Auf eine besonders skurrile Form der Opferhaltung verfiel wenige Monate zuvor der britische Gemeindeleiter Noor Ramjanally aus Loughton im Norden von London. Im August 2009 erstattete er Anzeige bei der Polizei, weil er von Aktivisten der rechtsgerichteten British National Party (BNP) gekidnappt worden sei. Seine Entführer hätten von ihm verlangt, mit seinen öffentlichen Gebeten in der muslimischen Gemeinde aufzuhören. Im Zuge der Ermittlungen stellte sich jedoch heraus, dass Noor Ramjanally seine Entführung selbst inszeniert hatte. Dafür wurde er zu zwei Jahren Gefängnis und einer Geldstrafe von 10 000 Pfund verurteilt – allerdings in seiner Abwesenheit: Als sein Schwindel immer offenkundiger wurde, verließ er eilig das Land.

Wissenschaftlich untermauert?

Neben den Muslimen selbst gibt es zahlreiche Islamwissenschaftler, Theologen und andere Intellektuelle, die das Bild vom Opfer Islam immer wieder neu zu dokumentieren und zu festigen versuchen. Derweil sollte gerade die Islamwissenschaft solch einseitigen Festlegungen entgegenwirken, gilt sie doch – wie Wissenschaft allgemein – als Hort der Objektivität und der Suche nach Wahrhaftigkeit.

Stattdessen heißt es beispielsweise: »ARD und ZDF schüren Islam-Angst«; »Nur in Ansätzen haben sich Rundfunk, Fernsehen und Presse darum bemüht, ausgewogen zu berichten und einen konstruktiven Dialog mit dem Islam zu bieten«. Zu solchen Ergebnissen kommen Studien von Universitäten, Stiftungen und Institutionen, die den Anspruch auf Wissenschaftlichkeit erheben und – zumindest vordergründig – mit wissenschaftlichen Methoden arbeiten. Viele Medien greifen diese Ergebnisse unhinterfragt auf und geben sie gutgläubig als definitive Wahrheit weiter. Dabei sollte der kritische Anspruch des seriösen Journalismus ein solches Vorgehen verbieten. Oder hört selbiger dort auf, wo die Ergebnisse mit der eigenen Weltanschauung übereinstimmen? Wie fragwürdig jedenfalls wissenschaftliche Untersuchungen zum Islam sein können, zeigt eine kritische Betrachtung der Arbeit von Kai Hafez, Islamwissenschaftler und Lehrstuhlinhaber für Medien- und Kommunikationswissenschaft der Universität Erfurt. Hafez gehört zu den Wissenschaftlern mit großer Medienpräsenz und guten Kontakten zu politischen Stiftungen und öffentlichen Stellen, durch die er weit über den akademischen Rahmen hinaus wirkt. Viele Jahre fungierte er auch als Berater für das Auswärtige Amt und das Bundespresseamt.

2007 schockte nun Hafez die öffentlich-rechtliche Medienöffentlichkeit mit dem Befund: »ARD und ZDF schüren Islam-Angst« und ließen sich von einem »simplifizierten Bild des Kampfes der Kulturen leiten«. Überregionale Zeitungen übernahmen diesen Befund ungeprüft und verbreiteten ihn im Lande.[14] Grundlage der Behauptungen war eine Studie mit dem Titel *Das Gewalt- und Konfliktbild des Islam bei ARD und ZDF. Eine Untersuchung öffentlich-rechtlicher Magazin- und Talksendungen.*[15]

Diese unter dem Dach der Universität Erfurt erschienene Studie hätte allerdings schon bei der Lektüre der Einleitung stutzig machen müssen, denn noch bevor der Forschungsansatz erläutert und Ergebnisse dokumentiert werden, kommen Kai Hafez und seine Mitarbeiterin Carola Richter zu erstaunlichen Ergebnissen: »Der Islam hat sich (…) als eine Thematik erwiesen, über die erheblich negativer und konfliktorientierter berichtet wird als über die meisten anderen Themen. Ausgelöst durch die Islamische Revolution im Iran in den Jahren 1978/79, den Aufstieg des politischen Fundamentalismus und massiv verstärkt durch die Attentate des 11. September 2001 hat sich in vielen großen deutschen Medien eine Berichterstattungskultur etabliert, die die durchaus komplexe Lebensrealität von weltweit etwa 1,2 Mrd. Muslimen in hohem Maße mit Gewalt- und Konfliktthemen wie dem internationalen Terrorismus in Verbindung bringt (…) Die demoskopische Lage des letzten Jahrzehnts zeigt denn auch einen Trend auf, wonach ein Großteil der deutschen Bürger Angst vor dem Islam hat.«[16] Nachdem die Positionen klargemacht sind, stellen Hafez und Richter ihre Methode vor: Sie haben 37 Magazinsendungen, Dokumentationen, Reportagen und Talkshows von ARD und ZDF auf ihre »Thematisierungsansätze des Islam« untersucht; die Breite reicht von *Beckmann* bis zum *Wort am Sonntag* bei der ARD sowie von *Aspekte* bis *ZDF-Expeditionen* im Zweiten. Dabei nehmen die Wissenschaftler für sich in Anspruch, »um Verzerrungen zu vermeiden, die durch kurz- oder mittelfristige Großereignisse oder durch eine Konzentration auf einzelne Sendungen auftreten können (...) eine große Anzahl von Sendungen über einen längeren Zeitraum (1. Juli 2005 – 31. Dezember 2006) untersucht« zu haben.[17] In dem Zeitraum nahmen sie insgesamt 133 Sendungen und Einzelbeiträge zum Thema Islam unter die Lupe.

Die zentrale Erkenntnis der Analyse lautet: »Nicht die Darstellung des Negativen ist das Problem, sondern die Ausblendung des Normalen, des Alltäglichen und des Positiven. Eine solche Fokussierung auf Gewalt und Konflikte wie im Falle des Islam ist im Vergleich zu anderen Religionen ganz außergewöhnlich, und dies, obwohl auch andere Religionen wie Hinduismus, Buddhismus, Judaismus usw. extremistische Spielarten aufweisen und über repressive Gesellschaftstraditionen verfügen, die nicht selten problematischer sind als die der islamischen Welt. Es entsteht der Eindruck, als ließen sich ARD/ZDF ungeachtet vieler offizieller Bekundungen des Gegenteils von einem simplifizierten Bild des Kampfes der Kulturen zwischen Islam und Westen leiten, das ungeachtet seiner großen Popularität in der Wissenschaft fast keine Unterstützer findet.«[18] Anhand welcher Themen Hafez und Richter konkret zu diesem Befund gekommen sind, führen sie im Anhang auf und zitieren unter anderem kritische, in politischen Magazinen erschienene Berichte über Juden im Iran, Kopten in Ägypten oder über die Repression gegen Christen im Irak.

Einmal abgesehen davon, dass die Wissenschaftler Hafez und Richter der alten, verwerflichen Tradition folgen, den Überbringer schlechter Nachrichten für deren Inhalt verantwortlich zu machen, muss ernsthaft hinterfragt werden, ob die Studie an sich überhaupt Bestand haben kann. Denn der journalistische Anspruch von Magazin- und Talksendungen ist es gerade nicht, Alltägliches aufzugreifen. Diese Sendeformate leben von den Abweichungen von der Norm, von dem Besonderen und Außergewöhnlichen. Kann man es ihnen dann vorwerfen, Ungewöhnliches oder Problematisches zu thematisieren? Wird in derartigen Sendungen das Thema »Jugend« aufgegriffen, geht es fast immer um Gewalt und Drogen. Das prägt gleichwohl nicht den Alltag der Mehrheit der Jugendlichen. Kein Magazin käme jedoch auf die Idee, über »normale« Jugendliche und deren Schulalltag oder Ausbildung zu berichten, sofern es nichts Diskussionswürdiges mit sich brächte. Die Einschaltquoten gingen in den Keller, weil sich auch bei anspruchsvollen Sendungen niemand für die »Normalität« interessiert. Dennoch wurde ARD und ZDF in diesem Zusammenhang nie unterstellt, sie seien jugendfeindlich. Für die Berichterstattung über Politiker, Parteien, Verbände, die christlichen Kirchen, etc. gilt im Übrigen dasselbe und niemand nimmt Anstoß daran, außer vielleicht der eine oder andere Betroffene, der sich entlarvt fühlt.

Wenn aber nun Hafez und Richter Magazin- und Talksendungen vorwerfen, sie würden im Bezug auf den Islam »das Normale« ausblenden und folgten einem »simplifizierten Bild des Kampfes der Kulturen«, dann geht das an Sinn und Zweck der kritisierten Sendungen vorbei, deren Anliegen es ist, Missstände aufzudecken und gesellschaftliche Diskussionen darüber anzuregen. Den Vorwurf der Erfurter Wissenschaftler untermauert die bereits erwähnte Medienexpertin Sabine Schiffer mit noch drastischeren Worten. In ihrer Untersuchung *Die Darstellung des Islams in der Presse* will sie nachgewiesen haben, »dass auch renommierte Medien den antiislamischen Rassismus salonfähig machen.«[19] Eine ihrer Erkenntnisse zur Meinungsbildung allerdings ist besonders bemerkenswert: »Da einmal erworbenes Wissen die Wahrnehmung beeinflusst, lassen sich einmal gefasste Einstellungen immer wieder reproduzieren«[20]. Was, wenn das auf die Autorin zutrifft?

Faruk Sen vom Zentrum für Türkeistudien in Essen teilt die Einschätzung von Sabine Schiffer: »Ich würde sagen, dass sich seit der Ermordung von Theo van Gogh letztendlich eine Angst, eine Panik in Deutschland und auch in der Berichterstattung Bahn gebrochen hat, die in der Unsachlichkeit vorher nicht so zu sehen war.«[21] Und in einem von dem Islam- und Politikwissenschaftler Thorsten Gerald Schneiders herausgegebenen Sammelband *Islamfeindlichkeit – Wenn die Grenzen der Kritik verschwimmen* kommen zahlreiche Wissenschaftler zu Wort, die »jene geistigen Strömungen auf[spüren], die antiislamische Einstellungen in Deutschland fördern. Das Werk ist somit ein Appell an die Vernunft, hat aber auch dokumentarischen Charakter«[22], so der Anspruch Schneiders'. Es würde den Rahmen dieses Buches sprengen, auch nur auf einige der dort versammelten 28 Beiträge einzugehen. Erwähnt sei jedoch der einflussreichste unter den Autoren, Heiner Bielefeld. Der studierte Philosoph, Theologe und Historiker ist so etwas wie ein Pionier im etablierten Menschenrechtsbereich. Als 2001 das »Deutsche Institut für Menschenrechte« von Bundestag und Bundesregierung ins Leben gerufen wurde, übernahm Bielefeld kurze Zeit später dessen Leitung. 2009 wurde er auf den ersten deutschen Lehrstuhl für Menschenrechte und Menschenrechtspolitik berufen, der in Erlangen eingerichtet wurde. Ein Jahr später schlug ihn das Auswärtige Amt als UN-Sonderberichterstatter für Religions- und Glaubensfreiheit vor. Der UN-Menschenrechtsrat stimmte dem Vorschlag zu und Bielefeld übernahm das Amt am 1. August 2010.

Die Auseinandersetzung mit den Islamkritikern zählt seit Jahren zu den Schwerpunkten seiner Tätigkeit. Zu diesen rechnet Bielefeld sogar den bereits zitierten liberalen islamischen Gelehrten Bassam Tibi, dem er unterstellt, er sehe im Islam »den Autoritarismus vormoderner Lebensformen«[23]. Ähnlich großzügig definiert Bielefeld den Begriff der Diskriminierung, die Muslime in Deutschland angeblich erdulden müssen: »Nicht weniger selbstverständlich als die Anerkennung der dauerhaften Präsenz des Islam in Deutschland ist die Einsicht, dass das Grundgesetz die normative Grundlage des Zusammenlebens in dieser Gesellschaft darstellt. Bei der Formulierung dieser im Grunde trivialen Einsicht kommt es häufig zu kommunikativen Fehlleistungen. Dies geschieht schon dadurch, dass man die Anerkennung der Verfassungsordnung als eine politische *Forderung* formuliert und speziell an Muslime adressiert. Gerade liberale Muslime reagieren oft verärgert, wenn auf diese Weise der Eindruck erweckt wird, als müsse man die Muslime erst eigens für die Werte der freiheitlichen Verfassung erziehen und noch einmal speziell auf das Grundgesetz verpflichten.«[24] Bedenkt man jedoch, dass von den 57 Mitgliedsstaaten der »Organisation der Islamischen Konferenz« (OIC) – dem weltweit bedeutendsten islamischen Zusammenschluss auf Staatsebene – nur ein einziger eine Verfassung besitzt, die in ähnlicher Weise auf Gleichheit, Rechtsstaatlichkeit und Toleranz basiert wie die Gesetzeswerke des Abendlands, nämlich Indonesien, dann ist eine solche Betonung laizistischer Grundsätze nicht ganz so abwegig, allen Befindlichkeiten liberaler Muslime zum Trotz. Zu guter Letzt sei noch ein besonders krasses Beispiel wissenschaftlicher Manipulation erwähnt, das in Schneiders Aufsatzsammlung Eingang gefunden hat. Der Diplom-Pädagoge Mario Peucker vom Europäischen Forum für Migrationsstudien der Universität Bamberg schreibt: »Einer Verkäuferin wird gekündigt, weil sie ein muslimisches Kopftuch trägt; zwar ist die Geschäftsleitung nicht islamfeindlich, doch man fürchtet finanzielle Einbußen. (…) Dies sind keine konstruierten Fälle, sondern belegte Tatsachen, die zeigen, dass Islamfeindlichkeit und Diskriminierung von Muslimen Teil der gesellschaftlichen Realität sind.«[25] Bei dem vorliegenden Fall handelte es sich um eine Türkin, die zehn Jahre in einem Kaufhaus gearbeitet hatte, zuletzt in der Parfümerie-Abteilung. Nach einer Babypause kehrte sie mit Kopftuch zurück, was sie zuvor nie getragen hatte. Nun sei das für sie aus religiösen Gründen zwingend, erklärte sie der Geschäftsleitung, die das nicht akzeptieren wollte. Im Oktober 2002 hat das Bundesarbeitsgericht diese Kündigung letztinstanzlich für unwirksam erklärt und sich dabei ausdrücklich auf die vom Grundgesetz geschützte Religionsfreiheit berufen (Az: 2 AZR 472/01). Nicht zuletzt auf der Basis dieses Urteils sind kopftuchtragende Frauen in allen nicht-staatlichen Einrichtungen eine Selbstverständlichkeit geworden. All das aber unterschlägt Peucker. Mit seiner festzementierten These der Islamfeindlichkeit wäre es schwer zu vereinbaren gewesen.

Kurioses anbei: Die Festlegung des Islam auf die Opferrolle findet sich in den erstaunlichsten Fachrichtungen, etwa der Kunstgeschichte. Der Kunsthistoriker Christian Welzbacher, ein Spezialist für islamische Architektur in Europa, schreibt über Deutschlands größte Moschee in Duisburg-Marxloh, die streng nach türkischem Vorbild entstanden ist: »Wenn aber die Türken, die doch angeblich bei uns heimisch werden sollen, ›Sehnsuchtsarchitektur‹ erreichten, so fällt das auch auf uns Deutsche zurück: Muslime flüchten sich in ›Orientalismen‹, wo die Mehrheitsgesellschaft mit Vorurteilen über sie herfällt.«[26]

Die Guten und die Bösen

Welch skurrile Auswüchse das weitverbreitete Bild vom Opfer Islam bisweilen annimmt, zeigt ein Blick in die Belletristik. In dem Thriller *Die Tallinn-Verschwörung* verbündet sich der Vatikan mit den Neonazis, um mit terroristischen Methoden den Beitritt der Türkei in die EU zu verhindern, was die USA durchsetzen wollen. In der estnischen Hauptstadt Tallinn steht ein EU-Gipfeltreffen bevor, auf dem ein entsprechender Entschluss gefasst werden soll. Vereint im Hass auf den Islam, ist Neonazis und führenden Kirchenvertretern jedes Mittel recht, das zu verhindern: In München wird eine Moschee in die Luft gesprengt, Zeitgenossen, die zu viel wissen, werden eiskalt aus dem Weg geräumt, Frauen entführt, vergewaltigt, gefoltert bis zum großen Finale, einem geplanten Anschlag auf den EU-Gipfel in Tallinn. Den jedoch verhindert ein deutscher James Bond, der sich dem Kampf gegen Neonazis verschrieben hat und dessen schöne Freundin natürlich auch zu den Opfern zählt.

Als Autor erscheint der Name Nicola Marni. Dahinter verbirgt sich das Autorenehepaar Ingrid Klocke und Elmar Wohlrath, bekannt als Iny Lorentz. Beliebter Ort für ihre Lesungen: Kirchengemeinden.

Man stelle sich die Reaktionen vor, wenn die Rollen von Gut und Böse zwischen Christen und Muslimen anders verteilt gewesen wären ...

Theologische Sichtweisen

Unter christlichen Theologen ist die Solidarität mit den Muslimen groß. Dazu zählen die renommiertesten Namen wie Hans Küng und Eugen Drewermann. Der Tübinger Hochschullehrer Küng hat 2004 ein knapp 1000-seitiges Buch über den Islam veröffentlicht, an dem, ungeachtet seines voluminösen Umfangs, vor allem eines auffällt: Die Schattenseiten des Islam werden totgeschwiegen.[27] Wenn Küng muslimische Fundamentalisten und Terroristen im Namen Allahs nicht ein einziges Mal der Erwähnung wert findet, dann bewegt er sich auf dem Niveau der islamischen Geschichtsschreibung, die nichts von dem zur Kenntnis nimmt, was Anlass zu Scham oder Sühne sein könnte – und leistet somit dem Verhalten vieler Muslime Vorschub, sich nur als Opfer, aber nie als Täter zu betrachten. Zahlreiche Interviews von Küng belegen diese Sicht der Dinge:»Die Weltlage ist freilich ambivalent. Da gibt es auf der einen Seite die Scharfmacher vom Weißen Haus bis hin zu bestimmten deutschen Medienleuten, die derzeit eine Generalverurteilung aller Muslime betreiben«, beklagt der Professor.[28]

Eugen Drewermanns Islambild birgt ähnliche Überraschungen. Er behauptet, im Unterschied zum Christentum habe sich der Islam »nicht zu Unrecht als eine Art Vernunftreligion« verstanden.[29] Zudem habe er über weite Strecken seiner Geschichte als wichtigstes Korrektiv zu einem christlichen Dogmatismus gewirkt. Eine erstaunliche These über eine Religion, die ihren Anspruch auf Jerusalem damit begründet, dass der Prophet Mohammed vom Tempelberg mit seinem Pferd in den Himmel aufgefahren sei. Zur Verbreitungsgeschichte des Islam schreibt der Hochschullehrer ferner:»Man darf nicht vergessen, dass der Vergleich zwischen dem heute scheinbar toleranten abendländisch-christlichen Kulturraum und dem vermeintlich intoleranten und militanten Islam nicht nur eine Vereinfachung, sondern ein ganz grobes Unrecht darstellt. Der Islam hat sich in der Anfangszeit nach Mohammed mit Feuer und Schwert ausgedehnt. Aber der Gewaltfaktor war gering, verglichen mit der Schwertmission unter Karl dem Großen zur gleichen Zeit. Der Islam konnte gerade in den christlichen Ländern als eine Religion der Versöhnung auftreten, denn die Christen zerfleischten sich lange Jahrhunderte gegenseitig im Konflikt um theologische Fragen. (…) Unter diesen Umständen trat der Islam als eine Vernunftreligion auf, die keine Dogmen brauchte, die vielmehr einen ganz einfachen Glauben lehrte und es nicht nötig hatte, fremde Kulte zu unterdrücken.«[30]

Mit dieser Darstellung geht Drewermann weiter als Küng. Er ignoriert die historischen Verbrechen nicht nur, er leugnet sie

und deutet sie um. Das ist gerade für Drewermann erstaunlich, denn er ist nicht nur Theologe, sondern auch Psychoanalytiker, der sich professionell mit dem Phänomen der Ver-
drängung von unangenehmen Ereignissen befasst, was die
islamische Geschichtsschreibung exzellent beherrscht. Ganz
abgesehen davon scheint er vom Schicksal des zweiten Karthago ebenso wenig gehört zu haben wie vom mediterranen Sklavenhandel (siehe Kapitel 5). Was die aktuelle Debatte angeht,
bezieht Drewermann eindeutig Stellung: »Wie kommt es, dass
es dem Westen gelingt, den Islam als paranoide Ersatzgröße
für den Bolschewismus in der Nachfolge von 1989 zum Welt-
gegner der westlichen Zivilisation zu deklarieren?«[31]
In der evangelischen Kirche gehört die Positionierung gegenüber dem Islam zu den großen innerkirchlichen Streit-
punkten. Jürgen Micksch, der Oberkirchenrat der EKD
in Frankfurt und Interkulturelle Beauftragte der Evangelischen Kirche in Hessen und Nassau, behauptet: »Islamfeindlichkeit ist die gegenwärtig am meisten verbreitete
Form von Rassismus. Die Überwindung von antiislamischen Einstellungen gehört zu den wichtigsten Aufgaben in
Deutschland. Durch islamfeindliches Verhalten kommt es
zu Diskriminierungen und Menschenrechtsverletzungen.
Der Integration und dem friedlichen Zusammenleben wird
dadurch geschadet. Dieser Entwicklung müssen Staat und
Gesellschaft gemeinsam entgegenwirken.«[32] Micksch und
Gleichgesinnte wie Heinrich Rothe, der Islambeauftragte
der württembergischen Landeskirche, gehen sogar so weit,
ihre eigene Kirche anzugreifen, der sie vorwerfen, sich
»gegen den Islam zu profilieren.«[33] Gegenüber der EKD-
Denkschrift *Klarheit und gute Nachbarschaft. Christen und
Muslime in Deutschland*[34], in der islamkritische Anmerkungen enthalten sind und die eigene, evangelische Identität
betont wird, erhebt Micksch unter anderem folgende Vorwürfe: Erstens, die Aufgabe der [Anm.: christlichen] Mis-

sion wird so undifferenziert beschrieben, dass bei Muslimen die Sorge entsteht, jede Einladung und jeder Dialog mit evangelischen Christen sei eine Form der Mission. Zweitens, der Islam wird herabwürdigend dargestellt; die meisten negativen Beispiele kommen aus außereuropäischen Ländern. Drittens, Muslime in Deutschland können sich deshalb in dieser Darstellung ihres Glaubens nicht wiedererkennen. Viertens, Ideale im Christentum werden mit schlechter Praxis im Islam verglichen. Fünftens, verschiedene empirische Analysen haben ergeben, dass über zwei Drittel der Deutschen islamfeindliche Einstellungen haben; islamfeindliche Einstellungen sind gegenwärtig die am meisten verbreitete Form von Rassismus. Auf diese Missstände wird mit keinem Wort eingegangen, es wird auch nicht gesagt, wie zu ihrer Überwindung beigetragen werden kann.

Gesellschaftspolitisch gesehen, fügen sich all diese Einlassungen, die Micksch formuliert, inhaltlich bruchlos in das islamische Geschichtsverständnis ein, das die Basis für den Opferstatus liefert. Zum Abschluss der Betrachtung theologischer Stellungnahmen sei noch ein Blick auf eine Publikation gestattet, die allein schon aufgrund ihres Anspruchs, ein Nachschlagewerk zu sein, als ein Garant von Sachlichkeit und größtmöglicher Objektivität fungieren sollte. Die Rede ist vom *Lexikon Religion*, herausgegeben von Hartwig Weber, Professor der evangelischen Theologie. Zur gesellschaftlichen Rolle des Islam in Westeuropa liefert Weber jedoch nicht Fakten, sondern Wertungen: »An die Stelle der traditionellen Konfrontationen treten mehr und mehr Bemühungen, die Assimilation zu fördern. Dennoch wird Muslimen immer noch die volle konfessionelle Gleichberechtigung verweigert.«[35] Dass es sich hier nicht um einen Ausrutscher handelt, dokumentiert der Eintrag zum Stichwort »Intoleranz«. Dieser spricht von der »Unduldsamkeit des Christentums

Andersgläubigen gegenüber«[36]. Der Islam wird dagegen als »kämpferisch« charakterisiert: »Im 7. Jahrhundert stießen der kämpferische Islam und das intolerante Christentum aufeinander (…)«.[37]

Öffentliche Aufklärung?

Auch über den wissenschaftlichen Rahmen hinaus wird die Opferrolle des Islam breitenwirksam in Publikationen aller Art gepflegt. Altkanzler Helmut Schmidt schreibt in seinem Bestseller *Außer Dienst* hanseatisch nüchtern: »Wohl aber liegt die öffentliche Anerkennung der islamischen Weltreligion in unserem Interesse (…) Besonders gegenüber dem Islam werden Toleranz und Kompromissbereitschaft morgen noch wichtiger sein, als sie es gestern schon gewesen sind.«[38] Eine doppelt irritierende Forderung. Wer genau soll den Islam anerkennen und in welcher Form? Und warum sind »besonders« gegenüber dem Islam Toleranz und Kompromissbereitschaft wichtig? Mehr als gegenüber Hinduismus und Buddhismus zum Beispiel? Nur weil in Deutschland etwa vier Millionen Muslime leben, oder womöglich weil viele Vertreter des Islam sich »besonders« schnell beleidigt fühlen und dann »besonders« unkalkulierbar reagieren?

In Sachen Islam ist sich Helmut Schmidt sogar mit seinem »Intimfeind« Oskar Lafontaine einig, beide sehen die Offenbarung Mohammeds von der abendländischen Welt diskriminiert. Lafontaine erklärte dem *Neuen Deutschland*: »Die Menschen in den islamischen Ländern haben viele Demütigungen erfahren – eine der letzten ist der Irak-Krieg.«[39] Und der Friedensforscher und Träger des Alternativen Nobelpreises Johan Galtung betrachtet den Islam nicht nur als Opfer, sondern attestiert ihm selbst eine weiße Weste: »Das Judentum und das Christentum sind im Islam enthalten. Er hegt

keine Feindseligkeiten gegenüber diesen beiden Religionen, was umgekehrt nicht der Fall ist.«[40]
Emotional greift der Journalist Kay Solokowsky, der im linken politischen Spektrum beheimatet ist, das Thema auf. Im Bezug auf den Islam trifft er sich mit dem Konservativen Jürgen Todenhöfer. Solokowskys Buch *Feindbild Moslem* verspricht: »Trotz einer wachsenden Verbreitung antimoslemischer Ressentiments gibt es bislang keinen profunden Beitrag dazu. Zwar wurden der Islamismus in Deutschland, Integrationswillen und -perspektiven der moslemischen Deutschen oft beschrieben. Die rassistische Hetze unter dem Deckmantel des Antiislamismus blieb jedoch bislang unbeachtet.«[41] Eine erstaunliche Behauptung, denkt man an die Zahl der wissenschaftlichen Studien und Publikationen, von denen einige signifikante in diesem Buch aufgeführt sind. Im Weiteren offenbart Solokowsky, dass es ihm weniger um Fakten geht als um Weltanschauungen: »Viel wäre schon gewonnen, würde die üble Nachrede von ›den Muslimen‹ nicht mehr automatisch mit Literaturpreisen bedacht, bliebe das rassistische Treiben auf Webseiten wie ›Politically Incorrect‹ nicht länger ungestört… Denn es ist höchste Zeit, den Antiislamismus gesellschaftlich als die korrupte, bigotte, intolerante, chauvinistische, verleumderische, ekelhafte, rassistische Hetze zu ächten, der er ist.« Um aber den Ausführungen einen Hauch von Wissenschaftlichkeit zu geben, erscheint im Anhang ein Interview mit dem Antisemitismusforscher Wolfgang Benz, in dem sich zwei Gleichgesinnte die Bälle zuspielen und der kritische Gehalt auf der Strecke bleibt.
Auch die Publizistin Carolin Emcke argumentiert in der Wochenzeitung *Die Zeit* gegen den »liberalen Rassismus« und seine neuen Opfer: »Jeder einzelne Muslim wird verantwortlich gemacht für Suren, an die er nicht glaubt, für orthodoxe Dogmatiker, die er nicht kennt, für gewalttätige Terroristen, die er ablehnt (…) Früher nannte man es Rassismus,

wenn Kollektiven Eigenschaften zugeschrieben wurden, heute dagegen gelten dumpfe Vorurteile als ›Angst, die man ernst nehmen muss‹. Was diesen neuen Rassismus rhetorisch so elegant aussehen lässt, ist, dass das Unbehagen gegenüber Muslimen niemals als Unbehagen gegenüber Muslimen artikuliert wird. Vielmehr kommen die Angriffe stets im Gewande des Liberalismus und als Verteidigung der Moderne daher.«[42] Emckes Argumentationsmuster ist ein altbewährtes: Während »wir« noch nach Jahrhunderten für jede Barbarei während der Kreuzzüge und des Kolonialismus verantwortlich sind, haben Muslime mit all den zeitgenössischen Barbareien, die von ihren strenggläubigen Glaubensbrüdern begangen werden, nichts zu tun. Ein Rassist dagegen ist, wer die Frage nach den Ursachen von Terror und Orthodoxie auch mit innerislamischen Gründen beantwortet statt mit Imperialismus, Kolonialismus und Kreuzzügen. Johannes Kandel, der Verantwortliche für den Interkulturellen Dialog der Friedrich-Ebert-Stiftung, hält der Publizistin vor: »Aber Emcke will auf etwas anderes hinaus: Die Diskussion [Anm.: um unterschiedliche Lebensformen und Werte] soll als fremdenfeindlicher Misstrauensdiskurs denunziert werden. Opfer sind allein ›die Muslime‹«.[43]

Doch nicht nur Publikationen zementieren das Opferbild des Islam. Persönlichkeiten aus Institutionen, zum Teil staatlicher Art, dokumentieren eine ähnliche Grundhaltung und arbeiten auf einer ähnlichen Basis. Torsten Jäger, Leiter des Clearingprojekts »Zusammenleben mit Muslimen«, das vom Innenministerium mitfinanziert wird und dem Interkulturellen Rat untersteht, äußert in einem Interview: »Islamfeindlichkeit ist in Deutschland auf dem Vormarsch. Es ist notwendig, deutlich zu machen, dass man auf der Seite der Muslime steht, die in Deutschland mit der Verfassung leben wollen, um den kleinen Kreis derer, die es nicht wollen, isolieren zu können und Diskriminierungen anzuprangern. Es gilt, verfassungsmäßige Rechte und Pflichten aller zu garantieren. Es besteht nämlich die Tendenz, dass das Kopftuchverbot in etlichen Schulen auch auf Schülerinnen ausgedehnt wird, oder dass Behörden sich weigern, Passbilder mit Kopftuch zuzulassen.«[44] Die »Tendenzen«, die Torsten Jäger auszumachen glaubt, entbehren jeder Grundlage. Für Passbilder mit Kopftuch gibt es klare administrative Vorgaben, die den Bedürfnissen der Frauen Rechnung tragen; daran hat sich jede Behörde zu halten. Ein Kopftuchverbot für Schülerinnen steht ebenso wenig zur Debatte. Zugegeben, es gibt einzelne Fälle von Schülerinnen, die wegen des Kopftuchs Probleme bekommen haben, doch das wiederum wird von den Schulbehörden nicht akzeptiert. Der Leiter der Clearingstelle »Zusammenleben mit Muslimen«, wo viele Beschwerden zusammenlaufen, sollte dies eigentlich wissen. Der Verdacht drängt sich auf, dass solche Behauptungen nicht zuletzt deshalb in die Welt gesetzt werden, um Stimmung zu machen; Stimmung, dass Muslime – in diesem Fall Musliminnen – Opfer einer ihnen feindlich gesonnenen Umgebung sind.

Die Clearingstelle befasst sich jedoch nicht nur mit praktischen Beschwerden und Interviews, sondern zeichnet auch für Veröffentlichungen verantwortlich – insofern sei noch einmal ein Verweis auf eine Publikation erlaubt, die unter dem Titel *Das Islambild verändern – Anregungen zur Überwindung von Islamfeindlichkeit* der bundesdeutschen Gesellschaft 2009 ein besonders schlechtes Zeugnis ausgestellt hat. Darin heißt es: »Verbreitetes Unbehagen und Angst führen nach den Ergebnissen der Allensbach-Studie dazu, dass bei der Mehrheit der Nicht-Muslime in Deutschland eine große Bereitschaft festgestellt werden muss, Muslimen fundamentale Rechte zu beschneiden. (…) 56 Prozent der Befragten stimmen der Aussage zu, dass es in Deutschland verboten sein sollte, Moscheen zu bauen, solange es in manchen islamischen Ländern verboten ist, Kirchen zu bauen.«[45] Unabhängig von der Bewertung der Bestandsaufnahme für Deutschland erweckt eine solche Formulierung den Eindruck, als sei das Verbot des Kirchenbaus in islamischen Ländern die Ausnahme. Tatsächlich ist dies in den meisten OIC-Staaten verboten, in manchen unter besonderen Auflagen möglich. Nur ein einziges mehrheitlich islamisches Land stellt den Bau von Kirchen und anderen Gotteshäusern administrativ dem Bau von Moscheen gleich: Indonesien. Aber selbst dort wird die Praxis immer mehr ausgehöhlt, die Situation für die Christen immer schwieriger, wie der Theologe Jamilin Sirait von der protestantischen Kirche HKBP beklagt: »Seit den 1960er-Jahren haben Fundamentalisten 1044 Kirchen zerstört, die meisten davon in den vergangenen zwölf Jahren seit der Demokratisierung 1998.«[46]

Der große Tabubruch

Manche Studien rühren an ein großes Tabu: Sie setzen die vermeintliche Islamfeindlichkeit mit dem Antisemitismus in Beziehung und verleihen den Muslimen damit den definitiven Opferstatus. Wie in der Einführung erwähnt, verlor Faruk Sen für einen solchen Vergleich 2008 noch seine Stelle als Leiter des Zentrums für Türkeistudien in Essen. Ein Jahr später bekam Sabine Schiffer damit keine Probleme mehr. In dem bereits zitierten Interview mit dem iranischen Rundfunk nahm sie auch Bezug auf die jüdische Solidarität mit der ermordeten Marwa El-Sherbini: »Die Gruppen, die es trifft, sind wechselnd und dafür stehen Juden und Muslime gerade als Beispiel gut da. Früher waren es die Juden, heute sind es die Muslime.«[47] Eine solche Aussage ist nicht nur im höchsten Maße geschichts- und geschmacklos, sie erfüllt den Straftatbestand der Verharmlosung des Holocaust. Dass dies kein einmaliges Versehen oder eine zu große Anbiederung an den Interviewpartner war, dokumentiert Schiffer in ihren Publikationen: »Die derzeit aktuelle Integrationsdiskussion, die vor allem in Bezug auf muslimische Mitbürger/innen geführt wird, droht im gleichen Verstellungsvorwurf zu enden, wie dies den jüdischen Mitbürgern zu Beginn des 20. Jahrhunderts geschah.«[48] Dass diese Äußerungen ohne strafrechtliche oder sonstige Folgen für die Urheberin blieben, zeigt, wie sehr sich hierzulande das Opferbild Islam im Bewusstsein der Bevölkerung festgesetzt hat. Zu allem Überfluss legte Schiffer ihre Überzeugungen gemeinsam mit dem Soziologen und Religionswissenschaftler Constantin Wagner als Buch vor.[49] Darin behaupten die Autoren, dass es natürlich um keine Gleichsetzung der Diskriminierung von Juden während des Dritten Reiches und der Diskriminierung von Muslimen im Deutschland der Gegenwart gehen könne, sondern sie beides nur »vergleichen« wollten. Doch schon das Cover der Publikation suggeriert, was angeblich nicht intendiert ist: Es zeigt einen runden Kopf, auf dem die Welt abgebildet ist, mit einem schwarz-rot-goldenen Hütchen darauf. Die Augen sind hinter einer dunklen Brille verborgen und auf dem einen Glas findet sich der Judenstern, auf dem anderen der islamische Halbmond. Der Text hält, was das Cover verspricht, denn faktisch verschwimmen die Grenzen zwischen »Gleichsetzung« und »Vergleich« immer wieder, und am Ende der Lektüre bleibt das Gefühl zurück, dass den Muslimen ein ähnliches Schicksal drohe wie den Juden, wenn nicht entschieden dagegen vorgegangen werde. Zudem werden alle negativen Assoziationen mit dem Islam – Ehrenmorde, Diskriminierung der Frau, Zwangsheirat, sexuelle Verstümmelung – allein sozio-kulturell erklärt, niemals aber mit islamischen Glaubensinhalten.

Bereits ein halbes Jahr zuvor, auf der Tagung des Clearingprojekts »Zusammenleben mit Muslimen« vom 3. November

2008, warnte die zum Islam konvertierte Islamwissenschaftlerin Kathrin Klausing vor einer »Tabuisierung der Antisemitismus-Debatte im Zusammenhang mit der Islamfeindlichkeit«. Ihrer Meinung nach dürften strukturelle Vergleiche von gesellschaftlichen Ursachen sowie von Denk- und Argumentationsmustern, die in einer Gesellschaft zu Antisemitismus bzw. Islamfeindlichkeit führen, nicht von vornherein ausgeschlossen werden. Denn die Antisemitismusforschung könne zur Überwindung der Islamfeindlichkeit wichtige Erkenntnisse liefern.

Eine entscheidende Rolle bei dem Tabubruch, der die Muslime in ihrer Opferrolle mit den Juden gleichsetzt, fällt ausgerechnet Wolfgang Benz zu, dem Leiter des Zentrums für Antisemitismusforschung der Technischen Universität Berlin. Am 8. Dezember 2008 organisierte das Zentrum eine Tagung unter dem Titel »Feindbild Muslim – Feindbild Jude«. In der Einladung dazu hieß es: »Mit Stereotypen und Konstrukten, die als Instrumentarium des Antisemitismus geläufig sind, wird Stimmung gegen Muslime erzeugt. Dazu gehören Verschwörungsfantasien ebenso wie vermeintliche Grundsätze und Gebote der Religion, die mit mehr Eifer als Sachkenntnis behauptet werden.«[50] Darüber hinaus schreibt Benz: »Wer sich über die Borniertheit der Judenfeinde entrüstet, muss aber auch das Feindbild Islam kritisch betrachten. Es ist ein Gebot der Wissenschaft, die Erkenntnisse, die aus der Analyse des antisemitischen Ressentiments gewonnen wurden, paradigmatisch zu nutzen. Die unterschwellig bis grobschlächtig praktizierte Diffamierung der Muslime als Gruppe durch sogenannte ›Islamkritiker‹ hat historische Parallelen. Derzeit wird der Islam gedanklich mit Extremismus und Terror verbunden, wodurch alle Angehörigen der islamischen Religion und Kultur mit dem Feindbild belegt und diskriminiert werden sollen.«[51] Derartige Thesen wiederholt Benz seitdem immer wieder. Zum Mord an Mar wa El-Sherbini kommentierte er: »Die Wut der neuen Muslimfeinde gleicht dem alten Zorn der Antisemiten gegen die Juden. Beide Strömungen schüren Ängste – hier vor der Weltherrschaft, dort vor der Islamisierung Europas – beide arbeiten mit Stereotypen.«[52]

Als bekannt geworden war, dass eine Kieferorthopädin aus Donaueschingen einen Jugendlichen nicht behandelt hat, weil sie seinen Vornamen Cihad als »Kriegserklärung an alle Nicht-Islamisten« betrachtete, bemerkte Benz, er fühle sich »voll bestätigt in meinen Befürchtungen und Warnungen«. Es werde zum Teil mit den gleichen Mitteln, mit denen einst gegen Juden gehetzt wurde, Stimmungsmache gegen Muslime betrieben.[53] Die Entschuldigung der Ärztin nahm er nicht zur Kenntnis.

Von Muslimen in ganz Europa wird die Gleichsetzung ihrer Situation mit dem Holocaust gern aufgegriffen. Ziauddin Sardar, ein aus Pakistan stammender britischer Intellektueller, machte sich auf eine Europareise, um zu erkunden, wie es um die »Islamophobie« bestellt sei, von der er sagt, es sei nicht nur eine »britische Krankheit«. Seine Reise führte ihn nach Deutschland, Belgien, Frankreich und in die Niederlande. In Dortmund traf er den Wirtschaftswissenschaftler Wolfram Richter, den er mit folgenden Worten zitiert: »Ich fürchte, wir haben aus unserer Geschichte nichts gelernt. Meine große Sorge ist, wir könnten das, was wir den Juden angetan haben, nun den Muslimen antun. Der nächste Holocaust würde sich gegen die Muslime richten.«[54]

In Anbetracht solcher Äußerungen von Wissenschaftlern drängt sich die Frage auf, wie unabhängig sind deren Studien, die das Bild vom Islam als Opfer kreieren? Oder anders formuliert: Was steckt hinter den Untersuchungen, die allerorten das »Feindbild Islam« wittern? Dazu lohnt sich oftmals ein Blick auf die Begleitumstände und Hintergründe der wissenschaftlichen Forschungsarbeit.

Die Homepage von Hafez' Institut für Medien- und Kommunikationswissenschaft beispielsweise berichtet unter anderem von zwei Studienreisen nach Ägypten, wo der Professor mit seinen Studenten die Medienlandschaft untersucht hat. Ausführlich berichtet er über einen Besuch bei den Medienverantwortlichen der Moslembruderschaft, die bekanntlich für die intolerante Variante des Islam steht und durch ihren wachsenden gesellschaftlichen Einfluss maßgeblich dazu beiträgt, dass sich die Bedingungen für die fast 2000 Jahre alte Kultur der koptischen Minderheit zusehends verschlechtern. Unverhohlen werden die Wahlerfolge der Muslimbrüder gefeiert: »Trotz offiziellem Verbot und Repressalien gelang es ihren unabhängigen Kandidaten, 88 Sitze im Parlament zu erobern und damit zweitstärkste Fraktion zu sein. Das liegt nicht zuletzt an einer cleveren Kommunikationsstrategie. Bei einem Besuch des Medienkomitees der Muslimbruderschaft schilderte uns dessen Leiter Abd al-Galil al-Sharnubi, wie seit 2004 das Internet das Hauptkommunikationsmittel der MB [Anm.: Muslimbrüder] in Ägypten geworden ist. Trotz ihrer hierarchischen Struktur haben sie es geschafft, die Internet-Kommunikation zu dezentralisieren und lokale Seiten zu erstellen, sodass sie für die lokale Bevölkerung zu einer wichtigen Informationsplattform geworden sind. Damit schaffen die MB eine optimale Grundlage, um eine gesellschaftlich gut verankerte Gegenöffentlichkeit herzustellen.«[55]

Wer so unverblümt seine Sympathien für islamische Fundamentalisten zum Ausdruck bringt, die aus ihrem Glauben an die Überlegenheit des Islam nie einen Hehl gemacht haben, kann keine objektiven Studien über den Islam in den Medien erstellen. Ganz offensichtlich geht es hier nicht mehr um Wissenschaft, sondern um Glaubensgrundsätze. Statt nach objektiven Wahrheiten zu streben, tut Hafez hier seine subjektive Haltung, um nicht zu sagen seine Sympathie für den Islam kund.

Die Tatsache, dass mit Sabine Schiffer eine deutsche Medien-
wissenschaftlerin dem iranischen Staatsfunk, dem Sprachrohr eines totalitären Regimes, ein Interview gibt, ist per se
kein Beweis für ihre Nähe zu diesem Regime. Es kommt
allein auf die Inhalte des Interviews an, das über die Homepage des islamischen Rundfunks in vollem Wortlaut abruf-
bar ist. Und dazu gilt es Folgendes zu sagen: Schiffer redet
von der ersten bis zur letzten Frage ihrer Gesprächspartnerin
nach dem Munde. Anscheinend ist es ihr wichtig, deren
Erwartungen zu erfüllen und sie hören zu lassen, wie
schlimm es um die Islamfeindlichkeit in Deutschland
bestellt sei. Nichts deutet darauf hin, dass sie die Äußerungen aus purer Höflichkeit tut. Offenkundig ist ihre Überzeugung weitgehend identisch mit der Sicht des staatlichen iranischen Rundfunks. Bei diesem Thema herrscht traute
Einigkeit im Geiste. Bemerkenswert an dem Gespräch ist
außerdem, dass Schiffer auch sonst völlig unkritisch das
Sprachrohr eines Staates bedient, in dem allein im Jahr 2009
weit mehr Muslime, die mit der grünen Symbolfarbe des
Propheten für ihre Freiheit demonstriert haben, Opfer staatlicher Gewalt geworden sind als in allen Staaten der EU seit
ihrer Gründung zusammen. Wer mag ihr da noch abneh-
men, dass ihr das Leben und die Sicherheit der Muslime am
Herzen liegen?
Auch Küng und Drewermann haben aus ihrer großen Sympathie für den Islam nie einen Hehl gemacht. Doch wenn
persönliche Sympathie zur Basis der wissenschaftlichen
Arbeit wird, besteht die Gefahr, dass die nötige Objektivität
auf der Strecke bleibt. Das ist umso fragwürdiger, weil es sich
bei den Autoren um Persönlichkeiten handelt, deren Wort
großes Gewicht hat. Über die Universität hinaus üben sie
durch eine starke Präsenz in den Medien einen großen Einfluss auch auf die nicht-akademische Öffentlichkeit aus.
Neben ihren eigenen Stellungnahmen und Veröffentlichun-

gen werden sie zudem immer wieder als Experten zum Thema Islam zitiert.

Blick über die Grenzen

Die Bereitschaft, dem Islam pauschal eine Opferrolle zuzuschreiben, ist keinesfalls ein deutsches Phänomen. Das dokumentieren unter anderem Studien von besonders renommierten internationalen Institutionen, die Forschungen über Muslime in Europa bzw. die Ursachen von Terror und Gewalt erstellt haben.

Eine der einflussreichsten Untersuchungen stammt von der EUMC (Europäische Stelle zur Beobachtung von Rassismus und Fremdenfeindlichkeit), eine offizielle Institution der EU. Sie erschien unter dem Titel *Muslime in der Europäischen Union. Diskriminierung und Islamophobie*. Es war eine der letzten Forschungen unter diesem Dach, denn die Institution wurde 2007 durch die Errichtung einer sogenannten EU-Agentur für Grundrechte ersetzt. Die ehemalige Direktorin der EUMC, die Deutsche Beate Winkler, sagte zum Inhalt der Studie: »Dieser Bericht präsentiert vorliegende Daten, die das Ausmaß der Diskriminierung aufzeigen, unter der europäische Muslime leiden. Er unterstreicht, wie anfällig Muslime für Diskriminierungen sind, und dass größere Anstrengungen unternommen werden müssen, damit europäische Muslime das Recht auf Gleichbehandlung und dieselbe Lebensqualität anderer Europäer verwirklichen können.«[56] Auch auf die Rolle der Medien geht die Studie ein und kommt zu dem Schluss, dass sich Rundfunk, Fernsehen und Presse nur in Ansätzen darum bemühen, ausgewogen zu berichten und einen konstruktiven Dialog mit dem Islam zu bieten.

Drei Jahre später, im Dezember 2009, legte das Open Society Institute in London (OSI), das von der Soros-Stiftung getragen wird, einen ähnlichen Report vor. Er basiert auf der Befragung von 2200 Muslimen und Nicht-Muslimen in elf europäischen Städten aus sieben Ländern.[57] Unter den Städten finden sich Berlin und Hamburg, Amsterdam und Rotterdam, Paris und Marseille sowie London. Die Untersuchungen des Reports beleuchten verschiedene Aspekte wie Bildung, Arbeitsmarkt, Wohnsituation, Gesundheitssystem, Staatsgewalt und Sicherheit, politische Teilnahme, Medien, etc. Zum Teil greift der Bericht thematisch selbst »Mythen« auf, die von der Mehrheitsgesellschaft gegenüber der muslimischen Gemeinschaft gepflegt würden, etwa »Muslime möchten sich nicht integrieren, sie möchten vom Rest der Gesellschaft getrennt leben«. Dem werden empirische Forschungen entgegengesetzt, die zeigen sollen, wie die Wirklichkeit aussieht. Der Report schließt mit Empfehlungen an lokale Behörden, staatliche Stellen sowie an die EU, die allesamt dazu beitragen sollen, Muslimen eine bessere Chance zur Integration zu geben. Das Ergebnis der Untersuchungen ist nämlich ernüchternd:

- 50 Prozent aller Muslime, die an der Umfrage teilgenommen haben und sich mit dem Land identifizieren, in dem sie leben, glauben, dass sie von der Mehrheitsgesellschaft nicht als dazugehörig betrachtet werden.
- 50 Prozent der befragten Muslime haben irgendwann in den letzten zwölf Monaten religiöse Diskriminierung erfahren; demgegenüber stehen neun Prozent der befragten Nicht-Muslime.
- Muslime und Nicht-Muslime unterscheiden sich sehr darin, wenn es darum geht, Verbrechen, die auf Hass basieren, anzuzeigen. 36 Prozent aller befragten Muslime zeigen derartige Verbrechen an, verglichen mit 59 Prozent aller Nicht-Muslime.
- Muslime glauben zudem, dass die sehr kritische Medienberichterstattung über Muslime in den verschiedenen

Ländern Europas zur Verstärkung von negativen Stereotypen und Vorurteilen beiträgt.

Es gibt zwei Einwände gegen die Ergebnisse dieser Studie: Erstens, sie pauschaliert auf eine Weise, die keinem Islamkritiker nachgesehen werden würde. Ein Beispiel: Zu dem oben erwähnten Vorurteil »Muslime möchten sich nicht integrieren« heißt es: »Die OSI-Untersuchung stellt die Mythen von der Trennung und Entfremdung infrage und enthüllt ein sehr viel positiveres Bild der Integration auf lokaler Ebene.« Gilt das so generell? Gelingt die Integration tatsächlich unerwartet gut? Sicher, man kann man davon ausgehen, dass derartige Befunde für Muslime zutreffen, die bereit sind, an einer solchen Untersuchung teilzunehmen. Wie repräsentativ die Studie jedoch ist, wird aber nicht thematisiert. Die Vermutung liegt nahe, dass Muslime, die in einer Parallelwelt leben möchten, weil sie alles andere als Gefährdung ihrer Identität betrachten, sich erst gar nicht an derartigen Untersuchungen beteiligen. Und niemand kann ernsthaft bezweifeln, dass es in den heterogenen islamischen Gemeinschaften Europas verschiedene Strömungen gibt: solche, die sich integrieren und am gesellschaftlichen Leben teilhaben wollen, und solche, die bewusst in ihren Parallelwelten bleiben.

Der zweite Vorbehalt betrifft die Subjektivität der Befragten. Es kann nicht infrage gestellt werden, dass die persönliche Erfahrung von Diskriminierung bei 50 Prozent der Muslime und neun Prozent der Nicht-Muslimen als solche gegeben ist. Eine wissenschaftliche Untersuchung darf jedoch an diesem Punkt nicht stehen bleiben, sondern muss allgemeinverbindlichere Maßstäbe der Diskriminierung finden, die über das rein persönliche Empfinden hinausgehen, sonst ist sie nicht glaubwürdig. Denn es ist nicht gesagt, dass derjenige am meisten diskriminiert wird, der sich so fühlt. Die Wahrnehmungen sind bekanntlich sehr unterschiedlich. Von muslimischen Verbänden wurde die Studie jedenfalls weit ver breitet und zu Schlagzeilen verdichtet wie: »Alarmierend: Muslime fühlen sich ausgegrenzt.«[58]

Eine weitere Untersuchung, die in diesem Zusammenhang genannt werden soll, wurde im November 2006 von der Bertelsmann-Stiftung veröffentlicht. Sie trägt den Titel *Violence, Extremism and Transformation* (Gewalt, Extremismus, Wandel) und befasst sich mit der Frage nach den Ursachen kriegerischer und terroristischer Gewalt. Die Studie kommt zu überraschenden Erkenntnissen: »Die wesentlichen Ursachen für politische Gewalt sind nach den Ergebnissen der Studie nicht religiöser Fundamentalismus, sondern Armut, ethnische Spaltung, Staatsschwäche, Mängel des politischen Systems und externe Intervention.« Daraus schließt Hauke Hartmann, Projektleiter der Bertelsmann-Stiftung: »Unsere einseitige Aufmerksamkeit auf den islamistischen Terrorismus und den Mittleren Osten verstellt den Blick des Westens auf die eigentlichen Ursachen der politischen Gewalt sowie geeignete Ansätze ihrer Bekämpfung.«[59] Das bekräftigt der Autor der Studie, Aurel Croissant von der Universität Heidelberg: »Auch wenn unsere Bedrohungswahrnehmung aufgrund der Anschläge in New York, London und Madrid eine andere ist, so wird politische Gewalt im Regelfall dort ausgeübt, wo sie aufgrund von sozialer Ungerechtigkeit und der Ausgrenzung von benachteiligten Gruppen auch entsteht.« Konkret behauptet die Untersuchung: »Im Gegensatz zum gängigen Eindruck liegt der geografische Schwerpunkt dieser politischen Gewalt nicht im Nahen und Mittleren Osten, sondern im asiatischen Raum, der dreimal so viel politische Konflikte aufweist. 80 Prozent aller terroristischen Anschläge entfallen auf eine Kerngruppe von Staaten: Russland mit Tschetschenien, Kolumbien, Irak sowie die Länderdreiecke Indien-Kaschmir-Pakistan und Thailand-Philippinen-Indonesien.« Auch in diesem Fall übernahmen selbst Fachzeitschriften das Ergebnis ungeprüft und verkündeten: »Religion ist keine wichtige Konfliktursache. Nur ein Bruchteil der bewaffneten Konflikte weltweit ist religiös motiviert.«[60]

Das Problem bei der Methodik dieser Studie liegt darin, dass die Konflikte auf eine Art kategorisiert werden, die deren Wesen nicht entspricht. Die meisten der in der Publikation beschriebenen Konflikte haben nicht nur eine – wirtschaftlich-soziale – Ursache, sondern gehen auf eine Reihe von Verkettungen zurück, die bei der Darstellung außer Acht gelassen wurden. Beispielhaft sei dies am Beispiel Kaschmir deutlich gemacht. Der Keim der Auseinandersetzung war religiöser Natur, basierend auf einer Missachtung der muslimischen Bevölkerungsmehrheit. Bei der Aufteilung des indischen Subkontinents am Ende der Kolonialzeit in ein mehrheitlich hinduistisches Indien sowie ein mehrheitlich muslimisches Pakistan erstrebte die Bevölkerungsmehrheit Kaschmirs den Anschluss an Pakistan. Der britische Unabhängigkeitsvertrag sah jedoch vor, dass die jeweiligen Fürsten über den Status ihrer Region verfügten. Kaschmir wurde traditionell von hinduistischen Maharajas beherrscht. Der amtierende Maharaja Hari Singh strebte die Unabhängigkeit an, doch dagegen wehrte sich vor allem Pakistan, das Truppen entsandte. Als der Maharaja erkannte, dass ein unabhängiges Kaschmir keine Zukunft haben würde, bat er Indien zu Hilfe, das gern bereit war, ein Truppenkontingent zu entsenden. Es vertrieb die Pakistani, die von paschtunischen Stammesverbänden unterstützt wurden. Damit wurde Kaschmir am 26. Oktober 1947, zweieinhalb Monate nach dem Rückzug der Briten, Teil Indiens. Weder Pakistan noch die muslimische Mehrheitsbevölkerung Kaschmirs haben diesen Schritt jemals akzeptiert. So begann ein Kleinkrieg, der bis heute nicht wirklich gelöst ist. Der Krieg führte zu sozialer Verelendung in der ehemals reichen und fruchtbaren Provinz, was wiederum weitere Bevölkerungsschichten radikalisiert hat. Heute ist kaum mehr zu unterscheiden, wer in Kaschmir aus wirtschaftlicher Perspektivlosigkeit, verweigertem Selbstbestimmungsrecht oder religiösem Fanatismus zur Waffe greift. Die religiöse Komponente auszuschließen, verkennt die Ursache des Konflikts.

Ähnliches gilt für Thailand und die Philippinen, wo sich ebenfalls muslimische Bevölkerungsgruppen (Patani, Moro) von der buddhistischen bzw. katholischen Bevölkerungsmehrheit aufgrund religiöser Diskriminierung um ihre wirtschaftliche Perspektive gebracht sehen, was wiederum zu Unterentwicklung und Armut führt. Wie weit in beiden Fällen tatsächlich religiöse Diskriminierung vorliegt oder überzogene Forderungen an die Zentralregierung gestellt werden, weil Patani und Moro die staatliche Integrität infrage stellen, kann an dieser Stelle nicht diskutiert werden. Und auch im Tschetschenien-Konflikt spielt der religiöse und nationale Faktor eine wichtige Rolle. Somit steht fest: Die von der Bertelsmann-Stiftung vorgenommene Analyse politischer Gewalt reduziert die behandelten Konflikte unzulässig weitgehend auf den wirtschaftlichen und sozialen Aspekt und relativiert damit religiös motivierte Gewalt, die vor allem auf radikal-islamische Gruppen zurückgeht.

Zum Schluss muss noch eine Studie erwähnt werden, die es nicht gibt, oder besser, offiziell nicht geben darf, obwohl es sie gibt. 2002 hat das Berliner Zentrum für Antisemitismusforschung um Wolfgang Benz, Werner Bergmann und Juliane Wetzel im Auftrag der EUMC eine Studie über den neuen Antisemitismus in Europa erstellt. Sie kam zu dem Ergebnis, dass ein besonders aggressiver Antisemitismus im Milieu muslimischer Immigranten zu beobachten sei. Auf Geheiß des EUMC-Verwaltungsrates unter dem britischen Labour-Abgeordneten Bob Purkiss blieb diese Untersuchung unter Verschluss, angeblich wegen »dürftiger Datenlage und ungenügender Qualität der Analyse«, wie der Europa-Abgeordneten Daniel Cohn-Bendit öffentlich gemacht hat. Dem haben die Autoren jedoch entschieden widersprochen. Sie werfen der EUMC »Meinungsunterdrückung« und einen »Maulkorberlass« vor, weil die Ergebnisse nicht in das politisch korrekte Bild der europäischen Wirklichkeit passten.[61] Ungeachtet der öffentlichen Debatte blieb die EUMC hart und gab eine neue Studie in Auftrag, die schließlich im März 2004 veröffentlicht wurde.[62] Sie bestätigte allerdings die Ergebnisse der ersten Untersuchung in abgeschwächter Form.

Einen Maulkorb hätte sicherlich auch der britische Sender Channel 4 verpasst bekommen, wenn es nicht schon zu spät gewesen wäre. Im Januar 2007 hat er eine Dokumentation über islamistische Hassprediger ausgestrahlt, denen eine erschreckende Hetze gegen Juden, Homosexuelle und Frauen nachgewiesen wurde. Die Polizei reagierte. Sie nahm Ermittlungen gegen den Sender auf, weil er sich der »Unterhöhlung der gesellschaftlichen Beziehungen« schuldig gemacht habe. Und der britische Labour-Abgeordnete George Galloway bemängelte, dass in der Dokumentation nicht auch auf gewaltverherrlichende Textstellen im Alten Testament eingegangen worden sei. Feindbild Islam? Sicher nicht.

Es ist nicht der Anspruch dieses Buches, alle Veröffentlichungen und Stellungnahmen dieser Art aufzulisten und darzulegen, inwieweit sie dazu beitragen, den Islam als Opfer abendländischer Arroganz zu sehen. Ihre Erwähnung soll nur deutlich machen, dass ein großer Teil der öffentlichen Meinung ebenso wie der Wissenschaft bewusst oder unbewusst die Opferrolle des Islam fördert – mit der Konsequenz, dass viele Muslime daraus moralisch-ethische Überlegenheit ableiten und politisches Kapital schlagen.

All dem sei beispielhaft eine Stimme entgegengesetzt, die selbst von den Islamophilen nicht den Islamophoben zugeordnet werden kann. Wilhelm Heitmeyer, Soziologe und Leiter des Instituts für interdisziplinäre Konflikt- und Gewaltforschung der Universität Bielefeld, hat sich in seiner Arbeit vor allem dem Thema »Gruppenbezogene Menschenfeindlichkeit« gewidmet. In einem Interview mit der *Tageszeitung* (taz) führt er aus: »Zumindest bis vor dem 11. September gab es keine generelle Islamfeindlichkeit und wahrscheinlich auch jetzt nicht. Aber: Unsere Befragung von fast 800 Muslimen türkischer Herkunft hat gezeigt, dass gerade die intensiven Moscheebesucher keinen Kontakt mit den Deutschen wünschen. Gleichzeitig gibt es einen engen Zusammenhang von Moscheebesuch und Selbstethnisierung. Das heißt, die Bedeutung der Gruppengrenzen wird besonders hervorgehoben. Solche abgedichteten Milieus stellen aber erst dann ein besonderes Problem dar, wenn zum Beispiel nicht klar ist, was in den Freitagsgebeten gepredigt wird.« Auf die Bemerkung, dass »Muslime immer wieder darauf [verweisen], dass der Islam eine friedliche und keine aggressive oder gar mörderische Religion sei«, entgegnet Heitmeyer: »Es ist reichlich irritierend, dass ständig etwas dementiert wird, was so niemand behauptet. Und warum wird ständig wiederholt, dass es *den* Islam nicht gebe, aber der Islam eine friedliche Religion sei. Die Forderungen nach Differenzierung und Einheit des Islam werden so je nach Interessenslage hin- und hergeschoben.«[63]

Exkurs: Opfer der US-Politik?

In der Debatte, die den Islam zum Opfer erhebt, spielt auch ein unreflektierter Anti-Amerikanismus seitens der Islam-Verteidiger eine wichtige Rolle. Dass die Politik der USA gegen viele Völker Süd- und Mittelamerikas, Asiens, Afrikas sowie des Nahen Ostens nicht gerade das Vertrauen in deren moralische Integrität gefördert hat, ist unbestritten. Manche Vorbehalte sind rational dennoch nicht erklärbar, etwa die Verschwörungstheorien zu den

Anschlägen vom 11. September 2001. Danach hätten die USA die Anschläge selbst inszeniert – nicht ohne den israelischen Geheimdienst Mossad versteht sich. Nicht zwei gekaperte Flugzeuge, sondern über längere Zeit nach und nach angebrachter und von den Amerikanern selbst gezündeter Sprengstoff habe zum Einsturz der Türme des World Trade Center geführt. Der Zweck der Tat sei offenkundig: Durch die fingierten Anschläge sollte das Ansehen des Islam weltweit beschädigt und ein Vorwand zur Intervention in islamischen Ländern geschaffen werden.

Muslimische Intellektuelle wie der Theologe Driss Kettani aus Marokko – ein gern gesehener Gast im Europäischen Parlament – gehen zwar in ihren Äußerungen nicht so weit, Kettani erklärt aber in einem Rechtsgutachten die Anschläge von New York und Washington »als Resultat der US-Politik und der Unterdrückung der Palästinenser.«[64] Genährt wird der Vorwurf der Islamfeindlichkeit durch Einrichtungen wie das Gefangenenlager Guantánamo, wo muslimische Gefangene, die des Terrorismus verdächtigt werden, ohne jede völkerrechtliche Grundlage inhaftiert sind.

Die Kritik an der Islamfeindlichkeit der USA ist etwas leiser geworden, seit dort mit großer Mehrheit ein Mann zum Präsidenten gewählt wurde, dessen Vater kenianischer Muslim ist, dessen zweiter Name »Hussein« zu den gebräuchlichsten islamischen Vornamen zählt, der einen Teil seiner Kindheit und Jugend in einer islamisch geprägten Umgebung verbracht hat (Indonesien), der das erste Exklusivinterview als Präsident gezielt dem Sender Al-Arabiya gab, um damit ein Zeichen zu setzen, und der schließlich in Kairo, einer Hochburg der islamischen Theologie, eine Rede hielt, mit der er der islamischen Welt die Hand zu Frieden und Kooperation reichte; eine Rede übrigens, die von der strengen Muslima und Kopftuchträgerin Dalia Mogahed aus seinem Beraterstab maßgeblich konzipiert worden ist.[65] Doch auch vor der Amtszeit Obamas als Präsident der Vereinigten Staaten von Amerika ist die Behauptung, dass die USA innenpolitisch eine gegen den Islam gerichtete Politik betrieben, schwer haltbar.

Das Verhältnis zum Islam wurde bereits vor dem 11. September 2001 durch Anschläge der Terrorgruppe Al-Qaida auf US-Einrichtungen belastet:

- Ein erster Anschlag auf das World Trade Center erfolgte am 26. Februar 1993 mit sechs Toten und etwa 1000 Verletzten.
- Am 7. August 1998 wurden die US-Botschaften in Nairobi (Kenia) und Daressalam (Tansania) angegriffen – 224 Tote und über 4000 Verletzte.
- Am 12. Oktober 2000 ereignete sich ein Anschlag auf den Zerstörer USS Cole im Hafen von Aden (Jemen) mit 17 Toten und 39 Verletzten.

Unter diesen Vorzeichen gerieten die Muslime in den USA nach dem 11. September zunächst tatsächlich unter eine Art Generalverdacht: 5000 wurden aufgrund ihres arabischen Geburtsorts in Sicherheitsverwahrung genommen, 170 000 überprüft und die religiös motivierten Überfälle gegen Muslime stiegen um 1600 Prozent an.[66] Das war jedoch nur eine Momentaufnahme. Denn zugleich bemühte sich Präsident George W. Bush um Deeskalation. Neun Tage nach dem Terrorakt sprach er die muslimische Welt in einer Rede vor dem Kongress direkt an. Er versicherte, er respektiere ihren Glauben, dem auch Millionen Amerikaner anhingen. Die Lehren des Islam seien friedlich und gut. Die Terroristen seien Verräter an ihrem eigenen Glauben und versuchten, den Islam zu diskreditieren. Amerikas Feinde seien nicht seine muslimischen und arabischen Freunde, sondern das radikale Netzwerk der Terroristen sowie jede Regierung, die diesen helfe.

Weniger als ein Jahrzehnt später hatte sich die Situation der Muslime in den USA grundlegend gewandelt. Das Pew Research Center veröffentliche Ende Mai 2007 eine Studie unter dem Titel Middle Class and Mostly Mainstream (Mittelklasse und orientiert an der Mehrheit), die ein positives Bild von der Selbstwahrnehmung der Muslime in den USA zeichnet: »Obwohl 53 Prozent der befragten Muslime äußern, ihr Leben als Muslime in den USA sei seit den Terroranschlägen auf das World Trade Center am 11. September

2001 deutlich schwieriger geworden, bezeichnen sich 78 Prozent der Befragten als »sehr glücklich« oder »ziemlich glücklich« in den USA. Sie sind damit insgesamt zufriedener als andere Einwanderergruppen, etwa hispanische Einwanderer (Hispanics). (…) Während etwa in Großbritannien über 80 Prozent der Befragten ihrer muslimischen Identität Vorrang vor der britischen geben, sehen sich in den USA nur 47 Prozent der Befragten zuerst als Moslem und dann erst als Amerikaner.«[67]

So gab es bereits vor der Ära Obama zahlreiche Muslime in einflussreichen Positionen bis hin zu Kongressabgeordneten und Botschaftern. Keith Ellison, ein konvertierter Schwarzer aus Minnesota, wurde 2006 als erster Muslim in das Repräsentantenhaus gewählt. Seinen Eid legte er auf den Koran ab. Und selbst Präsident George W. Bush erklärte: »Amerika ist stärker durch die zahllosen Beiträge seiner muslimischen Bürger.«[68]

Auch eine muslimische Reformbewegung, die den Koran nicht als ewig gültige göttliche Überlieferung, sondern als zeitgenössisches Werk begreift, das nicht wörtlich genommen, sondern interpretiert werden sollte, hat in Nordamerika klare Konturen. Persönlichkeiten wie Irshad Manji, Tochter indischer Eltern aus Uganda, stoßen mit ihrer modernen Auslegung des Korans auf große Resonanz. Von orthodoxen Muslimen wird die Reform-Muslima heftig angefeindet. Die meisten Todesdrohungen erhält sie jedoch nicht aus den USA oder dem Nahen Osten, sondern aus Europa.[69]

In das Bild eines in den USA gesellschaftlich anerkannten Islams passt noch ein anderes Ereignis. Am 5. November 2009 ging die Meldung von einem Amoklauf um die Welt. Schauplatz war nicht wie so häufig eine Schule oder Universität, sondern Fort Hood in Texas, eine der größten Militärbasen der US-Armee. 13 Menschen starben, darunter zwölf Soldaten, 30 wurden verwundet. Der Täter war der 39-jährige Militärpsychiater Major Nidal Malik Hasan, ein Muslim palästinensischer Abstammung aus Ramallah. Er stand kurz davor, zur Betreuung von US-Soldaten in den Irak geschickt zu werden. Die US-Intervention dort, ebenso wie in Afghanistan, lehnte er ab. Sein Vetter Nader Hasan erklärte schon einen Tag nach dem Massaker über den einflussreichen Sender Fox News sowie die New York Times, der Täter sei, »wegen seiner Herkunft und seines Glaubens von Kollegen gemobbt worden.«[70] Mit der Zeit stellte sich jedoch heraus, dass offenbar religiöser Fanatismus die Ursache für den Amoklauf war. Nidal Malik Hasan war in den Jahren und Monaten vor dem Verbrechen immer mehr unter den Einfluss religiöser Fanatiker gekommen. Zahlreiche Soldaten, die er psychologisch betreuen sollte, berichteten, er habe versucht, sie zum Übertritt zum Islam zu bewegen.[71] Während des Massakers rief Nidal Malik Hasan nach übereinstimmenden Aussagen mehrerer Augenzeugen »Allahu akbar« (Allah ist groß) und feuerte etwa 100 Schüsse aus zwei großkalibrigen Pistolen, die er in das Gebäude geschmuggelt hatte. Dabei versuchte er gezielt, Anwesende in Uniform zu töten. Ferner fand man heraus, dass Nidal Malik Hasan mit dem Hassprediger Anwar al-Awlaki in Kontakt stand, ein US-Bürger jemenitischer Herkunft, zu dessen Gemeinde in Virginia zwei Attentäter vom 11. September gehört hatten und der vom FBI verdächtigt wird, Al-Qaida zu unterstützen. Vor seiner Festnahme hatte sich Nidal Malik Hasan in den Jemen abgesetzt. In seinem Appartement fand man Visitenkarten mit dem Kürzel SoA sowie SWT. Das erste steht für »Soldier of Allah« (Gotteskrieger), das zweite für »Subhanahu wa-taala« (Er ist herrlich und mächtig).[72] Als dieser Hintergrund bekannt wurde, beschwichtigten das Weiße Haus und die Militärführung um den Oberbefehlshaber General George Casey sofort. Man möge »nicht vorschnell urteilen, bevor wir alle Fakten kennen«, hieß es von einem Präsidentensprecher in dem Moment, als immer mehr Tatsachen ans Tageslicht kamen. Zeitungen warnten: »Aber weil der Soldat, der sehr rasch als Täter identifiziert werden konnte, einen Namen trägt, der ebenso rasch zu der Vermutung führt, dass es sich um einen Muslim handelt, wird der Vorfall allzu vorhersehbar eine Explosion von Islamophobie auslösen.«[73] Die Panikmache und die Sorgen blieben unbegründet. In der US-Armee dienen etwa

2000 Soldaten muslimischen Glaubens. Ernste Übergriffe ihnen gegenüber sind nicht dokumentiert. Man kann davon ausgehen, dass sie angesichts der Sensibilität gegenüber Minderheiten nicht verborgen geblieben wären.

Erst die Debatte um ein muslimisches Kulturzentrum zwei Blöcke entfernt von Ground Zero, dem Ort des ehemaligen World Trade Center, brachte antiislamische Ressentiments an die Oberfläche. Unter den Opfern der Anschläge von 9/11 befanden sich auch 60 Muslime, weshalb amerikanische Muslimorganisationen bei der Gedenkstätte für die insgesamt 2700 Opfer präsent sein wollen. Das empfanden viele Amerikaner als Provokation, wurden die Verbrechen doch von radikal-islamischen Terroristen begangen. Tausende demonstrierten immer wieder gegen diese Pläne, das Internet wurde zu ihrer Plattform, und in Florida drohte Pastor Terry Jones sogar mit einer Koranverbrennung, die jedoch nicht stattfand.

Kapitel 3

Die Motivation hinter der Opferrolle – die zukünftige Gestaltung Europas

Wenn im Iran, Pakistan und Ägypten Massendemonstrationen gegen Deutschland stattfinden, weil ein einzelner fanatischer Russlanddeutscher eine Kopftuch tragende Ägypterin brutal erstochen hat, oder Dänemark in der islamischen Welt an den Pranger gestellt wird, weil in einer dänischen Zeitung Karikaturen des Propheten Mohammed erschienen sind, dann kann den einzelnen Teilnehmern solcher Demonstrationen das subjektive Empfinden nicht abgesprochen werden, nirgendwo auf der Welt würden Muslime so systematisch verfolgt, gejagt, gedemütigt und ermordet wie in Westeuropa. Ein solcher Eindruck entsteht besonders leicht, wenn der freie Austausch von Informationen erschwert oder gar verboten wird, wie dies in autoritären Gesellschaften gewöhnlich der Fall ist. Dort sind die Menschen überwiegend auf die zensierten Staatsmedien oder die Predigten des Imams angewiesen.

Das Opferbewusstsein der Muslime in Europa und deren Bestätigung durch große Teile der nicht-islamischen europäischen Elite hingegen kann nicht mit gezielter Desinformation erklärt werden. Im Abendland herrscht weitgehende Pressefreiheit; jeder hat grundsätzlich die Möglichkeit und das Recht, sich umfassend und nach allen Seiten zu informieren. Warum halten aber auch im Abendland viele Muslime an der einseitigen Opferrolle fest, während andere Sichtweisen weitgehend ignoriert werden? Und warum werden sie von einflussreichen Teilen der vermeintlichen Tätergesellschaft darin unterstützt? Die Antwort ist einfach: Wer sich selbst als Opfer sieht, kann sich leicht jeder Verantwortung und kritischen Selbstreflexion entziehen. Insofern ist der Opfernimbus, den die islamisch geprägte Welt gerne für sich beansprucht, nicht zuletzt ein Ausdruck dafür, dass der kritische Umgang mit der eigenen historischen Rolle sehr unterentwickelt ist. Würden deren dunkle Seiten, etwa die gewaltsame Unterwerfung Nordafrikas, die Auslöschung des Buddhismus in Zentralasien und in seinem Ursprungsland Indien, der mediterrane Sklavenhandel zu Beginn der Neuzeit, die Verflechtung mit dem transatlantischen Sklavenhandel oder der Völkermord an christlichen Völkern wie den Armeniern oder Assyrern thematisiert – und zwar in einer Weise, die derartige Verbrechen nicht rechtfertigt –, dann wäre der Opferstatus rasch obsolet. Dem aber beugt eine konsequente Ausblendung der unrechtmäßigen Geschehnisse vor, was andererseits für die jeweilige islamische Kultur bedeutet, dass damit der Weg zur gesellschaftlichen Emanzipation und letztlich zu einem gleichberechtigten Miteinander der Kulturen weltweit verstellt wird. Manche Ausblendung der Schattenseiten mag nicht bewusst geschehen und nicht hinter jeder Anklage, die gegen die vermeintliche abendländische Arroganz erhoben wird, steht eine Strategie. Wer sich jedoch häufig einbildet, Opfer zu sein, ist irgendwann davon überzeugt. Und Opfer zu sein, hat Vorteile, insbesondere dann, wenn sich das Leiden in Grenzen hält. Ein Opfer verschafft seinem Gegenüber generell ein schlechtes Gewissen, denn es ist moralisch in einer höheren Position. Häufig wird zum Beispiel Israel vorgeworfen, den Opfernimbus von Auschwitz zu benutzen, um heute eine inhumane Politik zu legitimieren. In diesem Buch ist nicht der Platz, die israelische Politik zu analysieren. Im Zusammenhang mit einem kollektiven Opferstatus muss jedoch ausdrücklich darauf hingewiesen werden, dass Auschwitz einerseits grauenhaft real und andererseits der Versuch, die Juden zu vernichten, nicht erst die Idee der Nazis war; die haben sie nur mit einer nie dagewesenen Konsequenz und Perfektion umgesetzt. Die Verbrechen des Abendlandes gegenüber islamischen Völkern bewegen sich jedoch – ungeachtet der Kreuzzüge und des Kolonialismus – im Rahmen dessen, was muslimische Despoten und Eroberer unter Christen, Buddhisten, Hindus und Angehörigen anderer Religionen angerichtet haben. Wenn nun auch all diese Religionen ein kollektives Opferbewusstsein pflegten und andere damit moralisch unter Druck setzten, gestaltete sich der Weg zum Dialog noch schwieriger. Deshalb sei an die Vertreter des Islam, die sich als Opfer fühlen, gerichtet: Singularität für sich zu reklamieren, wo es keine gibt, ist ethisch, moralisch und intellektuell nicht vertretbar. Der unbegründet eingeforderte Opferstatus darf nicht benutzt werden, um eigene Rechte, Privilegien und politische Ziele durchzusetzen.

Umfassender Anspruch

Es dürfte unter Muslimen wie Nicht-Muslimen, unter Islam-Sympathisanten und Islam-Kritikern unbestritten sein, dass es keine Religion gibt, die einen so expliziten Anspruch erhebt, das gesamte gesellschaftliche Leben und den Alltag der Menschen zu gestalten, wie der Islam. Natürlich gehört es zum Wesen einer Religion, neben der transzendenten Verheißung auf ein Leben nach dem Tod auch ethische und moralische Werte für das Diesseits zu vermitteln. Die meisten beschränken sich dabei auf grundlegende Prinzipien (nicht töten, nicht stehlen, nicht lügen, lieben, barmherzig sein usw.). Der Religionsstifter Mohammed hat jedoch für das alltägliche Leben äußerst detaillierte Anweisungen gegeben. Sie betreffen die Grundlagen der

Wirtschaft ebenso wie den Umgang mit den Armen; die religiösen Pflichten ebenso wie das Verhältnis zu anderen Religionen; Erbangelegenheiten ebenso wie die Kleidungsvorgaben; Essensvorschriften ebenso wie den Gebrauch (bzw. das Verbot) von Rauschmitteln; die sexuelle Praxis ebenso wie das Verhältnis der Geschlechter. Diese Vorschriften werden zusammenhängend als Scharia bezeichnet, was wörtlich mit »vorgegebener Weg« übersetzt werden kann, treffender ist jedoch »religiöses Gesetz«. Die Juristin Seyran Ates, selbst kritische, aber bekennende Muslimin, definiert die Scharia wie folgt: Sie »regelt sämtliche Lebensbereiche der Muslime. Sie enthält das Zivil- und Gesellschaftsrecht, worunter auch das Ehe- und Familienrecht fällt, das Strafrecht sowie die Ethik und die genauen Vorschriften zur richtigen Ausübung des Glaubens. (...) Das Leben im Diesseits, das Verhältnis des Menschen zu seiner Familie, der Gesellschaft und zu Gott wird in der Scharia genauso geregelt wie das Dasein im Jenseits. Dabei umfasst die religiöse Pflichtenlehre den größten Teil der Scharia, nicht das Rechtssystem. Ein gläubiger Muslim kennt im Grunde keinen von seiner Religion und seinem Glauben abgetrennten Lebensbereich. Es gibt keine davon unabhängige Sphäre; die Religion ist für alle Fragen des Lebens zuständig.«[1] In Teilen der öffentlichen Wahrnehmung wird Scharia mit barbarischen Justizmethoden assoziiert, was jedoch eine unzulässige Reduzierung ist. Eine solch normative, auf strikten Vorschriften basierende Religion ist gegenüber ihrem Stifter und ihren Anhängern verpflichtet, ihre Wertmaßstäbe in die konkrete Lebenspraxis einer Gesellschaft hineinzutragen. Dies gestaltet sich in ihrem ursprünglichen Herrschaftsbereich sicherlich anders als dort, wo ihre Angehörigen in der Minderheit sind.

Anpassung – von wem?

Was geschieht, wenn die traditionellen, aus einer anderen sozialen Umgebung stammenden und in ihrer Substanz unhinterfragten Werte des Islam mit der säkularisierten Welt des Abendlandes zusammentreffen? Wer verändert wen, das Abendland den Islam oder der Islam das Abendland?

Derzeit bewegt sich die Antwort noch im spekulativen Bereich, weil es eine nennenswerte islamische Präsenz im Abendland erst seit wenigen Jahrzehnten gibt. Die bereits zitierten islamfreundlichen Wissenschaftler Miquel und Laurens attestieren der Lehre Mohammeds allerdings: »Unter verschiedenen sozialen Systemen und verschiedenen Himmeln beweist der Islam stets eine erstaunliche Fähigkeit, über Zeiten und Räume hinweg einige unwandelbare Prinzipien festzuhalten, durch die er sich definiert und in denen er sich wiedererkennt.«[2] Diese Position wird von vielen Wissenschaftlern ebenso wie von muslimischen Intellektuellen vertreten: »Für die muslimischen Einwanderer ist die Religion untrennbar mit ihrer Herkunft und Identität verbunden. Sie haben das Gefühl, dass sie weniger gute Muslime werden, wenn sie sich von Marokkanern oder Algeriern zu Franzosen verwandeln. Das macht die Einwanderung schwieriger, weil es die Muslime scheinbar vor die Alternative stellt: Selbstaufgabe oder Selbstisolation«,[3] beklagt Tariq Ramadan, einer der einflussreichsten Vordenker der Muslime in Europa. Der amerikanische Migrationsforscher Christopher Caldwell geht sogar noch einen Schritt weiter und gibt den Europäern zu bedenken: »Wenn eine unsichere, sich anpassende, relativistische Kultur auf eine Kultur trifft, die tief verankert ist, zuversichtlich und gestärkt durch gemeinsame Lehren, dann ist es möglicherweise Erstere, die sich ändert, um sich der Letzteren anzupassen.«[4]

Eine »islamgemäße Gesellschaft«

In Europa begnügen sich Wortführer des Islam, die Vereinen und Verbänden vorstehen, nicht länger damit, dass ihr Glaube frei praktiziert werden darf. Manche von ihnen versuchen vielmehr, ihr eingangs beschriebenes Wertesystem immer stärker in der abendländischen Welt zu verankern und damit einen grundlegenden kulturellen Wandel herbeizuführen. Selbst wenn die Mehrheit der in Europa lebenden Muslime keine solche Strategie verfolgt – empirisch-statistisch ist dies kaum auszumachen –, verdeutlichen doch zahlreiche historische Beispiele, dass eine entschlossene Minderheit mit einer Vision weitaus einflussreicher und mächtiger sein kann als eine indifferente Mehrheit. So haben sich bei vielen großen Revolutionen der Neuzeit wie zum Beispiel 1789 in Frankreich, 1917 in Russland oder 1979 in Iran nicht die Repräsentanten der Mehrheit durchgesetzt, sondern diejenigen, die am entschlossensten vorgegangen sind. Wenn es dabei gelingt, den Trägern der Kultur, die verändert werden soll, ein schlechtes Gewissen aufzunötigen, liegt der strategische Vorteil auf der Hand.

Der frühere Vorsitzende des Zentralrats der Muslime in Deutschland (ZMD), der aus Saudi-Arabien stammende Frauenarzt Dr. Nadeem Elyas, wurde auf dem Hamburger Evangelischen Kirchentag von 1995 gefragt, ob er das Grundgesetz als Basis des Zusammenlebens anerkenne. Er antwortete: »Ja, solange wir noch in der Minderheit sind.«[5] Die allgemeine Empörung über diesen Offenbarungseid hielt sich in Grenzen, doch um jeder Kritik die Basis zu entziehen, ruderte der Verband mit den Argumenten zurück, die Politiker aus dem Ärmel ziehen, wenn es darum geht, eine unpassende Meinungsäußerung zu relativieren: Elyas sei missverstanden worden, er habe das nicht so gemeint usw. Und wie bei Berufspolitikern drängt sich auch hier die Frage auf, warum wurde es dann so gesagt?

Kurz nach den Anschlägen vom 11. September 2001 veröffentlichte der ZMD eine *Grundsatzerklärung der Muslime zum Staat und zur Gesellschaft*. Es kann an dieser Stelle nicht diskutiert werden, wie weit der ZMD die hierzulande lebenden Muslime repräsentiert, doch auch wenn er nur eine Minderheit vertritt, so ist er dennoch der Verband in Deutschland, der von staatlicher Seite zumeist als Vertretung der Muslime herangezogen wird. Vereine wie DITIB oder Milli Görüs sind größer, vertreten jedoch nur die aus der Türkei stammenden Muslime (Milli Görüs öffnet sich inzwischen weiter). Die Erklärung des ZMD, um die es nun geht, besteht aus 20 Artikeln. Die ersten zehn erläutern die eigenen Glaubensgrundsätze. Erst die zweite Hälfte befasst sich mit dem eigentlichen Thema, der Haltung der Muslime gegenüber dem rechtsstaatlichen System Deutschlands. Dabei gibt der ZMD ein klares Bekenntnis zum Grundgesetz und seinen Prinzipien ab: »Muslime dürfen sich in jedem beliebigen Land aufhalten, solange sie ihren religiösen Hauptpflichten nachkommen können. Das islamische Recht verpflichtet Muslime in der Diaspora, sich grundsätzlich an die lokale Rechtsordnung zu halten.« Gleichzeitig werden Forderungen im Bezug auf eine »würdige islamische Lebensweise im Rahmen des Grundgesetzes« erhoben. Dazu zählt der ZMD unter anderem: Erlaubnis des lautsprecherverstärkten Gebetsrufs, Respektierung islamischer Bekleidungsvorschriften in Schulen und Behörden, Beschäftigung muslimischer Militärbetreuer, muslimische Betreuung in medizinischen und sozialen Einrichtungen, staatlicher Schutz der beiden islamischen Feiertage.

Mit dieser Erklärung hat sich der ZMD in gewisser Weise zwischen alle Stühle gesetzt. Denn einerseits bezweifeln liberale Muslime die Wahrhaftigkeit der Grundsatzschrift. Bassam Tibi zum Beispiel stellt die Frage:»Ist ihr Bekenntnis zu Demokratie und religiösem Pluralismus aufrichtig oder bloß Iham (Taqiya), also bewusste Täuschung der Ungläubigen, die nach dem Koran ausdrücklich erlaubt ist?«[6] Serap Cileli wird noch deutlicher:»Das Grundgesetz und der Koran können niemals gleichgesetzt werden. Leider gibt es viele Muslime in Europa, die den Koran eher als Gesetz annehmen als unsere Verfassung.«[7] Andererseits wird von orthodoxer Seite die Erklärung als Anbiederung kritisiert:»Natürlich anerkennt jeder Mensch, der in Deutschland lebt, die Tatsache als Realität an, dass er hier in einer säkularen Demokratie lebt. Aber das bedeutet doch nicht, wie der ZMD es hier behauptet, dass damit diese Tatsache und Realität als begrüßenswert oder gar erstrebenswert anerkannt wird. Im Gegenteil ist diese Einsicht für die Muslime ein Ansporn, sich nach besten Kräften dafür einzusetzen, diese Gesellschaft in eine islamgemäße umzuwandeln«[8], konstatiert Ahmad von Denffer. Der Sprössling eines alten deutschbaltischen Rittergeschlechts ist nicht irgendwer, sondern zählt zu den einflussreichsten islamischen Publizisten und Funktionären. Er ist Gründungsmitglied des Muslimrats München, gehört zum Islamischen Zentrum München, das laut Verfassungsschutz enge Kontakte zur Muslimbrüderschaft in Ägypten unterhält, sowie zur Islamischen Gemeinde Deutschland. Zudem ist er ein gefragter Vortragsredner. Dabei ist es fast überflüssig zu erwähnen, dass auch in seinen Vorträgen das hohe Lied vom Opfer Islam eine zentrale Rolle spielt. Von Denffer teilt seine bedenklichen Ansichten mit Ayyub Axel Köhler, wie von

Denffer ein deutscher Konvertit und ehemaliger FDP-Politiker, der Nadeem Elyas als Vorsitzender des ZMD abgelöst hat. Ayyub Axel Köhler bekennt: »Eine Verfassung nach dem Prinzip der Gewaltenteilung mit der Institutionalisierung von Legislative, Exekutive und richterlicher Gewalt ist in der islamischen Staatstheorie nicht zu finden. Das ist aus islamischer Sicht insofern verständlich, als die Gesetze – nämlich die göttlichen Gesetze – als Scharia schon vorhanden sind und sich eine im Sinn des Wortes gesetzgebende Macht nicht mehr zu instituieren braucht. Nur Allah ist gesetzgebende Macht.«[9] Und an anderer Stelle schreibt er: »Die Glaubensgrundsätze und das islamische Recht (Scharia) zeigen den quasi-totalen Anspruch der Religion auf Mensch und Gesellschaft.«[10] Auch von Nadeem Elyas sind ähnliche Zitate bekannt. In der Aachener Bilal-Moschee mahnte er: »Jeder Muslim und jede Muslimin ist mit Da'wa [Anm.: den Glauben weitergeben] beauftragt. Diejenigen, die Da'wa nicht ausüben, sind laut Koran von Allah verflucht. Wir machen Da'wa, um uns vor der Verderbnis dieser Gesellschaft zu schützen. (...) Das Ziel von Da'wa ist, dass die Menschen Allah dienen. (...) Wir können die Errichtung des islamischen Staates nur erreichen, wenn wir das islamische Leben (Scharia) errichten.«[11] All diese Forderungen hat der bekannteste und einflussreichste deutsche Konvertit, der Jurist und hohe Diplomat Murat Wilfried Hofmann, bereits vor zwanzig Jahren gestellt: »Im engeren Sinne meint die Einführung der Scharia, dass der Koran zum Grundgesetz eines Staates gemacht wird. Dies ist die Forderung selbst der gemäßigten Moslems. (...) Schauen wir sie nur an, diese Opfer einer scheinbar werteneutralen Industriegesellschaft. Sie haben alles – Autonomie, Lebenssicherung von der Wiege bis zur Bahre, Sex ohne Tabus, Drogen fast nach Belieben, viel freie Zeit und alle je erdachten Menschenrechte. Aber sie erfühlen eine existenzielle Leere.«[12]

Diese unverhohlenen Bekenntnisse, langfristig auf die Einführung der Scharia in Europa hinzuarbeiten, stammen nicht von muslimischen Extremisten; sie stammen nicht von Personen, die Gewalt rechtfertigen; sie stammen von führenden Vertretern des Islam in Deutschland, die seit Jahren Dialogpartner für Regierung, Parteien, Kirchen sowie Verbände sind und die über eine hohe Präsenz in allen Medien verfügen. Solche Äußerungen machen deutlich, dass eine Debatte um Werte längst offen entbrannt ist und dass diejenigen, die individuelle Freiheiten, Toleranz, Religionsfreiheit für unverzichtbare Tugenden halten, gut daran tun, selbige offen zu verteidigen.

Häufig ist aber das Gegenteil der Fall. Repräsentanten der abendländischen Kultur in Politik, Justiz und Medien übernehmen die Argumente der muslimischen Repräsentanten, bis hin zur Forderung, die Scharia zu erlauben, sofern sie mit dem Grundgesetz vereinbar sei. Dieser Vorstoß stammt von dem FDP-Abgeordneten des Bayerischen Landtags, Georg Barfuß, der sich 2008 selbst als Integrationsbeauftragter der Bayerischen Landesregierung ins Gespräch gebracht hat.[13] Vor seinem Übertritt zur FDP gehörte Barfuß zur CSU und war Bürgermeister der Stadt Lauingen, wo während seiner Amtszeit die erste Moschee Bayerns mit einem abgetrennten Frauenteil im hinteren Bereich eingeweiht wurde. Der Aufruf, zugunsten islamischer Werte vereinzelt von traditionellen abendländischen abzusehen, findet seinen Widerhall auch bei Vertretern anderer politischer Parteien. In diese Richtung zielt die Forderung des ehemaligen Bundesumweltministers Jürgen Trittin und des Bundestagsabgeordneten Christian Ströbele – beide von Bündnis 90/Die Grünen –, einen islamischen Feiertag gesetzlich zu verankern, wobei Ströbele dafür einen christlichen gestrichen sehen will.[14]

Internationale Initiativen

Auch außerhalb Deutschlands wird in einzelnen europäischen Staaten die Kompatibilität der jeweiligen Rechtsprechungen mit der Scharia hitzig diskutiert. Besonderes Aufsehen erregte ein entsprechender Vorstoß des Oberhauptes der Anglikaner in Großbritannien. Der Erzbischof von Canterbury, Rowan Williams, erklärte am 7. Februar 2008 in einer Rede über ziviles und religiöses Recht vor über 1000 Zuhörern, dass er es für denkbar halte, die Scharia in Teilbereichen zu akzeptieren, um die Akzeptanz vieler Muslime mit der britischen Gesellschaft zu erleichtern. So sollten Muslime in zivilrechtlichen Angelegenheiten wie Heirat, Scheidung oder Erbangelegenheiten religiöse Richter anrufen können, deren Urteile vom britischen Recht akzeptiert werden müssten.[15] Dafür erhielt der Erzbischof vor allem von konservativen islamischen Vereinen viel Applaus, und seine Vorschläge blieben nicht nur Theorie. Heute stehen Großbritanniens Muslimen in zivilrechtlichen Belangen tatsächlich Schiedsgerichte zur Verfügung, die auf der Basis der Scharia arbeiten und deren Urteile bindend sind. Als einer der schärfsten Kritiker des Kirchenoberhauptes darf der Bischof von Rochester, Michael Nazir-Ali, gelten – wie Williams ein Anglikaner. Nicht zuletzt aus seiner eigenen Erfahrung heraus warnte er entschieden vor solchen Initiativen: Michael Nazir-Ali stammt aus Pakistan, einem der strengsten islamischen Ländern. Dort war sein Vater zum Christentum konvertiert, was für die Familie mit erheblichen Repressionen verbunden war. Um Verfolgung und Morddrohungen zu entgehen, floh Nazir-Ali nach Großbritannien, wo er bereits studiert hatte, und machte Karriere in der anglikanischen Kirche.

Auch in den Niederlanden wurde in einflussreichen Positionen über die Einführung der Scharia nachgedacht. Der ehemalige Justizminister Piet Hein Donner von der christdemokratischen CDA, ein enger Vertrauter des langjährigen Ministerpräsidenten Jan Pieter Balkenende, veröffentlichte im Herbst 2006 ein Buch, in dem er ein vielsagendes Gedankenspiel anstellte: Muslime hätten mit einer Zweidrittelmehrheit im Parlament das Recht, die Verfassung zu ändern und die Scharia einzuführen. Dies zu verhindern, sei unmöglich, da nun einmal die Mehrheit zähle. Öffentlich beklagte Donner zudem: »Mir gefällt der Ton der politischen Debatte nicht: ›Du musst dich anpassen, unsere Normen und Werte annehmen, sei vernünftig, mach es wie wir‹ – das entspricht nicht meinen Vorstellungen, wie es laufen sollte.«[16]

Anders läuft es bereits im belgischen Brüssel. Dort hat die Stadtverwaltung Polizisten angewiesen, während des Fastenmonats Ramadan in der Öffentlichkeit nicht zu rauchen und zu essen, um die religiösen Gefühle der Muslime nicht zu verletzen.[17]

Scharia ist nicht teilbar

Die Versuche, Teile der Scharia für Europa salonfähig zu machen, belegen nicht nur einen fortschreitenden Werterelativismus der abendländischen Kultur, sondern auch eine bemerkenswerte Unkenntnis des Islam seitens der Sympathisanten solcher Initiativen. Denn die Scharia ist nicht teilbar, da sie auf Allah selbst zurückgeführt wird. Ihr Anspruch ist umfassend und somit zumindest für konservative und orthodoxe Muslime weder quantitativ noch qualitativ verhandelbar. Die Vorschläge von Barfuß, dem Erzbischof von Canterbury, Donner und anderen werden von den konservativen Muslimen allein deshalb begrüßt, weil sie darin einen Schritt in Richtung einer »islamgemäßen« Gesellschaft sehen, nicht aber einen Kompromiss, bei dem beide Seiten Abstriche machen.

Die Justiz

Besonders gravierend ist der Einfluss islamischer Wertvorstellungen auf die Rechtsprechung in vielen europäischen
Staaten. Das gilt für den straf- ebenso wie für den zivilrechtlichen Bereich.

Im strafrechtlichen Bereich war lange Zeit die Tendenz weitverbreitet, den Tätern aufgrund ihres kulturellen Hinter-
grundes mildernde Umstände zukommen zu lassen. Zu den
gerichtlich verhandelten Verbrechen, die in Zusammenhang
mit islamischem Kulturverständnis begangen werden, zählen
vor allem Zwangsehen, häusliche Gewalt und Ehrenmorde
(die Ermordung junger Frauen durch Familienangehörige,
weil sie sich vom traditionellen islamischen Weg abgewandt
hätten). Letztere wurden vielfach als Totschlag geahndet und
die Verantwortung der Familien, insbesondere des Oberhauptes, zumeist ignoriert. Auch wenn eine Ehefrau ermordet wurde, weil sie sich aus repressiven, patriarchalen Ver-
hältnissen lösen wollte, bestraften Richter den Täter häufig
wegen Totschlags statt wegen Mordes, weil sie mit Blick auf
den kulturellen Hintergrund keine »niederen Motive« erkennen konnten. 2002 verurteilte das Landesgericht Hessen
einen Libanesen, der seine Frau und seine Kinder über Jahre
hinweg brutal misshandelt hatte, aus Rücksichtnahme aus
eben diesem Grund zu einer Bewährungsstrafe.

Erst eine Frankfurter Familienrichterin legte im März 2007 –
ungewollt – den Grundstein dafür, dass in Deutschland isla-
misch-fundamentalistische Prinzipien nicht länger maßgeblich die hiesige Rechtssprechung beeinflussen. Richterin
Christa D. hatte über das Schicksal einer 26-jährigen Deutschen marokkanischer Herkunft zu befinden, die Schutz vor
ihrem extrem gewalttätigen marokkanischen Ehemann suchte. Der ignorierte die Anordnung der Behörden, die ihm den
Kontakt zu der Frau verboten hatten, und bedrohte selbige

weiter. Deshalb bat das Opfer, die Ehe noch vor dem gesetzlich vorgeschriebenen Trennungsjahr zu scheiden, was in »unzumutbaren Härtefällen« möglich ist. So etwas konnte Richterin D. nicht erkennen: Die Frau habe damit rechnen müssen, dass ihr in einem islamisch geprägten Land aufgewachsener Mann sein religiös verbrieftes »Züchtigungsrecht« auch ausübe. Zudem enthalte der Koran neben dem Züchtigungsrecht des Mannes gegenüber der ungehorsamen Ehefrau auch die »Feststellung der Überlegenheit des Mannes«. Diese unverblümte Vorrangstellung islamisch-fundamentalistischer über rechtsstaatliche Prinzipien sorgte für einen bundesweiten Skandal. Der Richterin wurde der Fall entzogen und seitdem wächst die Sensibilität vor der Aushöhlung des Rechtsstaats durch religiöse Dogmen.

In anderen zivilrechtlichen Bereichen hatten Klagen von Muslimen zuvor fast immer Erfolg, vor allem in den entscheidenden höheren Instanzen. Das Schächten wurde 2002 vom Bundesverfassungsgericht für rechtens erklärt und damit über den Tierschutz gestellt; Gebetspausen während der Arbeitszeit wurden juristisch abgesichert; über den Bau von Moscheen herrscht schon lange Konsens und auch der lautsprecherverstärkte Ruf des Muezzins ist vom Bundesverwaltungsgericht abgesegnet worden; Gleiches gilt für das Kopftuch in Ausweispapieren. In Sachen Versicherungsschutz entschied das Bundessozialgericht, »polygame Ehen sind anzuerkennen, wenn sie dem Heimatrecht der in Betracht kommenden Personen entsprechen.« Und auch bei dem kontroversen Thema der Teilnahme von Mädchen aus streng muslimischen Familien am Sport- und Schwimmunterricht bzw. an Klassenfahrten stellten sich Gerichte fast immer auf die Seite der Eltern, die ihren Kindern die koedukative Erfahrung, die zur Basis eines säkularisierten Staates gehört, vorenthalten wollen. Als Begründung wurde gewöhnlich die »Religionsfreiheit« angeführt, selbst wenn diese mit noch so archaischen Argumenten belegt wurde. Ein Argument gegen Klassenfahrten lautete beispielsweise: Mädchen dürften sich ohne Begleitung eines männlichen Angehörigen nicht weiter von zu Hause entfernen, als eine Kamelkarawane zur Zeit Mohammeds an einem Tag zurücklegen konnte. Das Verwaltungsgericht Freiburg befreite im November 1993 ein Mädchen vom Sportunterricht mit der Begründung, der Prophet habe keinen Sport getrieben und auch niemanden aufgefordert, er solle sich sportlich betätigen. Die Rechtsanwältin Seyran Ates kommentierte das Urteil wie folgt: »Mohammed fuhr weder Auto, noch besaß er ein Handy. Ob die Eltern des Mädchens wegen der Nachahmungspflicht auch auf diese zivilisatorischen Errungenschaften verzichtet haben?«[18]

Erfolgreich war auch die Islamische Förderation Berlin, die vor Gericht durchgesetzt hat, dass sie – und nicht das Land – 90 Prozent des Islam-Unterrichts an den Berliner Schulen organisiert.[19]

In der Frage des Kopftuchs für Lehrerinnen konnten sich die muslimischen Kläger nicht ganz durchsetzen. Um dies bundesweit zu ermöglichen, zog die aus Afghanistan stammende Lehrerin Fereshta Ludin mit Unterstützung muslimischer Verbände bis vor das Bundesverfassungsgericht. Das jedoch gab die Entscheidung zurück an die Bundesländer. Danach müssen die Länder eine gesetzliche Grundlage schaffen, wenn sie muslimischen Lehrerinnen kein Kopftuch erlauben. Die Praxis ist deshalb uneinheitlich. In Nordrhein-Westfalen ist es für muslimische Lehrerinnen kein Problem, mit Kopftuch zu unterrichten, in Baden-Württemberg und Bayern geht das nicht. Inzwischen warnt Udo Di Fabio, Richter am Bundesverfassungsgericht: »Jedenfalls kann man dazu sagen, dass das Grundrecht auf Religionsfreiheit nur ein Grundrecht unter anderen ist. Es ist kein Grundrecht de luxe. Es kann nicht andere Freiheiten und Rechte zur Seite drängen.«[20]

In Frankreich sorgte ein Urteil des Landgerichts Lille für weitreichende Aufmerksamkeit und Empörung. Bei einer Trauung eines islamischen Paares in Roubaix entdeckte der Bräutigam in der Hochzeitsnacht, dass er keine Jungfrau geheiratet hatte. Deshalb klagte er vor Gericht nicht auf die Scheidung, sondern die sofortige Annullierung der Ehe. Das Gericht gab ihm recht, und zwar mit der Begründung, die Heirat sei »unter dem Eindruck eines objektiven Irrtums« vollzogen worden. Die Jungfräulichkeit sei für den Ehemann »eine essenzielle Voraussetzung« gewesen, die junge Frau habe ihn getäuscht.[21]

Aushöhlung der Werte

Die in nahezu allen gesellschaftlichen Fragen islam-freundliche europäische Rechtsprechung belegt, dass dem Opfer-Nimbus der Muslime in einem so zentralen Bereich wie dem Justizwesen die konkrete und verifi-zierbare Basis fehlt. Sie belegt zudem, dass eine Ausein-andersetzung um die Werte des Abendlands längst begonnen hat und deren Verteidigung dringend gebo-ten ist.

»Die nötige Portion Feigheit«

Auch im kulturellen Bereich ist der Einfluss des orthodoxen Islam bzw. seiner muslimischen Eiferer unübersehbar. Kriti-sche, polemische oder ironische Äußerungen werden weitge-hend vermieden. Freimütige Stellungnahmen prominenter Kabarettisten und Komiker, die sonst vor keinem Tabubruch zurückschrecken, belegen sogar eine Art Selbstzensur, die vor allem deshalb erschreckend ist, weil sie kaum für Aufsehen sorgt: »Ich würde und werde mich mit dem Islam öffentlich nicht beschäftigen. Aus Angst«[22], bekannte Hape Kerkeling. Ganz ähnlich äußerte sich auch Harald Schmidt in einem Interview mit der *Tageszeitung*:

»Können Sie uns einen schönen Islamwitz erzählen?

Nein. Davon lasse ich die Finger. Das ist mir zu heikel.

Auch wenn Sie selbst keine solchen Witze machen – würden Sie wenigstens sagen, dass man solche Witze machen dürfen muss?

Aus dieser Diskussion halte ich mich vollkommen raus, weil ich mir nicht ein Problem auf den Tisch ziehen möchte, das ich zum Glück nicht habe.

(…)

Sie haben einen gefährlichen Beruf.

Nein. Man muss nur ein bisschen wachsam sein. Sie brauchen die nötige Portion Feigheit. Machen Sie doch lieber Witze über Bush, das ist ungefährlich. Insofern hat die westliche Zivilisation doch einige ganz großartige Errungenschaften hervorgebracht.«[23]

Ferner gibt Schmidt offen in dem Interview zu, dass ihn neben der Reaktion auf die dänischen Mohammed-Karikaturen auch eine Erfahrung des Großmeisters der Fernsehunterhaltung, Rudi Carrell, geprägt hat. Carrell hat im Februar 1987, als die Sensibilität gegenüber den Befindlichkeiten islamischer Fundamentalisten noch nicht so ausgeprägt war, Ayatollah Chomeini mit folgendem Sketch verulkt: »Diese Woche feiert man im Iran den achten Jahrestag der Islamischen Revolution. Ayatollah Chomeini wird von der Bevölkerung gefeiert.« Im Bild dazu wurde der Revolutionsführer mit BHs und Slips beworfen.

Von der iranischen Botschaft in Deutschland umgehend informiert, reagierte Teheran unmissverständlich: Die »ungeheuerliche Beleidigung« sollte nicht ungestraft bleiben;

Massen wurden mobilisiert, die vor der deutschen Botschaft gegen das »faschistische Regime« demonstrierten, der deutsche Botschafter wurde einbestellt, deutsche Diplomaten ausgewiesen, das Goethe-Institut in Teheran vorübergehend geschlossen. Und beim Auslöser der Hass-Orgie war die Botschaft angekommen: Rudi Carrell hat nie wieder einen Witz oder einen Sketch über den Islam bzw. islamische Repräsentanten gemacht.

Nachhaltig berühmt als ein weiteres Beispiel besorgter Selbstzensur ist die Aufführung der Mozart-Oper *Idomeneo* an der Deutschen Oper Berlin von Regisseur Hans Neuenfels im Herbst 2006. In Abweichung von der künstlerischen Vorlage wollte Neuenfels am Ende vier abgeschlagene Köpfe über die Bühne tragen lassen. Sie standen für vier Religionsstifter: den altgriechischen Gott Poseidon, Buddha, Jesus und Mohammed. Die Intendantin der Deutschen Oper, Kirsten Harms, verbot die Aufführung – aus Angst, Gläubige könnten sich beleidigt fühlen und unkalkulierbar reagieren. Die Sorge galt weder den Christen noch den Buddhisten und auch nicht den Freunden der griechischen Mysterien. Um das Opernprojekt nicht ganz platzen zu lassen, wurde später ein Kompromiss ausgearbeitet.

Ebenfalls aus Angst zog der Droste-Verlag in Düsseldorf ein Buch der Autorin Gabriele Brinkmann zurück. Unter dem Pseudonym W. W. Domsky verfasste sie den Roman *Wem Ehre gebührt*, in dem sie das Thema Ehrenmorde aufgreift und ihren Protagonisten einige deftige Worte in den Mund legte. Nach Prüfung des Textes durch die muslimische Rechtsanwältin Gülsen Celebi nahm der Verleger das Buch aus dem Programm, denn »spätestens nach den Mohammed-Karikaturen weiß man, dass man Sätze und Zeichnungen, die den Islam diffamieren, nicht veröffentlichen kann, ohne ein Sicherheitsrisiko einzugehen.«[24] Die Autorin fand einen mutigeren Verleger, den Leda-Verlag in Leer.

Ihr eigenes Werk, eine islamkritische Skulptur mit dem Titel *Aggression*, das Teil der Jahreswerkschau der Düsseldorfer Kunstakademie war, brachte die junge Schweizer Künstlerin Fleur Stoecklin 2006 um den Schlaf. Nachdem sie mehrere Drohungen erhalten hatte, bat sie darum, das Werk aus der Ausstellung zu entfernen, was der Rektor der Hochschule, Peter Lynen, daraufhin veranlasste.[25]

Einfluss der Verbände

Der wachsende Druck, den islamische Wertvorstellungen auf die abendländische Kultur ausüben, geht nicht allein auf Drohungen oder direkte Gewaltanwendungen zurück. Es ist auch die geschickte Arbeit der islamischen Verbände, die eine allmähliche Aufweichung der abendländischen Werte herbeiführen.

In Deutschland gibt es über 70 islamische Verbände, die das gesamte Glaubensspektrum von radikal und orthodox bis liberal abdecken. Der jüngste dieser Verbände ist der »Liberal-Islamische Bund« (LIB), der im Juni 2010 vor allem auf Initiative der Islamwissenschaftlerin und Publizistin Lamya Kaddor gegründet wurde. Das Verständnis des LIB beschreibt Kaddor: »Wir stehen für eine zeitgemäße Auslegung des Koran, die Gleichberechtigung von Mann und Frau sowie flächendeckende Einführung muslimischen Religionsunterrichts.«[26]

Die meisten Verbände vertreten sehr konservative Positionen und sind stark von den Ursprungsländern der Gläubigen abhängig. Der größte Verband ist die DITIB, die für sich in Anspruch nimmt, zwei Drittel der türkischstämmigen Muslime, etwa zwei Millionen Menschen, in Deutschland zu repräsentieren. DITIB (Diyanet Isleri Türk Islam Birligi) steht für »Türkisch-Islamische Union der Anstalt für Religion«. Sie ist Bauträger vieler großer Moscheen und Sozialeinrichtungen und weit mehr als nur eine Interessensvertretung in Deutschland lebender Muslime. Die DITIB wird direkt vom türkischen »Amt für Religionsangelegenheiten«, das einem Ministerium entspricht, geistig und materiell gefördert. Über sie übt die Türkei einen erheblichen Einfluss auf den Islam in Deutschland aus, zumal sie außerdem per Staatsvertrag das Recht besitzt, 1000 türkische Imame für Deutschland zu bestimmen. Die politische Verflechtung des Verbandes hat der türkische Ministerpräsident Erdogan unmissverständlich bekräftigt, als er sich am 10. Februar 2008 in Köln auf einer Großveranstaltung an die in Deutschland lebenden Türken wandte: »Wir, als die Republik Türkei, werden Ihnen immer zur Verfügung stehen, wir stehen immer an Ihrer Seite, in Ihrem Dienste. Darauf können Sie sich verlassen.«[27] Vielleicht kommt es daher, dass in vielen deutschen Moscheen die türkische Nationalfahne hängt? Die DITIB ist jedenfalls dafür bekannt, dass sie Benachteiligungen ihrer Mitglieder – ob verifizierbar oder gefühlt – offensiv zur Sprache bringt und Rechte entschieden eingeklagt, vor allem im Zusammenhang mit dem Bau neuer, großer Moscheen.

Theologisch konservativer als die DITIB ist der »Islamrat für die Bundesrepublik Deutschland«. In ihm haben sich 37 Vereine mit etwa 50 000 Mitgliedern zusammengeschlossen. Er kümmert sich um viele praktische Alltagsdinge wie islamischen Schulunterricht oder die Erlaubnis zum Schächten. Der größte Einzelverband im Islamrat ist die »Islamische Gemeinschaft Milli Görüs« (IGMG, auf Deutsch »Nationale Sicht«), die ursprünglich in der Türkei als Gegenmodell zum laizistischen Staat gegründet worden war. Inzwischen arbeitet sie international. Verschiedene Innenministerien der Bundesländer werfen ihr eine geistige Nähe zum Islamismus und Antisemitismus vor. Nach dem 11. September 2001 wurde sogar über ein Verbot von Milli Görüs beraten, doch ist der Islamrat als ihr Dachverband inzwischen von der Politik als Dialogpartner anerkannt.[28]

Der »Zentralrat der Muslime in Deutschland« (ZMD) vertritt etwa 20 000 Mitglieder, ist also deutlich kleiner als andere Verbände wie der Islamrat oder die DITIB. Außerdem spiegelt er die größte ethnische Heterogenität wider. In ihm haben viele Konvertiten eine Heimat gefunden.

Schließlich gibt es noch den »Koordinierungsrat der Muslime«, der 2007 durch die vom Innenministerium initiierte Deutsche Islamkonferenz in Leben gerufen wurde. Ihm gehören die vier größten Islamverbände DITIB, ZMD, Islamrat sowie der »Verband der Islamischen Kulturzentren«, der neben den religiösen Bedürfnissen auch die sozialen und kulturellen Belange seiner Mitglieder im Auge hat. Der Koordinierungsrat ist zwar nur ein informeller Zusammenschluss, besitzt aber viel Einfluss auf gesellschaftlicher Ebene.

All diese angeführten Islamverbände sehen ihren Wirkungsbereich in erster Linie nach innen gerichtet, das heißt in der Pflege ihrer Glaubensgemeinschaften. Sie bestimmen über die Ernennung der Imame und damit über die ideologische Ausrichtung der Moscheen ebenso wie über die Inhalte des Islam-Unterrichts an Schulen. An den etwa 2600 Moscheen, die es in Deutschland gibt, arbeiten etwa 2000 Imame. Allein 800 von ihnen stehen in den Diensten der DITIB. Die sogenannten Hassprediger, die terroristische Aktivitäten rechtfertigen und Ressentiments gegenüber Deutschland und der abendländischen Kultur schüren, sind eine Minderheit von höchstens einigen Dutzend. Zwar werden sie vom Verfassungsschutz observiert, dennoch tut der Staat sich schwer, gegen sie einzuschreiten. Häufig sind es Journalisten, die entsprechende Recherchen anstellen und schwerwiegende Verfehlungen an die Öffentlichkeit bringen.[29]

Die Moscheen sind jedoch weit mehr als nur Gebetshäuser, sie sind soziale Zentren für Muslime. Zu den Moscheen gehören häufig Büchereien und sogar Gastronomieangebote. Die Imame selbst fungieren nicht nur als Vorbeter, sondern werden von den Gläubigen bei Problemen aller Art konsultiert – insbesondere dann, wenn es um Erziehungsfragen geht. Dagegen ist grundsätzlich nichts einzuwenden und so etwas ist auch nicht spezifisch für den Islam. Die Frage ist allein, welche Werte vermittelt werden. Der deutsch-kurdische Religionswissenschaftler Rauf Ceylan schätzt, dass etwa 75 Prozent aller Imame konservative Positionen vertreten und traditionelle Rollenvorstellungen etwa im Geschlechterverhältnis pflegen.[30] Solche Personen werden wahrscheinlich nicht dazu beitragen, den in Deutschland lebenden Muslimen abendländische Werte nahezubringen. Skepsis äußert auch der Marburger Philosoph und Religionskritiker Joachim Kahl: »Viele muslimische Migranten (…) erleben gerade die freiheitlichen Errungenschaften, derentwegen sie in irgendeinem Sinne gekommen sind, zwar als faszinierend, aber zugleich auch als gottlos, seelenlos, schamlos, sittenlos. Denn sie widersprechen schroff dem patriarchalen Menschenbild und Gesellschaftsmodell des Islam ihrer verschiedenen Herkunftsländer. Von daher bleibt als ein bedrückendes Problem bestehen: Wie ehrlich können die Bekenntnisse von muslimischen Verbänden und ihren Repräsentanten zu den tragenden Prinzipien der säkularen Demokratie gemeint sein? Was ist Strategie, was ist Taktik? (…) Die sich hierzulande mehrenden ›Tage der offenen Moschee‹ in allen Ehren! Aber eine erheblich wirksamere vertrauensbildende Maßnahme wäre es, wenn alle zweitausend [Anm.: Die Zahl bezieht sich auf das Jahr 2007] deutschen Moscheen einen gemeinsamen Appell an die saudische Botschaft richteten, auch im Geburtsland des

Propheten endlich Religions- und Gedankenfreiheit zuzulassen.«[31]
Die Macht der islamischen Verbände reicht bis in die Forschung hinein. Das zeigte sich bei einer Kontroverse um
das Centrum für Religiöse Studien (CRS) der Universität
Münster. Dort wurde der erste deutsche Lehrstuhl für die
Ausbildung islamischer Religionslehrer eingerichtet. Der
erste Lehrstuhlinhaber war Muhammad Sven Kalisch, ein
aus Hamburg stammender Jurist und Islamwissenschaftler,
der bereits mit 15 Jahren zum Islam konvertiert ist. Kalisch
entwickelte im Laufe der Zeit kritische Positionen, etwa zur
Historizität Mohammeds, die er ebenso in Zweifel zog wie
die von Jesus, Moses oder Abraham. Daraufhin intervenierte der Koordinierungsrat der Muslime, der nicht länger
akzeptieren wollte, dass islamische Religionslehrer am
Institut von Kalisch ausgebildet wurden.»Gotteslästerung«,
lautete der im Islam gravierende Vorwurf. Obwohl der
Koordinierungsrat keinen formalen Einfluss auf die Beset-
zung des Lehrstuhls hat, reagierte der Düsseldorfer Wissen-
schaftsminister Andreas Pinkwart (FDP) umgehend und
suspendierte Kalisch. Die *Frankfurter Allgemeine Zeitung*
sah in diesem politischen Akt Parallelen zur *Idomeneo*-
Absetzung an der Deutschen Oper in Berlin:»Diese Bereitschaft zur kulturellen Selbstaufgabe, damals in Bezug auf
die Meinungs- und Kunstfreiheit, in Münster in Bezug auf
die Freiheit der Forschung, greift in verfassungsrechtlich
garantierte Freiheiten ein. Denn weder müssen Muslime
vor bestimmten Operninszenierungen geschützt werden
noch islamische Vereine vor den Lehrinhalten eines akademischen Studiums, sondern eine freie, heterogene Gesellschaft vor unerlaubten Einschränkungen und intoleranten
Bekenntniszwängen.«[32]
Offensichtlich stehen die islamischen Verbände auch ohne
formelle Gleichstellung dem Einfluss der christlichen Kir-

chen auf das öffentliche Leben kaum nach. Ebenso lässt sich eine geschickte machtpolitische Strategie erkennen, die im auffälligen Gegensatz zu der reklamierten Opferrolle steht. Das eindrucksvollste Beispiel dafür ist die Merkez-Moschee in Duisburg-Marxloh, deren Träger die DITIB ist. Die Moschee war mit einer Kapazität von 1200 Personen bei ihrer feierlichen Eröffnung am 26. Oktober 2008 das größte islamische Gotteshaus in Deutschland. Beim Festakt war politische und gesellschaftliche Prominenz zugegen, unter anderem der damalige Ministerpräsident Jürgen Rüttgers, Oberbürgermeister Adolf Sauerland sowie der Präses der Evangelischen Kirche im Rheinland und spätere EKD-Ratsvorsitzende Nikolaus Schneider. Insgesamt soll der Baukomplex 7,5 Millionen Euro gekostet haben; davon haben die EU und das Land Nordrhein-Westfalen 3,2 Millionen beigesteuert.[33] Noch weit teurer ist, anbei bemerkt, die in Bau befindliche Großmoschee in Köln-Ehrenfeld, deren Kosten auf 25 Millionen beziffert werden; davon stellt die EU 7,5 Millionen zur Verfügung.[34] Der Rest kommt angeblich durch Spenden der Gläubigen zusammen.

Während der Bauphase in Duisburg, die im Gegensatz zu anderen Orten von keinerlei Protesten begleitet war, galt die Moschee als Symbol für einen offenen, liberalen Islam, der in der deutschen Gesellschaft angekommen ist. Der Komplex enthält ein Begegnungszentrum mit einem eigenen Trägerverein, und die Betreiber stellten eine Referentin für den interreligiösen Dialog sowie eine weitere für Bildung ein, deren besonderes Anliegen Deutschkurse für türkische Frauen sein sollten. Das Schlagwort vom »Wunder von Marxloh« machte die Runde. Gut ein Jahr nach der Eröffnung meldete der WDR, dass sich die Moschee zunehmend abschotte, weil sich die orthodoxen Kräfte gegen die liberalen durchgesetzt hätten.[35] Der Beitrag berief sich unter anderem auf den Islambeauftragten der nordrhein-westfäli-schen Polizei, Jürgen Kiskemper. Interne Entscheidungen bestätigten die Einschätzung. So wurden sowohl die Dialog- wie die Bildungsreferentin entlassen, angeblich aufgrund von Sparzwängen. Auch der liberale Pressesprecher Mustafa Kücük musste gehen. Diese Entwicklung untermauert die These der türkischstämmigen Soziologin Necla Kelek, wonach es »den Islamverbänden (...) um Einfluss, nicht um Integration [geht].«[36]

Marxloh ist kein Einzelfall, was den Bau bzw. den Betrieb von Moscheen durch Islamverbände anbelangt. Für eine geradezu skurrile Debatte sorgte der Träger der Moschee im nordbadischen Weinheim, der dortige Türkische Islami-sche Verein. Zunächst war eine Moschee ohne Minarett vorgesehen, da die Stadtväter dem Ruf des Muezzins keine Chance geben wollten. Die türkisch-islamische Gemeinde akzeptierte das Votum jedoch nicht und setzte schließlich durch, dass ein »stilles Minarett« gebaut werden durfte, ein Turm ohne Treppe als Zugang zur Plattform, von der gewöhnlich der Muezzin ruft. Doch selbst dieser Kompro-miss reichte den Betreibern nicht. Als der Bau fast abge-schlossen war, brachte eine anonyme Anzeige an den Tag, dass der Turm sehr wohl mit Treppe ausgestattet worden war.[37] Der Türkisch Islamische Verein entschuldigte sich damit, er habe eine türkische Firma beauftragen müssen und die sei mit den Bauvorgaben nicht vertraut gewesen. Womöglich steht hinter der Affäre aber ein viel grundle-genderer Konflikt, vor dem die abendländische Welt lieber den Kopf in den Sand steckt: Für viele gläubige Muslime zählt Allahs Gebot mehr als administrative Vorgaben einer säkularen Gesellschaft. Wann immer beide in Konflikt geraten, ist Allah zu folgen.

Schleichende Veränderung?

Gestärkt wird der wachsende Einfluss islamischer Werte in Deutschland durch den demografischen Faktor. Wer damit argumentiert, läuft Gefahr, der Stimmungsmache, ja Panikmache verdächtigt zu werden und das Schreckgespenst der »Islamisierung Europas« an die Wand zu malen. Um nicht vor diesen Vorwürfen oder, besser gesagt, dieser Art der Stimmungsmache zu kapitulieren, seien einige nüchterne Statistiken nicht verschwiegen. Es ist allgemein bekannt, dass der Islam bis in die 1960er-Jahre hinein keine statistisch signifikante Rolle in Deutschland gespielt hat. Erst die Anwerbung von Arbeitern aus der Türkei veränderte dieses Bild. Bis heute stellen Türken oder türkisch-stämmige Deutsche etwa drei Viertel der in Deutschland lebenden Muslime. 1985 betrug die Zahl der Muslime in der Bundesrepublik etwa 1,5 Millionen, das waren 2,3 Prozent der deutschen Bevölkerung. Mit der Wiedervereinigung sank der prozentuale Anteil zunächst, da in der DDR nur wenige Muslime lebten, die zumeist aus den damaligen zentralasiatischen Sowjetrepubliken stammten. 2005 war die Zahl der Muslime in Deutschland auf 3,3 Millionen gestiegen, 2010 auf knapp über vier Millionen, was einen Bevölkerungsanteil von 4 bzw. 5 Prozent ausmacht. Bis 2030 prognostiziert der Religionswissenschaftliche Medien- und Informationsdienst e. V. (REMID) der Universität Tübingen einen Anstieg auf 7 Millionen, was etwa 9 Prozent bedeuten würden.[38] Der Anstieg geht insbesondere auf die höhere Geburtenzahl muslimischer Frauen zurück; laut Statistischem Bundesamt haben 9,2 Prozent aller Neugeborenen muslimische Eltern.[39]

Muslimischer Bevölkerungsanteil in ausgewählten nicht-islamischen Staaten

Staat	Gesamt-bevölkerung	Anzahl der Muslime	Prozent-anteil
Frankreich	65,4 Mio.	6–8 Mio.	ca. 10 %
Niederlande	16,5 Mio.	ca. 1 Mio.	6 %
Schweiz	7,8 Mio.	400 000	6 %
Deutschland	81,7 Mio.	4,3 Mio.	5,2 %
Großbritannien	61,1 Mio.	2–3 Mio.	4–5 %
Österreich	8,4 Mio.	340 000	4,3 %
Belgien	10,6 Mio.	400 000	4 %
Schweden	9,3 Mio.	250 000	2,7 %
Italien	60,3 Mio.	1,5 Mio.	2,5 %
Spanien	46,9 Mio.	800 000	1,7 %
Polen	38,2 Mio.	35 000	ca. 0,1 %
Gesamt EU	501 Mio.	ca. 15 Mio.	ca. 3 %
USA	305,5 Mio.	2,5 Mio	0,8 %

Quelle: Eigene Berechnungen, basierend auf Daten des Bundesamtes für Statistik, REMID, Wikipedia und diversen Zeitungsartikeln über den Islam in Europa, 2010

Sehr viel rasanter als die Zahl der Muslime ist die Zahl der Moscheen gestiegen. Bis zum Beginn der Arbeitsmigration aus der Türkei gab es in Deutschland drei Moscheen. Heute sind es nach einer Aufstellung der Stiftung »Zentralinstitut Islam-Archiv-Deutschland« in Soest etwa 2600, Moscheen und Bethäuser zusammengerechnet. Deutschland verfügt dabei unter den nicht-islamischen Staaten über die größte Zahl von Moscheen. Das geht vor allem darauf zurück, dass die in Deutschland lebenden Muslime in ihrer Herkunft relativ homogen sind; wie ausgeführt, stammt der größte Teil aus der Türkei, die ihrerseits türkisch-islamische Verbände in Deutschland fördert und deren Forderungen unterstützt. Damit haben die in Deutschland lebenden Muslime insgesamt einen einflussreicheren Fürsprecher als die meisten Muslime anderer nicht-islamischer Länder.

Anzahl von Moscheen in ausgewählten nicht-islamischen Staaten

Land	Anzahl der Moscheen	Durchschnittliche Anzahl der Muslime pro Moschee
Deutschland	2600	1650
Frankreich	2100	3330
USA	1900	1320
Großbritannien	1500	1660
Spanien	454	1760

Quelle: Eigene Berechnungen, basierend auf Daten des *Time Magazine* vom 30. August 2010

Abschließend noch ein Blick auf die europäischen Großstädte. In manchen hat der Islam aufgrund des muslimischen Bevölkerungsanteils erheblich an Bedeutung gewonnen. In Rotterdam stellen die Muslime mehr als ein Drittel der Bevölkerung, es ist die europäische Großstadt mit dem höchsten prozentualen Anteil an Muslimen. Am 5. Januar 2009 hat dort ein Muslim, der aus Marokko stammende Ahmed Aboutaleb von der Sozialdemokratischen Partei, das Amt des Oberbürgermeisters angetreten; eine Premiere für eine europäische Großstadt. Zudem befindet sich in Rotterdam die größte Moschee Europas. In Marseille leben etwa 25 Prozent

Muslime, in Kopenhagen 19, in Brüssel 17, in London knapp 15, in Lyon und Genf 12 Prozent. In Köln und Berlin bekennen sich knapp 10 Prozent zum Glauben an Allah, in München und Hamburg sind es 6 Prozent. In Marseille, Brüssel und Amsterdam ist Mohammed der häufigste Name für neugeborene Jungen; in Österreich sollen – vorausgesetzt, die bisherige Entwicklung geht so weiter – Muslime im Jahre 2050 die Mehrheit der unter 15-Jährigen stellen.[40]

Von einer großflächigen Islamisierung kann keine Rede sein, doch zweifellos ist der gesellschaftliche Einfluss der Muslime deutlich höher als ihre Anzahl. Das belegen auch die Themen der öffentlichen Debatte, die über weite Strecken von der Auseinandersetzung mit dem Islam bestimmt werden. So konstatiert der US-amerikanische Migrationsforscher Christopher Caldwell mit dem »Blick von außen«, wie er es selbst nennt: »Der Islam ist in Europa die zweitgrößte Religion. Aber das ist nur statistisch richtig. Wenn man die Lebendigkeit seiner Ideen betrachtet, ist der Islam in Europa eine viel wichtigere Religion als das Christentum. Es gibt so viele Artikel in Zeitungen, so viele Debatten zwischen Muslimen und Nicht-Muslimen, die sich mit der Frage beschäftigen, was der Koran zu Ehrenmorden oder zum Kopftuch sagt. Was das Christentum dazu sagt, scheint für niemanden von großer Wichtigkeit zu sein.«[41]

Die Prominenten und weniger Prominenten seitens der Nicht-Muslime, die den Islam zum Opfer erklären und für jeden noch so brutalen Anschlag die tatsächlichen Opfer womöglich noch mitverantwortlich machen, zeigen sich von solchen Zusammenhängen unbeeindruckt. Und es verwundert nicht, dass es in vielen Fällen genau diese Personen sind, die die Werte des Abendlandes relativieren und geringschätzen, obwohl diese Werte ihnen erst ihre Privilegien sichern, darunter nicht zuletzt das der freien Meinungsäußerung. Dennoch gehen mit dem Opferdiskurs Selbstanklagen über

»kulturelle Hegemonie«, »Kulturimperialismus«, »kulturellen Rassismus« und dergleichen einher. Islamkritiker werden auf eine Stufe mit den Kritisierten, den radikalen Muslimen, gestellt: »Wenn man aber mit den ›westlichen Werten‹ ebenso kämpferisch umgeht, wie es der radikale Islam mit seinen heiligen Schriften tut, dann verhält man sich wie der, den man sich zum Feind erkoren hat. Und schlimmer noch: Man zerstört die sozialen und moralischen Einrichtungen, die man zu verteidigen vorgibt. Das liegt an der Dialektik dieser ›Werte‹: Wer auf Toleranz beharrt, für den kann die Toleranz nicht aufhören, wenn ein anderer nicht tolerant sein will«[42], fordert der Journalist Thomas Steinfeld. Das war kein einmaliger Fauxpas. Nur zwei Wochen später legte Steinfeld nach: »Abstraktionen, in der Wirklichkeit geltend gemacht, entwickeln eine fatale Neigung zur Gewalt. Das gilt auch für die ›westlichen Werte‹, die sich, ins Offensive gewendet und über alle gesellschaftliche Praxis gestellt, in militante Propaganda verwandeln.«[43] Wenn Steinfeld eine Gleichsetzung des radikalen Islam mit seinen radikalen Kritikern betreibt, muss er benennen, welche Anschläge und Attentate auf das Konto der »Kämpfer für die westlichen Werte« gehen; wann sich ihr 11. September ereignet hat; wie viele unschuldige Menschen von ihnen in die Luft gejagt wurden; wie viele Muslime nach Morddrohungen ihrer Kritiker untertauchen mussten. Wird die Gleichsetzung nicht mit konkreten Beispielen belegt – und das dürfte Steinfeld und seinen Gesinnungsfreunden schwerfallen –, handelt es sich um zweifelhafte Polemik, die leider auch den Blick auf wichtige Fragen verstellt, etwa wie sich die Kritiker der Islamkritiker den Umgang mit den Muslimen im Abendland konkret vorstellen.

Ein Zeichen der Toleranz?

In vielen europäischen Staaten findet seit Jahren eine emotionale Debatte um das traditionelle Ganzkörpergewand statt, das der Frau nur einen vergitterten Sehschlitz (wie bei der Burka) bzw. einen Sehschlitz ohne Gitter (wie beim Niqab) lässt. Beide Kleidungsstücke sind nicht zwingend vom Koran vorgeschrieben und sollen nach Meinung zahlreicher Politiker verboten werden. Die Gegner des Verbots berufen sich auf Toleranz, Religions- und Kleidungsfreiheit; die Befürworter des Verbots auf die Würde der Frau und das Vermummungsverbot. Soweit zur Klärung der Fronten.

Leider wird in dem Disput häufig nicht nach dem kulturellen Kontext von Burka und Niqab gefragt, doch genau das ist wichtig.

Die Burka ist in Teilen Afghanistans und Pakistans obligatorisch, der Niqab in den arabischen Golfstaaten, vor allem in Saudi-Arabien. In diesen Ländern herrscht vorwiegend eine Interpretation des Islam vor, die extrem intolerant, autoritär, ja totalitär ist. Das gilt zum einen nach innen mit barbarischen Strafen für alles, was die Glaubenseiferer als Abweichung von der reinen Lehre betrachten; aber auch nach außen im Kontakt mit anderen Religionen. In den meisten Ländern, in denen Burka und Niqab Pflicht sind, werden Personen, die vom Islam abfallen, mit dem Tode bestraft. Insofern kann behauptet werden, dass Burka und Niqab Symbole des Totalitarismus sind.

Nach den Erfahrungen der Europäer mit dem Totalitarismus ist es ein Zeichen von Wehrhaftigkeit und nicht von Intoleranz oder Zensur, dessen Symbole aus der

Öffentlichkeit zu verbannen – unabhängig davon, ob sie freiwillig zur Schau gestellt werden oder wie groß die Anzahl ihrer Träger bzw. Trägerinnen ist.

Die im ersten Kapitel erörterte Frage nach der Toleranz und ihren Grenzen ist so fundamental, dass sie an dieser Stelle noch einmal aufgegriffen werden muss. Wie weit die Toleranz im Umgang mit der Intoleranz gehen darf bzw. muss, gehört zu den schwierigsten ethischen Fragen, seit die Forderung nach Toleranz aufgestellt wurde. Auf die Bemerkung von Thomas Steinfeld – »wer auf Toleranz beharrt, für den kann die Toleranz nicht aufhören, wenn ein anderer nicht tolerant sein will« – antwortet die Schriftstellerin Monika Maron: »Das ist die Aufforderung zum geistigen Selbstmord. (…) Wer nicht den Mut hat, die Werte einer freiheitlichen Gesellschaft gegen intolerante Ansprüche zu verteidigen, verhält sich nicht wie ein Demokrat.«[44]

Tatsächlich läuft Toleranz, die Intoleranz toleriert, Gefahr, sich selbst abzuschaffen. Lässt die Toleranz der Intoleranz jeden Spielraum, wird es in kurzer Zeit keine Toleranz mehr geben. Bekämpft die Toleranz die Intoleranz dagegen mit deren eigenen Methoden, führt das ebenso zum Ende der Toleranz, weil sich beide angleichen. Es gibt folglich kein Dogma, wie tolerant die Toleranz gegenüber der Intoleranz sein muss. Die Grenzen sind fließend, und genau das ist eine der großartigsten Herausforderungen der abendländischen Welt: Die Aufforderung, gesellschaftliche Wirklichkeit nicht nach einmal erlassenen Dogmen zu gestalten, sondern im lebendigen Diskurs, der irren kann und sich korrigieren muss, aber vor allem eines beachtet: Es gibt keine übergeordneten oder gar gottgegebenen Wahrheiten für die Gestaltung des täglichen Lebens.

Konkret aber sollte die Toleranz mit der Intoleranz enden, wo Gewalt anfängt – und zwar nicht erst Gewalt gegen Menschen. Toleranz verschwindet auch dann, wenn sie immer nur von einer Seite eingefordert wird. Davor warnt der niederländische Soziologe und Migrationsforscher Paul Scheffer schon lange: »Wir haben den Immigranten nie gesagt, dass sie auch Verpflichtungen haben. Man hat nur gesagt, bleibt eurer Kultur treu. Aber nie, was es heißt, Bürger eines Landes zu sein. Doch man muss Meinungsunterschiede ausfechten. Toleranz kann nur in klaren Grenzen überleben.«[45]

Verteidigung der Werte

»Vielleicht gibt es bei uns zu wenig demokratisches Selbstbewusstsein und zu viel Feigheit. Wir brauchen mehr Zivilcourage und wir müssen klar für humane und liberale Werte, für unsere Werte, einstehen. Auch gegenüber Migranten – gleich welcher Religion. Wir dürfen uns dabei nicht durch Totschlagargumente wie ›Islamfeindschaft‹ stumm machen lassen«[46], fordert der Islamwissenschaftler und Verfassungsschützer Herbert Landolin Müller. Der steht mit seiner Forderung nicht alleine. Es gibt Brückenbauer wie den Journalisten Jörg Lau, der mit der Tochter des iranischen Publizisten und Demokraten Bahman Nirumand, Mariam Lau, verheiratet ist und bezüglich der Koexistenz von Islam und Christentum in Deutschland voll Optimismus prognostiziert: »Es schält sich ein deutsches Modell zur Integration des Islam heraus, auf das man in Europa zu schauen beginnt – wachsam gegenüber Islamisierungsversuchen, auf Rechtstreue pochend, doch respektvoll gegenüber dem Glauben der anderen. Der freiheitliche Staat braucht allerdings mehr als Rechtsgehorsam. Er ist auf das Entgegenkommen der Religionen angewiesen – in Jürgen Habermas'

Worten ›auf eine in Überzeugungen verwurzelte Legitimation‹. Die Muslime müssen die Zweifel an ihrem Entgegenkommen ernst nehmen. Ihren Loyalitätskonflikt kann ihnen niemand ersparen, so wenig wie den Alteingesessenen das Leben in einer irritierenden religiösen Vielfalt, Minarette eingeschlossen.«[47]

Damit es zur Akzeptanz einer europäischen Leitkultur durch Muslime einschließlich ihrer Verbände sowie zur Akzeptanz des Islam einschließlich seiner Symbole durch die Mehrheitsgesellschaft kommt, müssen jedoch die abendländischen Werte entschieden verteidigt und die Diffamierungen der Islamkritiker ebenso entschieden zurückgewiesen werden. Zu Recht fragt die in der DDR sozialisierte Schriftstellerin Monika Maron: »Was ist eigentlich los? Warum gilt die Aufklärung plötzlich als fundamentalistisch? Warum werden die westlichen Werte am liebsten in Anführungszeichen gesetzt? (…) Warum haftet dem Wort säkular neuerdings etwas Zweifelhaftes an? Was bewegt unsere aufgeklärten, toleranten Zeitgenossen in den Redaktionen, die gesetzlichen Garantien für unsere individuelle Freiheit infrage zu stellen und selbst als Erste die Meinungsfreiheit, nämlich die der Islamkritiker, zu attackieren, indem sie diese zu ›Hasspredigern‹ und ›heiligen Kriegern‹ erklären, denen eigentlich das Wort entzogen gehört?«[48]

Hoffnung auf eine Stärkung der abendländischen Werte gerade in der Auseinandersetzung mit dem Islam vermitteln häufig Persönlichkeiten, die in einer anderen Kultur aufgewachsen sind und durch ihre Flucht oder Migration nach Europa selbige Werte zu schätzen und zu verteidigen gelernt haben. Viele von ihnen stehen nicht in der Öffentlichkeit, wirken nicht in den Medien: Frauen, die häufig aus eigener leidvoller Erfahrung und schmerzhafter Emanzipation dafür sorgen, dass ihre eigenen Kinder – egal ob Mädchen oder Junge – von klein auf im Kindergarten und in der Schule einen unbefangenen und normalen Umgang mit Gleichaltrigen lernen; die dafür sorgen, dass junge Männer und junge Frauen bei der Partnerwahl ihrem Herzen folgen können und nicht der Entscheidung der Familie; denen daran liegt, dass junge Frauen einen Beruf erlernen, der es ihnen ermöglicht, auch in einer Ehe materiell unabhängig zu bleiben; kurzum, die das hohe Gut der Individualität, der Selbstbestimmung, der persönlichen Freiheit schätzen und an die folgende Generation weitergeben möchten.

Einige treten mit diesem Programm auch in die Öffentlichkeit. Die Soziologin Necla Kelek steht häufig im Zentrum der Debatte. Über sie schreibt der *Spiegel*-Autor Dirk Kurbjuweit nach einem Interview: »Was im Gespräch mit ihr zum einen irritiert, ist seltsamerweise die Begeisterung, mit der sie die Freiheit lobt. Man kennt dies nicht, Deutsche reden nicht mehr so. Kelek sagt Worte wie Freiheit, Demokratie, Bürgergesellschaft, Aufklärung in einem Ton, in dem andere nur noch über die schönsten Tore der Bundesliga reden.«[49] Doch auch die Rechtsanwältin Seyran Ates, die Menschenrechtlerin Serap Cileli, die Autorin Azur Toker, die Aktivistin Mina Ahadi oder die Schauspielerin Sibel Kekilli sind Persönlichkeiten, die mit großer Vehemenz die Werte verteidigen, die gewöhnlich dem Abendland zugerechnet werden. Und sie beklagen sich über die aus Unbedarftheit resultierende mangelnde Unterstützung von denen, die gewöhnlich als Verteidiger gefährdeter Rechte auftreten: »Aus meiner Sicht haben Journalisten und Medien Angst, dass man sie der Islamophobie bezichtigt. Viele Medien in Deutschland sind außerdem antiimperialistisch und multikulti-orientiert. Ich finde, die machen es sich wirklich bequem, wenn sie sagen: Wir sind für Ausländer und man muss alle Kulturen respektieren. (…) Ist das ›Kultur‹, wenn ein Mädchen keinen Freund haben darf? Wenn eine Frau nichts wert ist, wenn man sie zu Hause vergewaltigen und wenn man seine Tochter umbringen kann?«[50], fragt Mina Ahadi. Besonders radikal in der Ablehnung des Islam ist die aus Somalia stammende Politikerin und Frauenrechtlerin Ayaan Hirsi Ali: »Islamischer Fundamentalismus und politischer Islam sind nicht im luftleeren Raum entstanden. Sie brauchen ein Umfeld, in dem sie Wurzeln schlagen und gedeihen und in dem die überaus gefährlichen Varianten entstehen können, mit denen wir seit dem 11. September konfrontiert werden. Dieses Umfeld bildet der Islam, wie er heute den Muslimen in der islamischen Welt vermittelt wird.«[51] Aufgrund solcher Äußerungen lebt sie seit Jahren unter Polizeischutz.

Kritik am Islam üben aber nicht nur Frauen, wie die Stellungnahmen von Bassam Tibi oder Bischof Michael James Nazir-Ali verdeutlichen. Nicht alle vollziehen einen radikalen Bruch mit der Lehre des Propheten Mohammed wie Bischof Nazir-Ali, Ayaan Hirsi Ali, Mina Ahadi oder Azur Toker. Letztere haben ihrem Wandel durch die Gründung des Zentralrats der Ex-Muslime Ausdruck verleihen. Einige setzen auf eine grundlegende Reformierung und Liberalisierung des Islam, damit er sich auf breiter Ebene Werten wie individueller Freiheit, Toleranz und Pluralismus öffnen kann. Mit dieser Position sind sie innerhalb der islamischen Welt eine Minderheit und ihre Gedanken würden in vielen mehrheitlich islamischen Staaten Verfolgung und Gefängnis nach sich ziehen. Doch das kann sich ändern, denn die Entwicklung ist nicht prognostizierbar.

Exkurs: Semantische Kreuzzüge

Keine Debatte kommt ohne Worte aus. Doch je emotionsgeladener sich ein verbaler Schlagabtausch gestaltet, desto schärfer werden die benutzten Begriffe. Mitunter werden solche ins Feld geführt, mit denen jede Diskussion um Inhalte im Keim erstickt wird. Denn sie lassen keine sachliche Auseinandersetzung mehr zu, so sehr sind sie mit Vorurteilen beladen.

- **»Antiislamischer Rassismus«**

Gäbe es so etwas wie »antiislamischen Rassismus«, müsste der Islam eine wie auch immer geartete ethnische Grundlage haben, oder zumindest den Anspruch, eine bestimmte ethnische Gruppe (»Rasse«) zu repräsentieren, die sich von anderen ethnischen Gruppen abgrenzt. Genau das widerspricht seinem Wesen jedoch fundamental. Zwar wird die arabische Sprache und Tradition aus Respekt vor dem Religionsstifter hochgehalten, doch davon abgesehen ist es der ausdrückliche Anspruch des Islam, alle Menschen zu erreichen, unabhängig von ihrer ethnischen, sprachlichen oder kulturellen Zugehörigkeit.

Islamkritik als »antiislamischen Rassismus« zu diffamieren, kann deshalb nur ein politisches Ziel haben, denn eine solche Darstellung fährt mit dem schwersten Geschütz auf, das es neben dem Vorwurf des Antisemitismus gibt.

Einer der größten Verteidiger des Islam in Deutschland, der Ethnologieprofessor Werner Schiffauer, entlarvt – ungewollt –, wie unsinnig die Stigmatisierung der Islamkritiker als Rassisten ist. Dabei lehnt er sich an den französischen Politologen Pierre-André Taguieff an: »Der Rassismus bedient sich längst nicht mehr hauptsächlich des biologischen Diskurses: Er hat entdeckt, dass seine Grundoperation, nämlich die Menschen in tendenziell unüberschreitbare Klassen einzuteilen und sie dann zu hierarchisieren, genauso gut auf einen Begriff der Kultur zurückgreifen kann.«[52] Schiffauer und Taguieff ist darin vorbehaltlos zuzustimmen: die ethnische Abstammung, die Hautfarbe und möglicherweise kulturelle Verhaltensmuster sind »unüberschreitbare Kriterien«; Menschen danach zu hierarchisieren, ist rassistisch und steht im Gegensatz zu allen positiven Werten des Abendlands. Die religiöse Zugehörigkeit ist dagegen alles andere als »unüberschreitbar«, und gerade die weltweit größten Religionen Christentum und

Islam bemühen sich intensiv, immer neue Anhänger zu gewinnen, die ihre ursprüngliche religiöse Identität hinter sich lassen und die Schwelle zu deren jeweiliger Lehre überschreiten. Wenn also die rassistische Grundkonstante »unüberschreitbar« auf Religionen grundsätzlich nicht zutrifft, verbietet es sich, von »antiislamischem Rassismus« zu sprechen.

- **»Feindbild Islam«**

Der gebräuchlichste und beliebteste Begriff, mit dem jede inhaltliche Islamkritik abgewürgt wird, ist der Ausdruck »Feindbild Islam«. »Feindbild« bedeutet die Ausgrenzung des anderen durch eine einseitig negative Bewertung. Wenn eine Weltanschauung, ein Staat oder eine ethnische bzw. religiöse Gemeinschaft ausschließlich einer Kritik ausgesetzt ist, der jegliche sachliche Basis fehlt, werden Feindbilder produziert. Das extremste Beispiel für eine demagogische Feindbild-Ideologie ist der Antisemitismus. Befeuert wurde diese durch Pamphlete wie dem Protokoll der Weisen von Zion und anderen, die den weltverschwörerischen Charakter des Judentums »belegen« sollten. Inhaltlich waren derartige Schriften haltlos.

Der allumfassende Anspruch des islamischen Extremismus hingegen ist sehr real, man denke nur an Al-Qaida und den davon inspirierten Gruppen. Dass die Extremisten die ganze Welt zum Schauplatz von Gewalt erhoben haben, beweisen ihre Anschlagsziele, die von Bali bis Nairobi, von Mumbai (Bombay) bis New York, von Madrid bis Washington reichen. Die nicht ganz so militanten, aber sehr offensiven Missionsbemühungen vor allem in Afrika südlich der Sahara sind ebenso real. Und sehr real ist auch die große Diskrepanz zwischen den Forderungen nach Religionsfreiheit und Toleranz, die Muslime im Abendland erheben und gewährt bekommen, und der Behandlung der nicht-islamischen Religionen in den islamischen Staaten, auch wenn es Unterschiede im Grad der Intoleranz gibt. Insofern ist eine konkrete Kritik am Islam und seinen Schattenseiten kein Feindbild-Denken. Erst wenn eine Religion pauschal und grundlos diffamiert wird, ist der Vorwurf gerechtfertigt.

- **»Islamophobie«**

»Islamophobie« ist ein relativ neuer Begriff in der Diskussion um Islam und Islamkritik. Er kann als eine Steigerung von »Feindbild Islam« betrachtet werden. Auf Deutsch bedeutet der Ausdruck »Islamfurcht«, im Sinne von Furcht vor dem Islam. Der Ausdruck wird geradezu inflationär von der Organisation der Islamischen Konferenz (OIC) gegen alles benutzt, was ihr islamkritisch erscheint.

Es gibt keine klare Definition, was unter dem Begriff verstanden wird und wer darunter fällt. Ist die Schweizer Bevölkerungsmehrheit, die sich keine weiteren Minarette wünscht, »islamophob«? Oder ist sie nur um ihre Tradition besorgt und hätte sie sich bei einer Abstimmung über den Bau hinduistischer Tempel ebenso verhalten? Aufgrund ebendieser Unschärfe ist der Begriff umstritten. So schreibt der Redakteur der Frankfurter Allgemeinen Zeitung Wolfgang Günter Lerch: »Der pauschale Begriff ›Islamophobie‹, mit dem Muslime jetzt gegen Deutschland operieren, soll im Grunde jede Kritik am Islam zum Schweigen bringen.«[53] Speziell dem führenden islamischen Intellektuellen Tariq Ramadan wird vorgeworfen, den Begriff »islamophob« zu benutzen, um jedwede Kritik an seiner Person und seinen Positionen zu unterbinden.[54]

- **»Aufklärungs-Fundamentalismus«**

Der jüngste Begriff in der semantischen Kriegsführung lautet »Aufklärungs-Fundamentalismus«. Damit werden diejenigen Islamkritiker belegt, die nicht daran glauben, dass der Islam reformiert werden kann und ihn deshalb als Gegenmodell zur abendländischen Kultur sehen. In dem Zusammenhang werden vor allem der Publizist Henryk M. Broder, die Frauenrechtlerin Ayaan Hirsi Ali sowie die Soziologin Necla Kelek genannt. Besonders polemische Autoren sprechen sogar von »unseren

Hasspredigern« oder »unseren heiligen Kriegern«.[55] Dass derartige Vergleiche, die letztlich Broder mit Osama Bin Laden auf eine Stufe stellen, keinen Anspruch auf Seriosität erheben können, liegt auf der Hand. »Fundamentalismus ist per se irrational«[56], schreibt Thierry Chervel vom Onlineportal Perlentaucher. Aufklärung verteidigt dagegen den rationalen Diskurs. Wie sollen somit die beiden Begriffe sinnvoll zusammengehen? Und anbei, wenn die Waffe der Aufklärung allein das Wort ist, darf es auch scharf und polemisch sein.

- **»Selbst ernannte Islamkritiker«**

In manchen Publikationen der Verteidiger des Islam erscheint der Ausdruck »selbst ernannte Islamkritiker«, wenn es darum geht, Autoren zu diskreditieren, die angeblich nicht kompetent sind, weil sie entweder nicht unmittelbar aus der Islamwissenschaft kommen oder nicht viele Jahre in der islamischen Welt gelebt haben. Doch damit wird das Kritikverständnis derer entlarvt, die den Begriff kreiert haben. Denn wer, bitte, soll denn Kritiker ernennen? Die Kritisierten selbst? Es böte völlig neue Perspektiven etwa im Kulturleben, wenn Buchrezensionen und Theaterkritiken nicht mehr von den »selbst ernannten Kritikern« des Feuilletons verfasst werden, sondern nur noch von Personen, die Verlage und Schauspielhäuser dazu autorisieren. Auch Politiker würden sich viel Ärger ersparen, wenn sie sich nur noch der Kritik von Personen stellen müssten, die sie selbst dazu ermächtigt haben, Kritik zu üben.

- **»Islamisch« vs. »islamistisch«**

Seit Jahren gibt es eine Unterscheidung, die einzuhalten zwingend geboten ist, um sich nicht dem Vorwurf auszusetzen, »islamophob« zu sein: die Differenzierung zwischen »islamisch« und »islamistisch«. »Islamisch« wird, verkürzt gesagt, die friedliche Auslegung des Korans genannt; islamistisch steht für die Interpretation der gewaltbereiten Fanatiker.

An dieser Unterscheidung fällt zweierlei auf: Erstens, es gibt sie nur bezogen auf den Islam. In Indien werden die Fanatiker um die RSS (Rashtriya Swayamsevak Sangh = Nationale Freiwilligenorganisation), die alle Nicht-Hindus am liebsten aus dem Subkontinent vertreiben möchten, ebenso »hinduistisch« genannt wie ein Guru in einem Ashram von Rishikesh, der täglich mehrere Stunden für den Weltfrieden meditiert, streng veganisch lebt und einen Mundschutz trägt, um nur nicht versehentlich ein Insekt zu verschlucken. Warum, so fragt man sich, werden die militanten Hindus des Unterschieds wegen dann nicht »Hinduduisten« genannt? Der zumindest teilweise sehr nationalistische und chauvinistische singhalesische Klerus auf Sri Lanka, der eine erhebliche Mitverantwortung an der humanitären und politischen Tragödie der hinduistischen Tamilen trägt, wird ebenso als »buddhistisch« bezeichnet wie der Dalai Lama, Tich Nath Tanh aus Vietnam oder Maha Goshananda aus Kambodscha, die weltweit als Verkörperung von Friedfertigkeit und Gewaltfreiheit schlechthin gelten. Der »Hassprediger« Bernhard von Clairvaux, der mit fanatischen Appellen zu den Kreuzzügen aufgerufen hat, trägt das Attribut »christlich« ebenso wie der sanftmütige Franz von Assisi, der Peace Corps ebenso wie militante Abtreibungsgegner. Warum also gilt die Differenzierung nur für den Islam?

Auch das bisweilen vorgebrachte Argument, mit dem Anhängsel »-ismus« solle der politische Charakter der radikalen Muslime deutlich gemacht werden, kann nicht recht überzeugen, denn die radikalen Hindus, Christen und Buddhisten haben nicht weniger politische Ambitionen, ohne dass sie in ihren Bezeichnungen deutlich werden.

Und noch etwas macht die politisch korrekte Unterscheidung fragwürdig: Wo verlaufen inhaltlich die Grenzen zwischen »islamisch« und »islamistisch«? Diese Fragwürdigkeit und Willkür zeigt sich am Beispiel der Reaktion auf die Mohammed-Karikaturen des Jyllands-Posten: Nach der Veröffentlichung gab es friedliche Proteste, militantere Proteste, bei denen die dänische Flagge verbrannt wurde und sehr militante Proteste, bei denen dänische Vertretungen und Einrichtungen angegriffen und demoliert wurden; und es gab schließlich einen Mordanschlag auf den Zeichner der Karikaturen, Kurt Westerngaard, der nur durch seine und die polizeiliche Aufmerksamkeit vereitelt werden konnte. Welche dieser Protestformen ist noch islamisch? Die friedliche? Wenngleich die Proteste insgesamt kein großes Verständnis von Meinungsfreiheit dokumentieren. Oder beginnt der Islamismus dann, wenn Fahnen, Poster oder Puppen verbrannt werden oder wenn Institutionen und Gebäude angegriffen werden? Dann wäre das islamistische Potenzial weit höher, als diejenigen wahrhaben möchten, die großen Wert auf eben diese Unterscheidung legen. Oder beginnt Islamismus erst dort, wo sich die Gewalt gegen Menschen richtet?

Da nur beim Islam ein semantischer Unterschied zwischen militanten und friedfertigen Anhängern gemacht wird, drängt sich der Verdacht auf, dass die Differenzierung ideologischer Natur ist. Wenn das gewaltbereite Potenzial allein sprachlich ausgegrenzt wird, hat es mit der Religion scheinbar nichts zu tun. Damit wird eine Wertung vorgenommen: »Islamisch« gilt als die korrekte, dem Koran entsprechende Weise, die Offenbarung Mohammeds zu leben. »Islamistisch« ist die fehlgeleitete Glaubensvariante der Fanatiker, die den Koran missverstehen und missbrauchen.

Kapitel 4

Kampf der Kulturen und Krise der Moderne

Was ist die Perspektive, wenn sich die Träger der abendländischen Kultur wieder verstärkt auf ihre Werte besinnen und mehrheitlich an ihnen festhalten wollen und die vom politischen Islam angestrebten Veränderungen in Richtung einer »islamgemäßen Gesellschaft« ablehnen? Werden die Konflikte an Schärfe zunehmen? Oder gibt es noch eine Chance, die Zukunft Europas und die Beziehung zwischen der abendländischen und islamischen Welt friedlich zu gestalten? Der immer wieder propagierte Dialog reicht dazu nicht aus, zumal er sich häufig auf einer abstrakten Ebene bewegt, losgelöst von den praktischen Alltagsproblemen, wie ein Blick in die Programme der entsprechenden Akademien oder Seminare zur Förderung des gegenseitigen Verständnisses verdeutlicht. Wie sinnvoll ist überhaupt eine Debatte über Glaubensinhalte? Wozu das christliche Konzept der Dreieinigkeit Gottes gegenüber dem Monotheismus des Islam verteidigen? Fest steht: Wenn der Dialog vom Alltagsleben abgekoppelt bleibt, hilft er nicht, den »Kampf der Kulturen« abzuwenden, zumal dieser Kampf längst stattfindet. An dieser Stelle sei auf ein Buch verwiesen, das wie kaum ein anderes in den vergangenen Jahrzehnten global derartig polarisiert hat: *The Clash of Civilizations* (wörtlich: der Zusammenstoß der Zivilisationen) des US-amerikanischen Politologen Samuel P. Huntington (1927–2008). Das 1996 veröffentlichte Werk erschien auf Deutsch unter dem provokanteren Titel *Kampf der Kulturen*. Seine grundlegenden

Thesen hatte der Havard-Professor bereits drei Jahre zuvor in einem gleichnamigen Aufsatz in der Zeitschrift *Foreign Affairs* veröffentlicht. Huntington verstand sich dabei als Gegenspieler zu dem Politologen Francis Fukuyama, der in seinem 1992 erschienenen Buch *Das Ende der Geschichte* eine sehr optimistische Einschätzung der Weltpolitik vermittelte. Den Zusammenbruch der Sowjetunion und ihrer Satellitenstaaten deutete Fukuyama als globalen Durchbruch von Demokratie und wirtschaftlichem Liberalismus. Dem stellte Huntington die These entgegen, dass die Weltpolitik des 21. Jahrhunderts mehr denn je von grundlegenden Konflikten beherrscht werde; und zwar nicht von politisch-ideologischen – wie in der Zeit des Kalten Krieges –, auch nicht von ökonomischen – wie dem Nord-Süd-Konflikt –, sondern von Konflikten zwischen verschiedenen Kulturen. Dabei sieht Huntington eine wichtige Konfliktlinie zwischen der islamischen und der abendländischen Kultur: »Das tiefere Problem für den Westen ist nicht der islamische Fundamentalismus. Das tiefere Problem ist der Islam, eine andere Kultur, deren Menschen von der Überlegenheit ihrer Kultur überzeugt und von der Unterlegenheit ihrer Macht besessen sind. Das Problem für den Islam sind nicht die CIA oder das US-amerikanische Verteidigungsministerium. Das Problem ist der Westen, ein anderer Kulturkreis, dessen Menschen von der Universalität ihrer Kultur überzeugt sind und glauben, dass ihre überlegene, wenngleich schwindende Macht ihnen die Verpflichtung auferlegt, diese Kultur über die ganze Welt zu verbreiten. Das sind die wesentlichen Ingredienzien, die den Konflikt zwischen dem Islam und dem Westen anheizen.«[1]
Während konservative Kreise Huntingtons Werk begrüßten und er einen erheblichen Einfluss auf die von der republikanischen Partei getragenen US-Regierungen ausübte, erntete er von den Liberalen weltweit heftige Kritik. Zahllose Studien wurden in Auftrag gegeben, um ihn zu widerlegen.

Stellvertretend für viele dieser Art kam die Bertelsmann-Stiftung zu dem Schluss: »Auseinandersetzungen zwischen Staaten, also jene Form des ›Clash of Civilizations‹, die Huntington überspitzt als die Problemlage der internationalen Beziehungen am Ende des 20. Jahrhunderts herausstellte, sind numerisch betrachtet dagegen ein Ausnahmephänomen.«[2] Küng antwortete auf die Frage, ob er Huntingtons Überlegungen recht gebe: »Nein, seine allzu simple und schematische Theorie ist und bleibt falsch, weil Kulturen nicht Krieg gegeneinander führen«[3] – eine nicht minder simple Einschätzung, denn Kulturen existieren nicht im luftleeren Raum, sondern nur dann, wenn sie von Menschen geschaffen und getragen werden; Menschen, die sehr wohl Krieg gegeneinander führen können. Viele sahen in Huntington nicht nur den Überbringer schlechter Nachrichten, sondern sogar deren Verursacher und taten gerade so, als ob der Politologieprofessor mit seinem Werk den »Kampf der Kulturen« heraufbeschworen statt diagnostiziert hätte. Alternativ dazu zog sich ein anderer Tenor wie ein roter Faden durch alle gegen Huntington gerichteten Veröffentlichungen: Anstatt die Konfrontation zu suchen, sei es besser, zu reden und den Dialog zu pflegen.

Ein ernsthafter Dialog erfordert neben dem Praxisbezug jedoch auch die Bereitschaft beider Seiten, sich gleichberechtigt zu begegnen. Der Braunschweiger Philosoph Gerhard Engel sieht an dem Punkt große Defizite: »An runden Tischen können nur Personen Platz nehmen, die sich als prinzipiell gleichrangig ansehen. Wenn aber Nicht-Muslime nicht als gleichrangig gelten und Atheisten oder Agnostiker sogar niedriger als Tiere stehen, wird ein gläubiger Muslim den runden Tisch nicht nutzen, sondern zerschlagen – schon um seine Position im Paradies nicht zu gefährden.«[4]

Der Beginn der modernen Auseinandersetzung

In der Tat gibt es zahlreiche Stellungnahmen einflussreicher muslimischer Gelehrter aus allen Teilen der Welt, die ernsthafte Zweifel an deren Bereitschaft zum Dialog wecken. Auch wenn orthodox-fanatische Vertreter jeder Religion den Anspruch erheben, den einzig wahren Glauben zu besitzen, zu dem sich alle bekennen müssen, so ist dieser Anspruch im Islam über die verschiedenen Gruppierungen hinweg so stark wie in sonst keiner Religion verankert. Und für die Vertreter des politischen Islam hat der Kampf der Kulturen ohnehin längst begonnen. Zwei voneinander unabhängige und zeitlich auseinanderliegende Ereignisse markieren dessen Beginn:

Das Jahr 1928, als der Lehrer Hasan al-Banna die Muslimbruderschaft in Ägypten gründete. In Opposition zur britischen Kolonialherrschaft sowie zur einheimischen Monarchie strebte die Vereinigung die moralische und politische Vorherrschaft des Islam sowie den unbedingten weltweiten Führungsanspruch der Lehre Allahs an. Ihr Motto lautet: »Allah ist unser Ziel. Der Prophet ist unser Führer. Der Koran ist unser Gesetz. Dschihad ist unser Weg. Sterben auf dem Wege Allahs ist unsere größte Hoffnung.«

Die Muslimbrüder unterhielten enge Verbindungen zum nationalsozialistischen Deutschland, mit dem sie den Antisemitismus, aber auch die »scharfe Gegnerschaft gegen den westlerischen Liberalismus«[5] teilten. Der Politologe und Publizist Matthias Küntzel verweist darauf, dass die Muslimbruderschaft »1939 mehr Geld aus Berlin erhielt als jede andere ägyptische Gruppierung.«[6] Die Bruderschaft breitete sich seit Bestehen rasch über Ägypten hinaus in die arabisch-islamische Welt aus und zählte allein in ihrem Ursprungsland bis zum Ende der 1940er-Jahre über 500 000 Mitglieder. Dazu kamen Millionen von Sympathisanten. Als der offene

Machtkampf mit der Regierung ausbrach, wurde Hasan al-Banna erschossen und seine Familie floh – ins Abendland. In der Schweiz fand sie Schutz vor Verfolgung. Heute ist die Muslimbruderschaft wieder ein wichtiger machtpolitischer Faktor geworden – nicht nur in Ägypten.

Der 1. Februar 1979, als Ayatollah Ruholla Chomeini (1902–1989) mit Unterstützung der wichtigsten europäischen Regierungen sowie der USA aus dem französischen Exil in seine iranische Heimat zurückkehrte und dort kurz darauf die Islamische Republik Iran ausrief.

Gemessen an seiner globalen Wirkung ist Chomeini mehr noch als Hasan al-Banna der Vater des modernen politischen Islam. Ihm stand nach der Proklamation der Islamischen Republik ein Staatsapparat zur Verfügung, mit dessen Hilfe er seine Wertvorstellungen flächendeckend und konsequent umsetzen und verbreiten konnte. Obwohl er der schiitischen Minderheit innerhalb des Islam angehörte, wird der Führungsanspruch seiner Anhänger bis heute insbesondere von jungen Muslimen außerhalb der etablierten Institutionen wie Islamverbänden, Moscheenvereinen usw. aufgegriffen. Die von Chomeini geprägte Islamische Republik wurde auf staatlicher Ebene die Vorhut im Ringen um die globale muslimische Hegemonie und macht auch heute immer wieder deutlich, dass sie international eine Führungsrolle innerhalb der islamischen Welt einnimmt.

Ein kurzer Rückblick auf die Ereignisse im Iran: 1979 herrschte im Iran ein diktatorisches Regime unter Schah Mohammad Reza Pahlevi, einem engen Verbündeten der USA, der seine Legitimation vor allem auf das vorislamische persische Großreich stützte und sich als dessen Erben sah. Die Kräfte, die seinen Sturz herbeiführten, waren äußerst heterogen: Sie reichten vom politisierten islamischen Klerus über Demokraten, Intellektuelle und Kommunisten bis hin zu einzelnen ethnischen Gruppen, vor allem den Kurden.

Dieses breite Bündnis war allein durch die Gegnerschaft zum Schah vereint, der am 16. Januar 1979 das Land verlassen musste. Innenpolitisch waren die Massenproteste unkontrollierbar geworden, außenpolitisch waren die Verbündeten des Schahs von ihm abgerückt. Wer jedoch auf einen heterogenen, multikulturellen Iran gehofft hatte, sah sich getäuscht. Während viele noch den Sieg über den Schah feierten, schuf der Klerus Fakten. Seine Führerpersönlichkeit war Ayatollah Chomeini, der 1964 gezwungen gewesen war, ins Exil zu gehen, und nach einem kurzen Intermezzo in der Türkei und dem Irak in einer abendländischen Metropole Zuflucht gefunden hatte. Paris bot Chomeini das, was ihm in der islamischen Welt nicht gewährt worden war: Schutz für Leib und Leben sowie eine Plattform, um die klerikale Opposition gegen den Schah zu organisieren. Dabei war ihm jedes Mittel recht. Im August 1978, als der Schah bereits erheblich in Bedrängnis war, verübten Angehörige der Geistlichkeit in Qom, dem religiösen Zentrum des Landes, auf unmittelbare Anweisung Chomeinis eine Serie von Brandanschlägen auf Einrichtungen, die sie als Symbol westlicher Dekadenz betrachteten, um das Regime weiter zu destabilisieren. Im Kino Cinema Rex in Abadan verbrannten mehrere Hundert Personen.

Die Methoden änderten sich nach Chomeinis Rückkehr 1979 nicht. Seine Revolutionsgardisten gingen zunächst gegen die säkularen Gruppen vor, die eine gesellschaftliche Ordnung in der Form anstrebten, wie sie Chomeini im Ausland Schutz geboten hatte. Seit der Etablierung seiner Macht richtete sich der staatliche Terror maßgeblich gegen religiöse Minderheiten, vor allem gegen diejenigen, die der Islam als »Abtrünnige« betrachtet wie die Baha'i. Chomeini selbst bekleidete zwar kein politisches Amt, doch bis zu seinem Tod zehn Jahre nach der Revolution war er in allen politischen und theologischen Fragen die letzte Instanz. In

seinem religiösen Eifer schreckte er nicht einmal davor
zurück, Mord als humanitären Akt zu stilisieren: »Erlaubt
man den Ungläubigen, ihre Rolle als Weltverderber weiter
zu spielen, so wird letztlich ihre moralische Bestrafung
umso härter ausfallen. Folglich erweisen wir ihnen, wenn
wir sie töten, um ihren korrupten Aktivitäten ein Ende zu
setzen, im Grunde einen Dienst. Denn ihre endgültige
Bestrafung fällt dadurch geringer aus. (…) Unsere jungen
Krieger (…) wissen, dass das Töten von Ungläubigen einer
der edelsten Aufträge ist, die Allah für die Menschen bereit-
hält.«[7] Solche Äußerungen wurden von Millionen seiner
Anhänger begeistert aufgenommen, der Kampf der Kulturen war entbrannt.

Chomeinis Meinung besaß und besitzt auch heute noch
unter prominenten Geistlichen des Islam internationale Gültigkeit. Denn ganz ähnlich äußerte sich der indonesische
Theologe Abu Bakar Bashir in einem Interview vom 13. August 2005, veröffentlicht am 16. Dezember 2005 von der
Jamestown Foundation. Bakar Bashir gehört im Gegensatz
zu Chomeini dem sunnitischen Islam an. Auf die Frage, was
die westliche Welt tun müsse, damit Frieden zwischen den
Kulturen möglich sei, antwortete er: »Sie müssen aufhören,
den Islam zu bekämpfen, aber das ist unmöglich, da es Vor-
herbestimmung ist, wie Allah im Koran es gesagt hat. Sie
werden immer Feinde sein. Aber sie werden verlieren. Ich
sage dies nicht, weil ich fähig wäre, die Zukunft vorherzusa-
gen, aber sie werden verlieren, und der Islam wird siegen.
Das war es, was der Prophet Mohammed gesagt hat. Der
Islam muss gewinnen und der Westen wird zerstört werden.
Wir müssen sie nicht zu Feinden machen, wenn sie dem
Islam erlauben, weiter zu wachsen, sodass sie vielleicht einwilligen, unter der Herrschaft des Islam zu leben. Wenn sie
dies ablehnen, wird es Chaos geben. Punkt. Wenn sie Frieden
wollen, müssen sie einwilligen, unter der Herrschaft des

Islam zu leben.«[8] Auch ein türkischer Imam hetzte im letzten Jahrzehnt mehrfach bei Gastpredigten in Deutschland: »Amerika ist ein großer Teufel, Großbritannien ein kleiner, Israel ein Blut saugender Vampir. (…) Es läuft im Verborgenen. Ihr müsst euch bereithalten für den richtigen Zeitpunkt. Wir müssen die Demokratie für unsere Sache nutzen. Wir müssen ganz Europa mit Moscheen und Schulen überziehen.«[9] Einflussreiche Rechtsgelehrte wie Großmufti Ali Gum'a aus Ägypten, Yusuf al-Qaradawi, ein Ägypter, der in Qatar lebt, oder Scheich Hassan Nasrallah, Oberhaupt der libanesischen Hisbollah (Partei Gottes), äußern sich ähnlich, rechtfertigen Selbstmordattentate und den Märtyrertod. Von Einzelstimmen zu sprechen, wäre Selbstbetrug, zumal sich gerade auf Chomeini zahllose muslimische Theologen berufen und Abu Bakar Bashir die radikal-islamischen Kräfte in ganz Südostasien inspiriert.

Wie schwierig ein gleichberechtigtes, friedliches Miteinander mit den Orthodoxen ist, bestätigen liberale muslimische Intellektuelle wie der syrische Lyriker Esber Ali Adonis: »Das Judentum und der Islam betonen, Gott habe den Propheten sein letztes Wort anvertraut. Der Mensch hat folglich nichts mehr zu sagen. Er kann das Wort Gottes nur noch interpretieren und wiederholen. Selbst Gott hat in dieser Situation nichts mehr zu sagen, weil er sich sonst verleugnen würde. Deshalb behaupten die Muslime, Mohammed sei das Siegel des Propheten, der letzte Prophet. Wenn man in diesem Geist aufgewachsen ist, bedeutet das: Man selbst ist im Besitz der absoluten Offenbarung, jeder Nichtgläubige aber hat keinerlei Zugang zur Wahrheit. Er wird sie erst dann erkennen, wenn er wird wie ich selbst. Bis dahin bleibt er ein Fremder, es gibt keinen Dialog mit ihm. In dieser Sichtweise kann man weder Demokratie noch Menschenrechte noch Freiheit haben. Der Westen hat die Demokratie geschaffen, und er hat noch viel damit zu tun, sie umzusetzen. Der Islam kann sich jedoch nicht demokratisieren, das ist völlig unmöglich, weil das Leben für ihn mit der religiösen Offenbarung verknüpft ist.«[10]

Die These von der Unvereinbarkeit der abendländischen und muslimischen Werte vertritt auch Tariq Ramadan. Er ist einer der einflussreichsten islamischen Intellektuellen in Europa. Sein Großvater war der Gründer der ägyptischen Muslimbruderschaft, er selbst wurde in Genf geboren, wohin sein Vater aufgrund der Verfolgung durch die royalistische Regierung geflohen war. Ramadan kritisiert »Aufklärung« und »Humanismus« als eurozentrisch und nicht auf »den muslimischen Kontext anwendbar«. Mit der Aufklärung sei eine Abwendung von der Religion verbunden und dies könne nicht das Ziel muslimischen Strebens sein.[11]

Der iranische Gelehrte Abdulkarim Soroush, der den Reformkräften in seinem Land angehört und wie Tariq Ramadan zu den wichtigsten muslimischen Gesprächspartnern europäischer Politiker und Wissenschaftler gehört, hat auf dem Symposium »Islamisches Denken im Wandel und die Europäische Aufklärung« die Schwierigkeiten der islamischen Welt deutlich gemacht. Veranstalter war das Annemarie-Schimmel-Forum für Interreligiöse und Interkulturelle Verständigung. Soroushs wichtigste Kritikpunkte waren:

- Die UN-Menschenrechtserklärung wird in der islamischen Welt als eine Deklaration westlicher Mächte verstanden und nicht als universell.
- Diejenigen, die am meisten die Menschenrechte beschwören, würden in der arabischen Welt als chronische Verletzer derselben eingeordnet.
- Große Teile der Erklärung sind mit dem islamischen Recht nicht kompatibel.
- Die Natur religiösen muslimischen Denkens ist mit der Menschenrechtsrhetorik schwer vereinbar, denn im musli-

mischen Verständnis ist vor allem von Pflichten der Menschen die Rede, in der Menschenrechtserklärung aber von deren Rechten.[12]

Beschwören der Umma

Inzwischen wird die Trennlinie zwischen den Forderungen radikal-islamischer Theologen und der Politik vieler muslimischer Staaten immer mehr aufgehoben. Wann immer sich die Chance bietet, die sogenannte Umma, die weltweite Gemeinschaft der Muslime, zu mobilisieren, das »Feindbild Abendland« anzuklagen und im Kampf der Kulturen in die Offensive zu gehen, halten sich auch Regierungen nicht zurück. Das gilt vor allem für solche, die innenpolitisch unter dem Druck radikaler Kräfte stehen, nicht wirklich islamgemäß zu sein, wie die ägyptische. Im Streit um die Mohammed-Karikaturen der dänischen Zeitung *Jyllands-Posten* hat sie sich wie kaum eine andere hervorgetan, den weltweiten Protest der Muslime zu schüren. Das Resultat war beeindruckend. In Kairo, Islamabad, Teheran und Jakarta gingen Menschen auf die Straße; manche zerstörten in einer etwas simplen Pauschalierung dänische Einrichtungen, die nichts mit der Zeitung zu tun hatten oder stellten gar »den Westen« pauschal unter »Generalverdacht«, um ein paar gängige Begriffe aus der aktuellen Debatte aufzugreifen.

Als dänische Muslime die beanstandeten Karikaturen aus *Jyllands-Posten* in der islamischen Welt verbreiteten, hatten sie noch drei zusätzliche Karikaturen dabei, die niemals irgendwo erschienen waren, Mohammed mit Schweineohren, als pädophiler Teufel und beim Sex mit einem Hund. Der Publizist Henryk M. Broder kommentiert die fragwürdigen Hintergründe der Empörung: »Woher die drei Zugaben stammen, wer sie gemacht beziehungsweise gefunden hat und wie sie in die Dokumentation geraten sind, ist bis heute ungeklärt. Irgendjemand muss ein wenig nachgeholfen haben, um die Reaktionen zu optimieren. (…) Der ägyptische Außenminister sorgt dafür, dass die Dokumentation im Dezember 2005 beim Gipfeltreffen der OIC in Mekka verteilt wird. Dänemark gerät immer mehr unter Druck und auch im Lande ändert sich die Stimmung. (…) Je heftiger die Proteste ausfallen, umso mehr Dänen äußern Verständnis für die Reaktionen der Muslime. (…) Auch die USA lassen ihren dänischen Verbündeten im Stich. Die Botschaft kommt bei den Moslems an. Der 3. Februar wird zum ›Tag des Zorns‹ ausgerufen.«[13] An dem Tag protestierten Millionen Muslime gegen Karikaturen, die sie allenfalls vom Hörensagen kannten. Die Machtdemonstration der Umma, der Gemeinschaft aller Muslime über nationale Grenzen hinweg, war beeindruckend.

Diese zu beschwören, ist nicht neu, sondern wurde noch nie so effektiv betrieben wie im frühen 21. Jahrhundert, wozu auch die – im Westen entwickelten – heutigen technischen Möglichkeiten beitragen. Einen ersten Vorgeschmack davon erhielt die abendländische Welt durch die weltweiten Proteste gegen die 1988 erschienenen *Satanischen Verse* von Salman Rushdie, der aus einer indisch-muslimischen Familie stammt. Das Buch enthält zahlreiche Anspielungen auf Mohammed sowie den Koran, die nicht nur von orthodoxen Muslimen als Beleidigung des Propheten aufgefasst wurden. Ayatollah Chomeini verhängte daraufhin in einer Fatwa, einem islamischen Rechtsgutachten, das Todesurteil gegen den Autor. Eine Fatwa ist für diejenigen bindend, die die theologische Autorität des Verfassers anerkennen. Obwohl renommierte Geistliche der Al-Azhar Universität und Moschee in Ägypten sowie in Saudi-Arabien die Fatwa als unrechtmäßig zurückwiesen, fand Chomeinis Aufruf in der gesamten islamischen Welt großen Widerhall. Rushdie musste für Jahre streng bewacht im Untergrund leben. Statt seiner wurden Übersetzer und Verleger ermordet, verletzt und verfolgt. Zu den Todesopfern gehörten der japanische Übersetzer Hitoshi Igarashi sowie 35 alevitische Künstler und Intellektuelle, die sich für die Veröffentlichung der türkischen Ausgabe eingesetzt hatten und einem Brandanschlag während eines Festivals zum Opfer fielen. Der italienische Übersetzer Ettore Capriolo überlebte ein Attentat schwer verletzt. Wenngleich Rushdie heute noch am Leben ist, die weltweite Reaktion auf Chomeinis Aufruf war eine wichtige Ermutigung für den politischen Islam, zeigte sie doch den Einfluss eines geistlichen Führers weit über die Ländergrenzen hinweg. Auch die Reaktion auf die Ermordung von Marwa El-Sherbini in einem Dresdner Gericht ist ein eindrucksvolles Beispiel für die weltumspannende islamische Solidarität. Die Medien berichteten von Protesten und Kundgebungen vor allem in Ägypten und dem Iran.

Bemerkenswert ist zudem, dass es kaum ein islamisches Internetportal gibt, egal ob von Liberalen oder Orthodoxen betrieben, in dem nicht zur Solidarität mit den Palästinensern aufgerufen wird, auch wenn sich die Unterstützung vonseiten der islamischen Staaten in engen Grenzen hält. Die Verpflichtung sich beizustehen und Verantwortung zu übernehmen, ist in der islamischen Welt keine Einbahnstraße, sondern läuft in beide Richtungen: von den islamischen Mehrheitsgesellschaften in die Diaspora, für die sie die Rechte ihrer Glaubensbrüder und -schwestern einklagen, und umgekehrt.

Die Rolle des europäischen Kolonialismus

Als wesentliches Argument für die Radikalisierung innerhalb der islamischen Welt sowie die daraus resultierende Konfrontation mit der abendländischen Welt wird häufig die »Krise der Moderne« angeführt. Dieses Schlagwort umfasst verschiedene gesellschaftliche Entwicklungen, unter anderem den Verlust von Religion und Spiritualität. Aber auch der seit der Industrialisierung verbreitete Glaube an den ungebremsten Fortschritt hat die in ihn gesetzten Erwartungen nicht erfüllt. Die Ernüchterung zeigt sich heute vor allem in den Ländern der sogenannten Peripherie, wozu die islamische Welt gerechnet wird. Die behauptet, sie würde zum reinen Rohstofflieferanten degradiert, was seinen Ursprung schon im europäischen Kolonialismus habe. Um aber beurteilen zu können, inwiefern der Kolonialismus tatsächlich für die Radikalisierung verantwortlich gemacht werden kann, ist ein Blick in die Geschichte nötig.

Beispiel Nordafrika: Dort gelingt es radikal-islamischen Organisationen erfolgreich, Unterstützer zu rekrutieren. Hauptattentäter vom 11. September 2001 war der Ägypter Mohammed Atta. Der geistige Urheber der Anschläge von 9/11, Chalid Scheich Mohammed, stand mit der ägyptischen Muslimbruderschaft in Verbindung. Zu Attas engstem Freundeskreis in Hamburg zählten die aus Marokko stammenden Said Bahaji und Abdelghani Mzoudi, die allerdings später von dem Vorwurf der Unterstützung einer terroristischen Vereinigung freigesprochen wurden. Auch der Mörder des niederländischen Filmemachers und Islamkritikers Theo van Gogh, Mohammed Bouyeri, ist marokkanischer Abstammung.

Nordafrika jedoch ist kein autochthones arabisch-islamisches Territorium. Bis zur Invasion arabischer Heere im späten 7. Jahrhundert gab es keine nennenswerten kulturellen Verbindungen zur arabischen Welt. Erst die darauffolgende geschichtliche Entwicklung hat dazu geführt, dass sich die Bevölkerung – von Ausnahmen wie den Kabylen und Berbern abgesehen – dieser zugehörig fühlt. Die unmittelbare arabische Herrschaft über Nordafrika währte bis zum 16. Jahrhundert, dann eroberten die aufstrebenden Osmanen unter Süleyman I. (1494–1566) das Gebiet. Zwar teilten die Unterlegenen den Glauben der Osmanen, doch ethnisch, kulturell und sprachlich waren die Unterschiede so erheblich, dass die türkische Herrschaft nie wirklich akzeptiert wurde. Vor allem mit dem langsamen Niedergang des Osmanischen Reiches ab dem 18. Jahrhundert kam es verstärkt zu Aufständen, die in Ägypten am erfolgreichsten waren. Dort mussten die Osmanen ihre Herrschaft mit den einheimischen Mamelucken teilen. Für beide tauchte jedoch Ende des 18. Jahrhunderts eine neue Bedrohung auf. 1798 erreichte ein französisches Expeditionskorps unter General Napoleon Bonaparte den Nil. Er besiegte die Osmanen, konnte sich selbst jedoch nur drei Jahre in Ägypten halten. In den folgenden Jahrzehnten geriet das Land unter britischen Einfluss, ohne dass es direkt Teil des britischen Empires wurde. Den Briten ging es vor allem darum, den langen Seeweg in ihre asiatischen Kolonien abzukürzen. Dafür erbauten sie den Suezkanal, der 1869 eröffnet wurde. Ihn zu schützen, war die wichtigste Aufgabe der britischen Truppen. Sie blieben bis 1936 am Kanal, obwohl Ägypten bereits im März 1922 unter König Fuad I. selbstständig geworden war.

Bedeutender war der koloniale Einfluss in den westlichen Nachbarländern. Libyen war von 1911 bis zum Zweiten Weltkrieg italienische Kolonie und anschließend Schauplatz des deutschen Afrikafeldzugs unter General Rommel. Tunesien war von 1882–1956 französisches Protektorat, ebenso Marokko, auf das jedoch auch das Deutsche Reich und Spanien Ansprüche erhoben, sodass sich die europäischen Mächte gegenseitig bekämpften.

Am längsten und brutalsten war die Herrschaft der Franzosen in Algerien, die von 1830–1962 dauerte und auf großen Widerstand in der Bevölkerung stieß. Frankreich behandelte Algerien rechtlich sogar als Teil des Mutterlandes und versuchte, seine Herrschaft mit Gewalt und Terror aufrechtzuerhalten. Die wachsenden Proteste im Lande mündeten 1954 in einem offenen Aufstand. Der Philosoph Jean-Paul Sartre beklagt: »Die Sturmflut der Gewalt reißt alle Schranken nieder. Das ist der Moment des Bumerangs. Die Gewalt schlägt auf uns zurück, und wir verstehen so wenig wie früher, dass es unsere eigene Gewalt ist.«[14] Angaben über die Zahl der Opfer des Algerienkrieges gehen weit auseinander. Frankreich spricht von insgesamt 350 000, Algerien von 1,5 Millionen Toten.

Ohne die Verbrechen der europäischen Mächte in Nordafrika zu verharmlosen, ist festzuhalten, dass sie nicht spezifisch antiislamisch, sondern rassistisch motiviert waren. Wie in allen Kolonien geschahen sie unabhängig von der Religion der unterjochten Völker. Zudem standen sie zeitlich und in ihrer Intensität in keinem Verhältnis zur Barbarei der Spanier in Süd- und Mittelamerika, die nicht zu einem »indigenen Terrorismus« geführt hat.[15] Auch der europäische Kolonialismus in Asien und Afrika südlich der Sahara war keinesfalls humaner als das Vorgehen in Nordafrika – erinnert sei nur an die Vernichtung Zehntausender Hereros und Nama durch das kaiserliche Deutschland. Dennoch werden die dortigen Verbrechen nicht Jahrzehnte oder Jahrhunderte später als Erklärung für den Terrorismus, die »Krise der Moderne« und den »Kampf der Kulturen« herangezogen.

Ermöglicht wurden der Aufstieg und die Vorherrschaft der europäischen Mächte in Nordafrika und dem Nahen Osten im 19. Jahrhundert durch die industrielle Revolution, die eine grundlegende wirtschaftliche und gesellschaftliche Umstrukturierung auslöste. Vor allem Großbritannien und

Frankreich, die wichtigsten Kolonialmächte zu der Zeit, vollzogen einen radikalen Bruch mit der Tradition insofern, dass die jahrtausendealte Feudalherrschaft mit ihren starren, gottgegebenen Strukturen endete. Technischer Fortschritt, Mechanisierung, Urbanisierung und vieles andere konnten sich entwickeln. So muss auch Napoleons triumphaler Ägyptenfeldzug ein regelrechter Schock für die muslimische Elite gewesen sein, denn sein Erfolg beruhte nicht zuletzt auf der erheblich besseren Waffentechnik, die ein Resultat des technischen Fortschritts in Europa war. Die meisten islamischen Herrscher hatten viele der Neuerungen, die Kennzeichen der industriellen Revolution waren, abgelehnt, ja sogar bekämpft.

Eine Ausnahme bilden die Osmanen unter den Sultanen Mahmud II. (1785–1839) und seinem Sohn Abdülmedic I. (1823–1861), die die Herausforderung annahmen und versuchten, an der modernen Entwicklung teilzunehmen. Sie erkannten, dass sie nur so ihre Herrschaft langfristig sichern konnten, und waren flexibel genug, den Kontakt mit den Trägern der Moderne nicht zu scheuen. Nach der Niederlage gegen Napoleon 1798 schickten die Osmanen Offiziersanwärter nach Westeuropa, wo sie im modernen Kriegshandwerk ausgebildet wurden. Preußischer Drill, britische Disziplin oder französische Strategie sollten den Niedergang des Weltreiches aufhalten. Mahmud II. sandte sogar seinen Sohn und Thronfolger zur Ausbildung nach Frankreich. So begann in der Türkei Mitte des 19. Jahrhunderts die Reformepoche »Tanzimat« (Neuordnung). Sie stand ganz im Zeichen einer Modernisierung der Verwaltung, der Begrenzung der uneingeschränkten Verfügungsgewalt des Sultans über die Beamtenschaft, der Formulierung eines neues Zivilgesetzes, das die Gleichheit aller Untertanen hervorhob, sowie der Einrichtung eines modernes Justiz-, Handels- und Heereswesens. Auch die Verkehrs- und die Kommunikationsinfrastruktur wurden nach europäischem Vorbild grundlegend erneuert. Höhepunkt und Abschluss der Tanzimat-Epoche war die Verabschiedung der neuen Osmanischen Verfassung 1876. Somit waren Strukturen geschaffen, auf die Kemal Atatürk, der Vater der türkischen Republik, ein halbes Jahrhundert später aufbauen konnte.

Zweifellos hat sich die Türkei mehr als alle anderen Staaten mit einer islamischen Bevölkerungsmehrheit der Modernisierung geöffnet und zugleich befinden sich unter den islamischen Terrorkommandos und Gotteskämpfern kaum Türken. Offensichtlich nimmt die Bereitschaft zu Fanatismus und Gewalt ab, wenn sich die Verantwortlichen in der islamischen Welt freiwillig modernen Errungenschaften zuwenden.

Der europäische Kolonialismus hat somit – neben allen Grausamkeiten, die er mit sich brachte – auch dazu beigetragen, islamische Reiche aus ihrer Erstarrung zu lösen, in die sie wie viele andere Großmächte gefallen sind, die seit Jahrhunderten keine ernst zu nehmenden Gegner mehr kannten; Auch wenn man der Kolonialzeit vieles vorwerfen kann – eines gewiss nicht: Sie ist nicht die Ursache dafür, dass große Teile der islamischen Welt den Anschluss an die Moderne verpasst haben.

Exkurs: Die kurze Blüte der Vielfalt

In der Frühzeit des Islam gab es vielversprechende Reformansätze und eine nie wieder erreichte Offenheit für Ideen, die über den Koran hinausgingen. Hervorzuheben ist der Kalif Al-Mamum (um 786–833), der das Konzept »Ijtihad« (»Idschtihad«, d. h. Bemühen um das Auffinden der dem Islam gemäßen Regelung) vertrat. Es besagt, die Offenbarung Mohammeds nicht wörtlich zu nehmen, sondern für die jeweilige Situation zu interpretieren. Al-Mamum eröffnete zu diesem Zweck 825 in Bagdad ein »Haus der Weisheit«, das eine Bibliothek, eine Akademie, ein Krankenhaus und eine Sternwarte beherbergte. Auch Al-Andalus, die islamische Herrschaft über die iberische Halbinsel, zeichnete sich durch Liebe zur Literatur und Kunst aus. Die Kalifen stifteten Bibliotheken und ließen die Werke der griechischen Antike übersetzen, die dadurch zum Teil vor ihrer Vernichtung gerettet wurden. Diese Tradition blieb noch einige Jahrhunderte lebendig. Wichtige Köpfe, die die geistige Reform in ihren jeweils eigenen Disziplinen vorantrieben, seien hier namentlich genannt:

- Mansur al-Halladsch (857–922), ein persischer Mystiker, der sich gegen die buchstabentreue Befolgung des Korans aussprach und heute einen großen Einfluss auf die Aleviten ausübt;
- Abū Alī al-Husayn (980–1037), bekannt als Avicenna, ein persischer Philosoph, Arzt, Astronom und Alchemist;
- Ibn Muhammad al-Ghazali (1058–1111), ein persischer Philosoph und Mystiker, der sich allerdings im Laufe der Zeit in einen Vertreter der orthodoxen Koranauslegung verwandelt hat;
- Ibn Ruschd (1126–1198), bekannt als Averroës, seines Zeichens Philosoph und Arzt aus Cordoba. Er war der bedeutendste Aristoteles-Kenner seiner Zeit und beeinflusste auch die christliche Scholastik. Wie der antike Philosoph propagierte er die Kraft der Logik, um zu Erkenntnis, Wahrheit und einem glücklichen Leben zu gelangen;
- Muhiyuddin Muhammad Ibn Arabi (1165–1240), ein arabischer Mystiker und Vorkämpfer für religiöse Toleranz;
- Dschalal ad-Din Muhammad Rumi (1207–1273), ein Sufi-Mystiker und feinsinniger Poet, der in der Liebe die wichtigste Kraft der Schöpfung und die Möglichkeit der Vereinigung mit Gott sah, was in letzter Konsequenz zu einer allumfassenden Toleranz führen würde;
- Yunus Emre (1238–1320), ein türkischer Sufi und Dichter, der zugleich als Vater des »anatolischen Humanismus« gilt und ebenfalls einen großen Einfluss auf die Aleviten ausübt.

Sie alle standen für die große Blüte eines aufgeklärten Islam, doch setzte sich diese Tradition nicht durch. Unter dem Eindruck der blutigen Nachfolgekriege um das wahre Erbe des Propheten, die zur Spaltung des Islam in Sunniten und Schiiten führten, gewann die Orthodoxie die Oberhand. Sie lehnte jede Interpretation der heiligen Schrift ab und bestrafte sie als Gotteslästerung. Im 13. Jahrhundert hatte die Ijtihad-Tradition, zumindest für die Mehrheit der Sunniten, ihre Bedeutung eingebüßt. Die Überlieferung des Korans und der Sunna, den normativen Aussagen und Taten Mohammeds, waren jeder Diskussion enthoben. Mit dieser Entwicklung waren nicht nur theologische Diskussionen verboten, sondern wurde auch ein großes Misstrauen gegen jede Form von Wissenschaft und Literatur gesät und gehegt. Dan Diner, Professor an der Hebrew University in Jerusalem, der über alle Weltanschauungen hinweg als einer der versiertesten Kenner des Nahen Ostens gilt, beschreibt, wohin die selbst gesetzten Schranken der geistlichen islamischen Obrigkeit geführt haben: »Die Überlegung, das Sakrale wirke als Barriere gegenüber allem, was zur Beschleunigung materieller, von Menschen betriebener Zeit diene, lässt sich an keinem anderen Gegenstand besser deutlich machen als am Buchdruck. Es mag erstaunen, aber erst etwa 300 Jahre nach ihrer Erfindung in Europa wurde die Druckerpresse in den Bereich des Islam eingeführt. Kein Geringerer als Kemal Atatürk war sich der Dramatik dieses Umstands bewusst. (…) Dort, wo es über Jahrhunderte hinweg gelungen war, sich den revolutionierenden Wirkungen der Druckkultur zu entziehen, wurde Text weiterhin wesentlich über das gesprochene und rezitierte Wort und damit über das Gehör tradiert. (…) So versteht sich die Sprache des Korans als ein in Schriftform versetztes gesprochenes Wort. (…) Die Beanspruchung von Gehör und Gedächtnis in der Wissensaufnahme führt dazu, dass die Menge des Wissens begrenzt bleibt; und in einer solchen Begrenzung des aufzunehmenden Wissens wird eine Tugend gesehen. Für das islamische ›Mittelalter‹, die klassische Zeit, die Zeit höchsten Wissens und höchster Gelehrsamkeit unter Muslimen, ist überliefert, dass sich eine Mentalität der Abwehr gegenüber übermäßigem Schreiben eingestellt hatte. (…) Der eine nach ihm benannte Rechtsschule begründende Ibn Hanbal (780–855) vertrat die Haltung, nur Koran und Hadith seien der Verschriftlichung wert.«[16]

Auch Hans Magnus Enzensberger befasst sich mit der Frage, wie es zu dem Niedergang »jener Zivilisation gekommen ist, aus der die Weltreligion des Islam hervorgegangen ist«, und es zur Herausbildung der Opferrolle kommen konnte: »Ihre höchste Blüte hat sie bekanntlich zur Zeit des Kalifats erreicht. Damals war sie Europa militärisch, ökonomisch und kulturell weit überlegen. (…) Seitdem sind die Macht, das Prestige, das kulturelle und ökonomische Gewicht der Araber kontinuierlich gesunken. (…) Kein Wunder, dass dafür am liebsten eine feindselige Außenwelt verantwortlich gemacht wird. Schuld ist nach dieser Lesart einzig und allein eine lange Reihe von Aggressoren: Seldschuken, Kreuzfahrer, Mongolen, Spanier, Mamelucken, Osmanen, Franzosen, Briten und Russen. Heute wird die Misere der arabischen Welt vor allem dem ›großen Satan‹, nämlich dem amerikanischen Imperialismus und den Juden, zur Last gelegt.«[17] Den wichtigsten Grund für den Niedergang der arabischen Größe sieht Enzensberger in der Dominanz der orthodoxen Geistlichkeit, die Wissenschaft und Technik negativ gegenüberstand, und zitiert einen irakischen Autor: »Hätte ein Araber im 18. Jahrhundert die Dampfmaschine erfunden, sie wäre nie gebaut worden.« Enzensberger schlägt sodann die Brücke zur Gegenwart: »Die Patentstatistik der Gegenwart lässt den Schluss zu, dass sich daran bis heute wenig geändert hat.«[18]

Dennoch: Unter machtpolitischen Gesichtspunkten blieb die Geschichte des Islam bis ins späte 18. Jahrhundert hinein eine Erfolgsgeschichte. Von der Vertreibung aus Spanien im 14. Jahrhundert abgesehen, kontrollierten islamische Herrscher weit über ihr ursprüngliches Gebiet hinaus ein Territorium, das von der Küste Westafrikas bis Südostasien reichte. Nur europäische Großmächte wie die Habsburger Monarchie oder Russland waren in

der Lage, ihr Territorium gegen immer neue Angriffe der islamischen Herrscher zu verteidigen. 1529 sowie 1683 waren die
Osmanen vor Wien aufmarschiert und hätten es zumindest beim
zweiten Versuch beinahe eingenommen – Europa wäre ihnen
damit offen gestanden.

Ursachenforschung und -bekämpfung

Bedeutende europäische Wissenschaftler haben bei der Suche
nach den Ursachen der Entwicklungsdefizite der islamischen
Welt ihre Mängel vorgehalten. Erwähnt seien in diesem
Zusammenhang vor allem Max Weber (1864–1920), der die
»feudalistische Gesellschaftsstruktur« und die »Tendenz zum
Hedonismus« dafür verantwortlich machte,[19] sowie der Ent-
wicklungsökonom und Nobelpreisträger William Arthur
Lewis (1915–1991), der den »Hang zum Fatalismus« als
Bremse für die Moderne identifizierte.
Noch wichtiger indes sind selbstkritische Untersuchungen
arabisch-islamischer Institutionen, die sich mit der »Krise
der Moderne« und dem Entwicklungsstau befassen, ohne
dabei in die Opferrolle zu fallen. Die umfassendste und einflussreichste Arbeit dazu ist der »Arabische Entwicklungs-
report«. Arabische Intellektuelle und Entwicklungsplaner
haben sich im Rahmen der UNDP (United Nations Development Program, UN-Entwicklungsprogramm) eine Plattform geschaffen, um der Moderne in ihrer Region eine
Chance zu geben. Die UNDP veröffentlicht seit 1990 den
»Global Human Development Report« und seit 1992 einen
eigenen »Arab Human Development Report«.[20] In der
ersten Ausgabe (2002) wurden von arabischen Wissenschaftlern drei wesentliche Bereiche herausgearbeitet, die
vorangetrieben werden müssen, um die Unterentwicklung
in der arabischen Welt zu überwinden: Bildung, Freiheit

und die Stärkung der Frauen. Der zweite Report (2003) trug den Titel *Building a Knowledge Society* (Eine Wissensgesellschaft aufbauen). Er kam zu dem Schluss, dass es eine nachhaltige menschliche Entwicklung in den arabischen Staaten nur dann geben könne, wenn die Qualität der Erziehung erheblich verbessert und die Meinungs- und Ausdrucksfreiheit gewährleistet sei. Der darauffolgende Report (2004) *Towards Freedom in the Arab World* (Auf dem Weg zur Freiheit in der arabischen Welt) unterbreitete politische Reformen, die zu den angestrebten Entwicklungszielen führen sollten. Der Report *Towards the Rise of Women in the Arab World* (Auf dem Weg zum Aufstieg der Frauen in der arabischen Welt) von 2005 stellte schließlich die wirtschaftliche, soziale, politische und rechtliche Situation der Frauen in den Mittelpunkt. Nach dreijähriger Unterbrechung wurde für die Jahre 2008–2011 eine zweite Serie mit vier neuen Reporten erarbeitet, in denen die allgemeine materielle und soziale Absicherung und deren Gefährdung thematisiert werden. Der UNDP zufolge haben diese Veröffentlichungen vor allem im universitären Bereich nachhaltige Wirkung gezeigt.

Ein bemerkenswertes Maß an Selbstkritik bewies auch der frühere Präsident von Malaysia, Mahathir Mohamad, ein selbstbewusster Vertreter islamischer Interessen in der Welt. Auf einer Tagung der International Islamic University in Gombak (Kuala Lumpur) erklärte er: »Die Krisen und Probleme entstanden auch, als muslimische Geistliche anfingen, Fachgebiete zu vernachlässigen, die als weltlich wahrgenommen wurden, wie zum Beispiel Naturwissenschaften, Mathematik, Medizin und Technik, und sich nur auf religiöse Studien konzentrierten. Das war ein großer Fehler, der bis heute einen schlechten Einfluss auf die muslimische Welt hat. (...) Ich möchte hervorheben, dass die Schuld bei uns liegt. Wir sind die Menschen, denen man Vorwürfe machen muss, weil wir uns in so viele Sekten und verschiedene Interpretationen des Korans aufspalten lassen.«[21]

Faktisch deutet sich inzwischen eine leichte Wende zum Besseren an. 2010 investierten die OIC-Staaten durchschnittlich 0,38 Prozent des Bruttosozialprodukts in Forschung und Entwicklung.[22] Das war noch nicht einmal ein Viertel des weltweiten Standards, doch ein kleiner Fortschritt. Fünf Jahre zuvor waren es nur 0,2 Prozent gewesen oder ein Siebtel des globalen Durchschnitts. Nach wie vor kann jedoch jede zweite arabische Frau weder lesen noch schreiben.

Anlass zu Optimismus gibt auch eine Studie der britischen Royal Society vom Juni 2010, die unter dem Titel *A new golden age? The prospects for science and innovation in the Islamic world*[23] (Ein neues goldenes Zeitalter? Perspektiven für Wissenschaft und Erneuerung in der islamischen Welt) veröffentlicht wurde. Danach haben sich die Bildungsausgaben in manchen muslimischen Ländern deutlich erhöht. Die Studie nennt in dem Zusammenhang die Türkei, Pakistan und die Golf-Staaten.

Um international nicht den Anschluss zu verlieren, haben sich mittlerweile auch islamische Entwicklungsorganisationen herausgebildet, die ärmeren islamischen Staaten Hilfe leisten. Ägypten, Libyen und Saudi-Arabien waren in den 1960er- und 1970er-Jahren die Vorreiter. Inzwischen wird diese Form der Entwicklungszusammenarbeit nicht mehr in erster Linie von Einzelstaaten getragen, sondern von supranationalen Institutionen. Die wichtigsten sind die bereits erwähnte Organisation der Islamischen Konferenz (OIC), die Islamische Entwicklungsbank (IDB) sowie der OPEC-Fonds für internationale Entwicklung. Dazu kommen Hilfswerke wie International Islamic Relief Organization (IIRO), Islamic African Relief Agency (IARA) und Islamic Relief, eine Organisation, die 1984 in Großbritannien gegründet wurde. Auf eine jahrhundertealte Tradition blicken die Stiftungen wie *waqf* und *awqaf* (dt. »fromme Stiftungen«) zurück. All diese Institutionen verfolgen – ähnlich wie US-amerikanische Entwicklungsorganisationen – jedoch nicht nur humanitäre, sondern auch klare politische und gesellschaftliche Ziele, nämlich die Stärkung des Islam insbesondere in Afrika und Asien. Dabei sind nicht selten die Vertreter der orthodoxen und radikalen Strömungen besonders aktiv – nach den Anschlägen vom 11. September wurden weltweit die Konten der Al-Haramain Islamic Foundation gesperrt, da sie Al-Qaida-Mitglieder direkt unterstützt hatte.[24] Ähnliche Vorwürfe gegen die IDB konnten nicht belegt werden.

Parallel dazu verzeichnen viele muslimische Länder eine islamische Renaissance, die sich nicht nur in militanter Form äußert. Weit mehr als in den 1970er- und 1980er-Jahren bestimmt der Glaube heute das Alltagsleben in Staaten wie Ägypten, der Türkei, Indonesien oder Malaysia. Das äußert sich schon im Erscheinungsbild. Noch vor wenigen Jahrzehnten waren dort Kopftuch tragende Frauen die Ausnahme, heute sind sie in Ägypten die Regel, in den anderen Ländern weitverbreitet. Soweit die islamische Renaissance die individuelle Gestaltung des Lebens betrifft, bedarf sie in der westlichen Welt keiner besonderen Beachtung; schließlich gehört die Wahrung der Individualität zu den Werten der abendländischen Kultur. Bedauerlicherweise geht die Hinwendung zum Islam jedoch mit einer verstärkten Intoleranz gegenüber allen nicht-islamischen Glaubensgemeinschaften einher. Was diese Neubesinnung auf den Glauben darüber hinaus bedeutet, sei kurz am Beispiel Indonesien deutlich gemacht. Bereits 2005 hat der Rat der indonesischen Religionsgelehrten MUI in einer Fatwa, einem islamischen Rechtsgutachten, erklärt, Pluralismus, Säkularismus und Liberalismus seien unvereinbar mit dem Islam. Zwar haben seine Anordnungen keine gesetzliche oder juristische Relevanz, doch seit der Parlamentswahl vom April 2009 ist der politische Arm des radikalen Islam, die PKS, Teil der Koalitionsregierung. Die islamischen Parteien stellen fast die Hälfte des Kabinetts, darunter den Religions- und Justizminister. Letzterer hat erklärt, dass er keinen Widerspruch zwischen der Scharia und der indonesischen Verfassung sehe. Dazu kommt noch der parteilose Innenminister Gamawan Fauzi, der zuvor als Gouverneur von West-Sumatra zahlreiche Gesetze im Sinne der PKS durchgesetzt hat, etwa den Kopftuchzwang für alle Beamtinnen, unabhängig von ihrer Religionszugehörigkeit. Auch der Wechsel der Religion ist in Indonesien nicht mehr so einfach wie früher. Während der Übertritt zum Islam mit einem zehnminütigen Akt besiegelt ist, dauert es Monate, bis der Staat die Abkehr vom Islam anerkennt. Zudem werden das Banken- und das Gesundheitssystem immer mehr auf islamische Prinzipien ausgerichtet und nicht-islamische Persönlichkeiten systematisch aus Führungspositionen herausgedrängt.

Diplomatie

Auf politischer Ebene machen Vertreter des politischen Islam längst mobil. Dabei spielen Chomeinis Nachfolger im Iran eine wichtige Rolle. Ähnlich wie die Kleriker agiert Präsident Mahmud Ahmadinedschad global. Er versucht überall, die gegen »den Westen« gerichteten Kräfte zu bündeln. Intensiv und erfolgreich knüpft er enge Kontakte mit den linken Regierungen Süd- und Mittelamerikas, die – aus nachvollziehbaren Gründen – Vorbehalte gegenüber den USA hegen. Mehrmals hat Ahmadinedschad Staaten wie Venezuela, Bolivien, Brasilien, Ecuador und Nicaragua besucht und anschließend erklärt, bei den Treffen sei eine »gemeinsame Front« gegen die »Arroganz des weltweiten Imperialismus« gebildet worden.[25]

Ein wichtiges Operationsfeld des politischen Islam ist inzwischen auch die UNO geworden, die jahrzehntelang unter der Dominanz der USA stand. Ihre Gremien zeigen immer größeres Verständnis für die islamische Interpretation der Menschenrechte. Seit Dezember 2005 bringt ausgerechnet Pakistan, wo Religionsfreiheit noch nicht einmal im Ansatz gewährleistet ist, jährlich eine Resolution »gegen die Diffamierung von Religionen« ein, die zumeist mit deutlicher Mehrheit verabschiedet wird. Die Besonderheit: Die einzig »diffamierte« Religion, die dort namentlich genannt wird, ist der Islam. Die UN-Vollversammlung drückt in ebendieser Resolution ihre »tiefe Besorgnis über Versuche aus, den Islam mit Terrorismus, Gewalt und Menschenrechtsverletzungen in Verbindung zu bringen«. Alle Staaten werden deshalb dazu aufgefordert, die Verbreitung von rassistischen und fremdenfeindlichen Vorstellungen zu verbieten, welche sich gegen Religionen oder deren Anhänger richten. Bezeichnenderweise wird die konkrete Verfolgung religiöser Minderheiten mit keinem Wort erwähnt; es geht nur ums große Kollektiv.

Nach ganz ähnlichen Grundsätzen handelt auch der UN-Menschenrechtsrat, das seinem Anspruch nach wichtigste internationale Gremium zur Verteidigung der Menschenrechte. Dort ist es ebenfalls Pakistan, das im Namen der OIC Jahr für Jahr eine Resolution einbringt, der zufolge »die Diffamierung von Religionen zu Menschenrechtsverletzungen führt sowie der Grund für soziale Instabilität in der Welt ist«. Auch diese Resolutionen, die je nach weltpolitischen Themen aktualisiert werden, erheben keinerlei Anspruch auf Universalität, sondern sind maßgeschneidert auf den Islam, der wiederum als einzige Religion namentlich angeführt wird. Im März 2010 wurde folglich das Verbot, Minarette zu bauen, scharf kritisiert; ein knappes halbes Jahr zuvor hatte die Schweiz in einer Volksabstimmung so entschieden. Das Verbot, christliche Kirchen oder buddhistische Tempel zu bauen, war hingegen noch nie Thema in diesen Resolutionen, ebenso wenig die nachweisliche Verfolgung religiöser Minoritäten. Dass sich der politische Islam lieber um global-strategische Allianzen kümmert, zeigen die Bündnisse, die er schmiedet. Nur selten trifft er Abkommen mit Vertretern der Regionen, in denen Muslime nicht nur gefühlt, sondern konkret verifizierbar Opfer von Diskriminierung und sogar offener staatlicher Gewalt sind. Diese werden von denen, die nicht aufhören, den Opferstatus der Muslime im Abendland zu beklagen, schlicht ignoriert. Das gilt vor allem für Tausende verfolgte, verhaftete, gefolterte und ermordete Tschetschenen in Russland und Uiguren in China. Letztere, ein Turkvolk von knapp zehn Millionen Menschen, wurden unter der mandschurischen Qing-Dynastie Mitte des 18. Jahrhunderts Teil Chinas. Die Herrscher auf dem Drachenthron in Peking nannten das Gebiet Xinjiang, »neue Grenze« – ein Name, den die Uiguren bis heute ablehnen. Sie sprechen von Ost-Turkestan, um ihre Verbindung mit den anderen Turkvölkern zu unterstreichen. Nach der Gründung der Volksrepublik erhielten die Uiguren eine Autonomie, die jedoch nur auf dem Papier bestand. Eine gewisse Liberalisierung nach dem Tode Maos ließ nur wenig Spielraum für Selbstbestimmung im religiösen Bereich. Wer am Koranunterricht – falls er überhaupt stattfand – teilnehmen wollte, benötigte eine Erlaubnis der Behörden. Verschärft hat sich die Situation insgesamt nochmals nach Massenprotesten in Tibet im März 2008. Danach wurden auch in Xinjiang die Koranschulen geschlossen. Pilgerfahrten nach Mekka sind nur in Reisegruppen möglich, die von Mitarbeitern des Religionsministeriums organisiert und begleitet werden. Offiziell soll dadurch Drogenhandel bekämpft werden, doch es geht auch darum, die Auslandskontakte der Uiguren zu überwachen.

Der nachhaltigste und folgenschwerste Eingriff in die uigurische Gesellschaft geschieht aber durch die Sinisierung. Die großen Städte wie Urumqi oder Kuqa sind überwiegend in chinesischer Hand. 1997 kam es in der Stadt Ily (Gulja) zu Massendemonstrationen, die mit äußerster Brutalität niedergeschlagen wurden. 700 Menschen wurden hingerichtet, etwa 8000 Menschen werden vermisst. Ob sie ermordet wurden oder ohne Prozess in den Gefängnissen verschwunden sind, weiß niemand. Bei Nachfragen riskieren Angehörige, selbst Opfer der Repression zu werden. Menschenrechtsorganisationen gehen von etwa 15000 Gewissensgefangenen aus. Der vorerst letzte Aufstand mit Hunderten Toten ereignete sich im Juli 2009 in Urumqi.

Im muslimischen Tschetschenien sind insgesamt weit über 100 000 Menschen zwei brutalen Kriegen (1994–1996 und 1999–2009) zum Opfer gefallen. Nach dem Zusammenbruch der Sowjetunion 1991 erstrebte auch Tschetschenien die Unabhängigkeit. Da es jedoch keine eigene Sowjetrepublik gebildet hatte, sondern Teil der Russischen Republik war, lehnte Moskau diesen Schritt ab. Dennoch begannen die Tschetschenen unter Präsident Dschochar Dudajew eine gegen alles Russische gerichtete Politik. Sie führte dazu, dass mindestens 200 000 Nicht-Tschetschenen das Territorium verließen. Am 11. Dezember 1994 marschierten schließlich 40 000 russische Soldaten in Tschetschenien ein. Aufgrund ihrer weitaus besseren Bewaffnung eroberten sie innerhalb weniger Monate die Hauptstadt Grosny und den größten Teil des Territoriums. Dabei kam es zu weitverbreiteten Sachzerstörungen und Menschenrechtsverletzungen. Durch einen zermürbenden Guerillakrieg gelang es den tschetschenischen Verbänden jedoch, große Landesteile einschließlich der Hauptstadt zurückzuerobern und die russischen Truppen zu vertreiben.

In den folgenden Jahren griffen Verbände aus Tschetschenien benachbarte Republiken an, um die Basis für ein »Islamisches Kalifat Kaukasus« zu legen. Um dem zu begegnen, intervenierte die russische Armee am 1. Oktober 1999 erneut. Diesmal gelang es ihr, die tschetschenischen Truppen aufzureiben und durch Geheimdienstoperationen die wichtigsten Führer zu liquidieren. Dadurch konnte sich eine Moskau ergebene Verwaltung etablieren. Ihr werden schwere Menschenrechtsverletzungen wie Entführungen, Folterungen, Vergewaltigungen und staatliche Morde vorgeworfen. Opfer sind zumeist junge Frauen und Männer, die verdächtigt werden, den tschetschenischen Rebellen nahezustehen.

Warum, so fragt man sich, hat angesichts dieser Beispiele kein offizieller Vertreter der islamischen Welt – abgesehen von leisen Protesten seitens der ethnisch eng mit den Uiguren verwandten Türken – jemals Anteil an Schicksal der verfolgten muslimischen Völker genommen? Wo blieb das internationale Aufbegehren der Umma? Liegt es am Ende daran, dass hier Stillschweigen bewahrt wurde, weil China und Russland wichtige strategische Verbündete des politischen Islam sind? Wenn die USA ernsthafte UN-Sanktionen gegen den Iran aufgrund des Atomprogramms durchsetzen wollten, kann sich das Mullah-Regime auf die für die Massenmorde an Muslimen verantwortlichen Regierungen in Moskau und Peking verlassen.

In dieser Allianzschmiede wird von vielen Muslimen kaum zur Kenntnis genommen, dass die US-Administration weitaus mehr zum Schutz muslimischer Bosnier oder Kosovo-Albaner während des Auflösungsprozesses in Jugoslawien beigetragen hat als jedes islamische Land. Als das Parlament von Kosovo am 17. Februar 2008 seine Unabhängigkeit erklärte, zogen seine Anhänger in ganz Europa jubelnd mit amerikanischen Fahnen durch die großen Städte.

Moderne Agitation

Im »Kampf der Kulturen« bedient sich die islamische Welt auch genuin kultureller Symbole, die gezielt instrumentalisiert werden. Die palästinensische Fernsehstation Al-Aksa strahlte in Ramallah die Sendung *Pioniere von morgen* aus, die sich an Kinder im Vorschulalter wendet. Ihr Held war jahrelang der süße Fafur, eine islamische Mickey Maus, die dem Original von Walt Disney täuschend ähnlich sah. Sie erklärte den kleinen Kindern, wie sie korrekt essen und beten müssen, aber nicht nur das. Fafur befasste sich auch mit weiterreichenden Fragen, zum Beispiel: »Wie ermorde ich Juden und Amerikaner, wenn ich groß bin?«[26] Auch die radikal-islamischen Großmachtansprüche vermittelte die niedliche Maus: »Andalus [Anm.: Spanien] wird vor allen anderen Ländern in den Schoß des Islam zurückkehren.« Womöglich, um dafür die Richtung zu weisen, hantierte Fafur routiniert mit einer Maschinenpistole AK-47.

Nach weltweiten Protesten und einem drohenden Rechtsstreit mit dem Disney-Konzern ließen die Produzenten Fafur von einem »jüdischen Terroristen« ermorden und somit als Märtyrer sterben, was bei den kleinen Zuschauern besondere Emotionen auslöste. Doch die Hetze ging weiter. Die Biene Nahul und der Hase Assud, ebenfalls zwei Comic-Figuren, beerbten Fafur. Sie riefen unter anderem zur Ermordung des dänischen Karikaturisten Kurt Westerngaard auf, der die Ehre Mohammeds verletzt habe.[27]

Ähnliche Inhalte vermittelt der Sender Al-Manar (Der Leuchtturm), der in Beirut angesiedelt ist und von der Hisbollah (Partei Gottes) betrieben wird, die wiederum von der Islamischen Republik Iran unterstützt und gelenkt wird. Al-Manar, der seit 1991 sendet, wendet sich an Kinder, Jugendliche und Erwachsene. Da das Programm über Satellit ausgestrahlt wird, wird es auch in Europa empfangen. Offiziell geht es darum, islamische Werte zu vermitteln, und die Verantwortlichen behaupten von sich, sie produzierten »das wahre Spiegelbild dessen, was jeder Muslim und Araber denkt und glaubt«[28]. Tatsächlich besteht ein großer Teil der Inhalte aus der Verherrlichung von Selbstmordattentaten sowie der Stimmungsmache gegen Juden und Amerikaner. Der Hisbollah-Chef Scheich Hassan Nasrallah ist regelmäßig auf Sendung. Auch der Radiosender Al-Nour von der Hisbollah kann bis Europa empfangen werden. Alexander Ritzmann von der Europäischen Stiftung für Demokratie in Brüssel fürchtet, »der Hisbollah-Sender trägt mit seinen antidemokratischen, antiwestlichen und antisemitischen Programminhalten unzweifelhaft zur Radikalisierung von Muslimen in Deutschland bei«.[29]

Abendländische Selbstanklagen

Anstatt die islamische Herausforderung anzunehmen und die Auseinandersetzung der Kulturen als ein Ringen um Werte zu sehen, bei dem die eigenen selbstbewusst verteidigt werden, verfallen viele abendländische Meinungsführer in Selbstanklagen. So behauptet die ehemalige Bundestagsvizepräsidentin Antje Vollmer: »Der Westen muss seine alte Politik der Spaltung des Islam in Gut und Böse und dessen Demütigung und Marginalisierung beenden. Unter dem Slogan, dass wir keinen Krieg der Kulturen wollen, führen wir faktisch genau diesen. Auch innerhalb der westlichen Gesellschaften nimmt die innere Polarisierung gegenüber dem Islam zu.«[30] Der einflussreiche Psychoanalytiker Horst-Eberhard Richter findet die Ursache für den Kampf der Kulturen in »unseren« Provokationen und fordert: »Der Westen sollte alle Provokationen unterlassen, die Gefühle von Erniedrigung und Demütigung hervorrufen. Wir sollten die kulturelle Identität der islamischen Länder mehr achten.«[31] Und Reinold E. Thiel, der langjährige Chefredakteur der Zeitschrift *Entwicklung und Zusammenarbeit (E+Z)* erklärt: »Wie man mit der Religion umgeht, vor allem mit der anderer Menschen, ist nicht allein Geschmackssache. Angriffe gegen Werte und Überzeugungen, die religiös verankert sind, können die Gefühle bestimmter Bevölkerungsgruppen verletzen. (…) Es gibt kein Recht, andere zu provozieren. (…) Wenn sich in unseren Medien und Künsten, in unserer Eventgesellschaft die Sucht zum Skandal und zur Provokation weiter ausbreitet, für die ein dänischer Zeitungsredakteur und ein deutscher Opernregisseur hier als Beispiele stehen, dann werden wir selbst zum ›Clash of Civilizations‹ beitragen.«[32] Das ist keine unbedeutende Stimme, denn *E+Z* wird vom Bundesministerium für wirtschaftliche Zusammenarbeit und Entwicklung finanziert und ist ein wichtiges Organ für die internationale Politik.

Andere Entwicklungstheoretiker betrachten den Islam sogar als Gegenentwurf zum US-Imperialismus und zur kapitalistischen Ausbeutung. Klaus Lefringhausen, einer der bedeutendsten Entwicklungsexperten, unter anderem Geschäftsführer der »Gemeinsamen Konferenz Kirche und Entwicklung« sowie Integrationsbeauftragter der nordrheinwestfälischen Landesregierung, ließ verlauten: »So erleben und erleiden wir eine Debatte, die den Muslimen oft und gerne das Terrorproblem anlastet und damit das Eigentliche verharmlost, nämlich den Weltzorn, den es auch ohne Islam gäbe. Die Muslime sind nicht Erfinder des Weltzorns, sondern mehr sein Resonanzboden und sein Sprach- und Denkraum. Der Weltzorn findet im Islam Strukturen und verstärkende Motive für eine antiwestliche Gegenkultur, die auch der Befindlichkeit, wie Bischof Tutu sagt, in Afrika und Südamerika entspricht. Doch dort sind sie schwerer zu artikulieren, zu organisieren und religiös zu legitimieren. (…) Die Weltgemeinschaft der muslimischen Umma ermöglicht gegenwärtig die einzige geostrategische Antwort auf das militärische, ökonomische und zivilisatorische Dominanzverhalten des Westens. Wir gehören zu den Verursachern des Weltzorns und sind Opfer von uns selbst.«[33] Auch Hans Küng spricht vom Volkszorn, für den natürlich »wir« verantwortlich sind: »Aber dieser Volkszorn könnte gar nicht instrumentalisiert werden, wenn nicht der Westen so viel politisches Brennmaterial aufgeschichtet hätte, dass es nur einen Funken [Anm.: die dänischen Mohammed-Karikaturen] brauchte, um die angestaute Frustration und Wut zur Explosion zu bringen.«[34] Diese Zitate sind bemerkenswert, schon wegen der Pauschalierungen, die keinem Islamkritiker nachgesehen würden.

Küng bezichtigt sogar das Abendland der Verantwortung für die Anschläge vom 9/11. Er dozierte wenige Tage danach: »Die Auseinandersetzung hat ihre eigenen Wurzeln. Es gibt immer noch die Verletzung der Muslime, vor allem der arabischen Völker, durch fast zwei Jahrhunderte des europäischen Kolonialismus und Imperialismus. Die Kolonialmächte haben die ganze Region von Marokko bis nach Indonesien kontrolliert. Die zweite Wurzel, die offenkundig auch bei bin Laden die Abkehr von seinen einstigen Verbündeten in Amerika verursacht hat, ist die Präsenz der US-Truppen in der Golfregion, insbesondere auf dem saudi-arabischen Territorium. Das ist für die Muslime heiliges Land des Islam mit den Moscheen in Mekka und Medina und wird als Demütigung und Demonstration der amerikanischen Hegemonie verstanden.«[35] Wenn Küng das malaiische Indonesien den »arabischen Völkern« zuschlägt und ihm zum christlich-islamischen Verhältnis nichts anderes als die Kolonialzeit einfällt, demonstriert dies schlichten antiwestlichen Populismus statt einer ernsten Auseinandersetzung mit dem Thema.

Im gleichen Tenor sucht auch der norwegische Friedensforscher und Träger des Alternativen Nobelpreises Johan Galtung die Ursachen für 9/11 bei den USA: »Im Koran ist Gewalt zur Selbstverteidigung erlaubt. Ansätze für offensive Gewalt gibt es nicht. Also muss man zu verstehen versuchen, warum sich diese Leute beleidigt fühlen. Ich bin ganz sicher, dies hat auch ökonomische Ursachen. Ein Keim der Motivation, das World Trade Center zu treffen, liegt darin, dass Handel für einen Moslem eine Totalbeziehung ist, während westliche Wirtschaftswissenschaftler in ihrem Kosten-Nutzen-Denken die Gewinnmaximierung lehren. Das ist vergleichbar mit der Unvereinbarkeit von Liebe und Prostitution.«[36] Und der französische Philosoph Jean Baudrillard argumentiert: »Hier [Anm.: 9/11] ist etwas geschehen, das bei Weitem den Willen der Akteure übersteigt. Es gibt eine universelle Allergie gegen eine endgültige Ordnung, gegen eine endgültige Macht, und die Zwillingstürme des World Trade Center verkörperten diese endgültige Ordnung in vollkommener Weise. (…) Der immanente Irrsinn der Globalisierung bringt Wahnsinnige hervor, so wie eine unausgeglichene Gesellschaft Delinquenten und Psychopathen erzeugt. In Wahrheit sind diese aber nur die Symptome des Übels.«[37]

Gestärkt fühlten sich viele der Analytiker durch die indische Autorin Arundhati Roy, deren Denken stark von abendländischen Ideen geprägt ist und die gleichzeitig viele westliche Meinungsführer beeinflusst. Ihre Mutter ist eine Christin aus dem südindischen Bundesstaat Kerala, wo zudem der Einfluss der Kommunistischen Partei traditionell sehr groß ist.

Roys Interpretation der Anschläge von 9/11 fand ein außerordentliches weltweites Echo:»Wer ist Osama bin Laden aber wirklich? Ich möchte es anders formulieren: *Was* ist Osama bin Laden? Er ist das amerikanische Familiengeheimnis. Er ist der dunkle Doppelgänger des amerikanischen Präsidenten. Der brutale Zwilling alles angeblich Schönen und Zivilisierten. Er ist aus der Rippe einer Welt gemacht, die durch die amerikanische Außenpolitik verwüstet wurde, durch ihre Kanonenbootdiplomatie, ihr Atomwaffenarsenal, ihre unbekümmerte Politik der ›unumschränkten Vorherrschaft‹, ihre kühle Missachtung des Lebens aller nicht amerikanischen Menschen, ihre barbarischen Militärinterventionen, ihre Unterstützung despotischer und diktatorischer Regime. (…) Inzwischen werden sich beide Seiten auch in der Sprache immer ähnlicher. Jeder bezeichnet den anderen als Kopf der Schlange. Beide berufen sich auf Gott und greifen gern auf die Erlösungsrhetorik von Gut und Böse zurück. Beide sind in eindeutige politische Verbrechen verstrickt.«[38] Viele abendländische Intellektuelle griffen Arundhatis Roys Polemik auf, was bisweilen zu heftigen Kontroversen führte, wie im Fall des damaligen *Tagesthemen*-Moderators Ulrich Wickert. Er musste sich für die zitierte Gleichsetzung von Bush und bin Laden öffentlich entschuldigen. Jürgen Todenhöfer ging noch einen Schritt weiter und befand Bush schlimmer als bin Laden und andere Kriegsverbrecher:»Wir haben Honecker vor Gericht gestellt. Er hat viel weniger Menschen getötet als George W. Bush. Wir haben Saddam Hussein vor Gericht gestellt, wir haben Milosevic, der viel weniger Menschen getötet hat, vor Gericht gestellt. Und wir werden, wenn er bei der Gefangennahme nicht umkommt, bin Laden vor Gericht stellen, auch er hat viel weniger Menschen getötet als George Bush.«[39]
Derartige Selbstanklagen übernehmen die Argumentation radikaler Muslime, denen es gar nicht um kapitalistische Aus-

beutung, Unterdrückung oder Kolonialismus geht, sondern um den wahren Glauben, die Umma und die Scharia, das heißt um religiöse Überzeugung, der weltweit zum Durchbruch verholfen werden soll. Und noch ein weiteres, gewichtiges Argument spricht gegen die Verbindung von Islam und antiimperialistischem Befreiungskampf: Am Ende der Kolonialzeit und zu Beginn der staatlichen Unabhängigkeit gab es in zahlreichen islamischen Staaten starke Bewegungen, die einen islamischen Sozialismus propagierten. Er richtete sich gegen den westlichen Kapitalismus, setzte sich jedoch auch von der Religionskritik der traditionellen Sozialisten ab. Dabei berief er sich auf die Suren 9,34-35 sowie 42,34-36, in denen es um die gesellschaftliche Verantwortung des Reichtums geht. In Algerien, Libyen, Ägypten, dem Sudan, Südjemen, Somalia und Indonesien errangen derartige Bewegungen zeitweilig die Macht, doch blieb ihre Herrschaft überall nur ein Intermezzo von wenigen Jahren oder Jahrzehnten. Letztlich scheiterten sie oder wandelten sich so weit, dass von ihren Ansprüchen nicht mehr viel übrig geblieben ist. Einflussreiche Geistliche wie Chomeini haben linke Strömungen innerhalb des Islam ebenso bekämpft wie die »Ungläubigen«.

Der Teufel und Beelzebub

Wer den Islam bzw. die Umma als natürlichen Verbündeten der Opfer von Kapitalismus, Imperialismus und Neokolonialismus sieht, übernimmt vom Islam nur das, was zur Zementierung antiwestlicher Vorbehalte herangezogen werden kann. Eine Religion, die mehr als ein Jahrtausend lang die Legitimation für immer neue Eroberungszüge verschiedener Völker war und dabei kaum weniger Kulturen vernichtet oder assimiliert hat als der europäische Kolonialismus, eignet sich nicht als

Speerspitze im antiimperialistischen Befreiungskampf und als »Sprach- und Denkraum« für den »Weltzorn«. Es hieße, um in der christlichen Bildersprache zu bleiben, den Teufel mit Beelzebub auszutreiben (Lk 11,15).

Der Kampf der Kulturen ist kein erstrebenswerter Zustand. Ihn jedoch zu ignorieren oder schönzureden, ist noch fragwürdiger, weil dann denen das Feld überlassen wird, die genau wissen, was sie wollen, nämlich die Dominanz der eigenen, als letzte Wahrheit betrachteten Überzeugung. Wer also leugnet, dass es einen Kampf der Kulturen gibt, blendet die nicht opportunen Teile der Wirklichkeit ebenso aus wie jemand, der leugnet, dass Deutschland ein Einwanderungsland und der Islam zu einem wichtigen gesellschaftlichen Faktor in Westeuropa geworden ist.

»Ja, aber die Kreuzzüge ...« – Christen als Opfer islamischer Expansion und Intoleranz

Wie im ersten Kapitel ausgeführt, suchte Mohammed zu Beginn seiner Mission die Gemeinsamkeit mit den Christen. Erst später grenzte er sich von ihnen ab. Doch ebendiese Abgrenzung beeinflusst den Umgang des Islam mit den Christen bis heute maßgeblich. Die Islamwissenschaftlerin Schirrmacher verdeutlicht dies: »Die Gründe einer im Laufe der islamischen Geschichte sich verschärfenden Beurteilung des Christentums liegen wohl nicht allein in den theologischen Kontroversen oder politischen Auseinandersetzungen, wie sie in verschiedenen, vormals christlichen und mit der Ausbreitung des Islam unter islamische Herrschaft geratenen Ländern geführt wurden. Wesentlich dürfte die Überzeugung weiter Teile der islamischen Theologie sein, dass den später geoffenbarten Koranversen, die sich in aller Regel gegen Christen und Christentum abgrenze, generell eine größere, bindende Autorität eingeräumt werden muss.«[1]

Genaue Statistiken, die die Zahl der Menschen, die aus religiösen und weltanschaulichen Gründen verfolgt werden, erfassen, sind schwierig zu erstellen, die Erhebungskriterien sind zudem nicht immer einheitlich. Deshalb haben sich die Organisationen Internationale Gesellschaft für Menschenrechte, Kirche in Not und das Institut für Religionsfreiheit auf Schätzwerte verständigt. Demnach sind weltweit etwa 75 Prozent der aus religiösen Gründen Verfolgten und

80 Prozent der aus religiösen Gründen Ermordeten Christen. »Wenngleich über solche Zahlen immer wieder debattiert wird, bleibt doch ein Befund völlig unstrittig: Keine andere Religionsgemeinschaft auf der Welt wird stärker verfolgt«[2], resümiert *Die Welt*. Neben hinduistischen Fanatikern in Indien und totalitären Regimes wie in Nordkorea, die jede Religionsausübung verbieten, geht vor allem die islamische Welt aggressiv gegen Christen vor. Die Bandbreite der Repressalien reicht von der verweigerten Gleichstellung – was für nahezu alle islamischen Staaten gilt – bis hin zu systematischer Verfolgung, Vertreibung und Ermordung allein aufgrund der Glaubenszugehörigkeit. 38 der 50 Staaten, in denen Christen am stärksten verfolgt oder diskriminiert werden, hatten im Jahre 2010 eine muslimische Bevölkerungsmehrheit, so der »Weltverfolgungsindex« der Organisation Open Doors.[3]

Kommen solche Zusammenhänge zur Sprache, reagieren selbst Christen oftmals geradezu reflexartig abwehrend. »Ja, aber die Kreuzzüge…«, heißt es dann voll Schuldbewusstsein. Bisweilen scheint es, als hätten Gottfried von Bouillon, Bernhard von Clairvaux, Friedrich Barbarossa oder Richard Löwenherz nicht vor knapp tausend Jahren, sondern zu Beginn des 21. Jahrhunderts gelebt. Zumindest haben sie in der Gegenwart ihren Wiedergänger in Ex-US-Präsident George W. Bush gefunden, der sich nicht gescheut hat, das Vokabular der Kreuzfahrer zu benutzen, um seinen »Krieg gegen den Terrorismus« zu legitimieren.

Keine Frage, die Kreuzzüge waren ein äußerst barbarisches Unternehmen. Albert von Aachen, einer der Kreuzritter, beschreibt die Verbrechen nach der Einnahme Jerusalems mit erschütternder Direktheit: »Nach dem fürchterlichen und blutigen Hinmorden der Sarazenen, von denen dort (im Tempel) Zehntausend erschlagen wurden, kehrten die Christen siegreich vom Palast zur Stadt zurück und machten nun viele Scharen von Heiden, die in ihrer Todesangst versprengt durch die Gassen irrten, mit dem Schwert nieder. Weiber, die in die befestigten Häuser und Paläste geflohen waren, durchbohrten sie mit dem Schwert. Kinder, noch saugend, rissen sie an den Füßen von der Brust der Mutter oder aus den Wiegen und warfen sie an die Wand und auf die Türschwellen und brachen ihnen das Genick. Andere machten sie mit ihren Waffen nieder, wieder andere töteten sie mit den Steinen. Kein Alter und kein Geschlecht der Heiden wurde verschont.«[4]

Umso verwunderlicher ist es, dass trotz der Gräuel die Kreuzzüge nach den Erkenntnissen der modernen Geschichtsschreibung für das kollektive arabische Bewusstsein jahrhundertelang gar nicht die traumatische Rolle gespielt haben, die ihnen heute zugeschrieben wird. Erklärtes Ziel der Kreuzfahrer war bekanntlich die Eroberung Jerusalems aus der Hand der Muslime. Dies legitimierten sie damit, dass Jerusalem der Ort des christlichen Heilsgeschehens war. Für die islamische Welt hingegen stellte Jerusalem damals nur eine »drittklassige Provinzstadt« dar, meint der Orientalist Konrad Hirschler im Zusammenhang mit der großen Ausstellung »Saladin und die Kreuzfahrer«.[5] Ihre großen politischen, wirtschaftlichen und kulturellen Zentren waren Kairo, Damaskus, Bagdad, Isfahan und Cordoba in Spanien. Der Anspruch des christlichen Abendlandes auf Jerusalem und seine knapp 100-jährige Herrschaft über die Stadt (1099–1187) bedeuteten demnach kein tiefes Trauma, sondern »die Kreuzzüge wurden damals in der islamischen Welt – ganz anders als in der westlichen Kultur – vergleichsweise wenig beachtet.«[6] Gleichzeitig markierten jedoch die Kreuzzüge den Anfang der langen Agonie der arabischen Christen. Zu der Zeit machten Christen arabischen Ursprungs etwa ein Drittel der Stadtbevölkerung Jerusalems aus. Die europäischen Kreuzritter differenzierten nicht zwischen ihnen und den Muslimen, sondern metzelten beide gleichermaßen nieder. Die Parallele zur heutigen Situation der Christen im Irak ist frappierend, denn die alliierten Streitkräfte, die »westlichen Kreuzritter«, haben mit ihrer Präsenz die Bedingungen dafür geschaffen, dass den irakischen Christen die Lebensgrundlage entzogen wird.

Die Kreuzzüge hatten außerdem ihre Vorgeschichte und wer sie allein ins Zentrum stellt und daraus die Opferrolle des Islam geschichtlich begründet, ignoriert die historischen Fakten. Denn als Mohammed mit der Verbreitung seiner Lehre begann, war der westliche Teil der heutigen islamischen Welt weitgehend in christlicher Hand, der Osten – Zentral- und Südasien – überwiegend buddhistisch, in kleineren Teilen auch hinduistisch. Dazu kamen heute weitgehend marginalisierte Religionen wie die Lehre Zoroasters in Persien. Zudem lebten unter der politischen Herrschaft von Byzanz und Persien über den vorderasiatischen Raum verstreut zahlreiche jüdische Gemeinden und die Araber waren damals überwiegend Christen. In Nordafrika, wo bedeutende Theologen wie der Kirchenvater Augustinus wirkten, ahnte bis zum 7. Jahrhundert niemand etwas davon, dass ihre Heimat bald Teil der arabisch-islamischen Welt sein würde. Im Staatsgebiet der heutigen Türkei befand sich mit Konstantinopel (Istanbul) das Zentrum der Christenheit.

Militante Ausbreitung

Der rasche Aufbau eines arabisch-islamischen Weltreichs hatte viele Ursachen. Entscheidend dafür waren die militärische Stärke der arabischen Verbände – die ersten Träger des neuen Glaubens –, die Schwäche der Byzantiner und der Perser, die sich gegenseitig in jahrzehntelangen Kriegen an den Rand des Ruins gebracht hatten, und schließlich die Unzufriedenheit mancher Völker mit den christlich-byzantinischen Herrschern.

Auch wenn nicht alle Bekehrungen zum Islam gewaltsam erzwungen wurden, gehören Darstellungen, wonach sich der Islam etwa in Nordafrika oder Asien überwiegend durch friedliche Händler ausgebreitet hätte, in den Bereich der Legendenbildung. Der militärische Vormarsch der islamischen Welt über sein arabisches Kerngebiet hinaus begann unter dem Zweiten Kalifen Umar lediglich zwei Jahre nach Mohammeds Tod. 634 tauchten die arabisch-islamischen Truppen erstmals vor den Toren Konstantinopels auf. Ihnen kam, wie gesagt, zugute, dass sich die spätantiken Reiche der Perser und Oströmer durch langjährige Kriege entscheidend geschwächt hatten. Hier gilt es vor allem die Schlacht bei Jarmud im heutigen Syrien am 20. August 636 zu erwähnen, in der eine Armee des damaligen Kaisers von Konstantinopel, Herakleios, vernichtend geschlagen wurde. Zwar gelang es dem Kaiser, seine Hauptstadt zu halten und damit den Vormarsch des Islam nach Norden zu stoppen, doch fielen die wichtigen Provinzen Syrien, Palästina und Ägypten innerhalb weniger Jahre unter arabisch-islamische Herrschaft, sodass den Anhängern des neuen Glaubens der Weg nach Westen offen stand. Das Gebiet zwischen dem Roten Meer und dem Atlantischen Ozean wurde in weniger als einem Jahrhundert unterworfen. Von dort erreichten die ersten islamischen Eroberer 711 das christliche, von den Westgoten beherrschte Spanien.

In Zentralasien kam es ebenfalls zu militärischen Zusammenstößen zwischen den dort herrschenden buddhistischen Königen und den islamisch-arabischen Heeren, aus denen die neuen Eroberer als Sieger hervorgingen. Da es den muslimischen Kriegern nicht nur um militärische Macht ging, sondern sie eine Mission hatten, die über die materielle Welt hinausging, konnten sie ihre Herrschaft durch erfolgreiche Bekehrungsarbeit langfristig konsolidieren. War keine direkte Gewalt im Spiel, sorgten insbesondere materielle Anreize bei den Unterworfenen für die Bereitschaft zum Glaubenswechsel. Dabei handelte es sich zumeist um die wirtschaftliche Diskriminierung der »Ungläubigen«. In Nordafrika wurden beispielsweise nicht-islamische Gemeinden mit einer Sondersteuer belegt. Das führte zu einer allmählichen Aufweichung der vorislamischen Identität, denn mit jeder Generation schwand der Wille der indigenen Bevölkerung, des Glaubens wegen materielle Nachteile in Kauf zu nehmen, ein Stück mehr.

Ohne nun näher auf die Geschichte der islamischen Expansion eingehen zu wollen – dazu gibt es zahlreiche spezifische Werke –, sollen im Folgenden nur einige besonders markante Ereignisse geschildert werden, die der historischen Opferrolle des Islam widersprechen.

Das zweite Karthago und sein Untergang

Bertold Brechts Mahnung an die Welt, verfasst unter dem Eindruck des Zweiten Weltkriegs, ist weithin bekannt: »Das große Karthago führte drei Kriege. Es war noch mächtig nach dem ersten; noch bewohnbar nach dem zweiten. Es war nicht mehr auffindbar nach dem dritten.« Das klingt eindrucksvoll, entspricht aber nicht der historischen Wirklichkeit. Es waren nicht die Römer, die mit dem dritten Punischen Krieg 146 v. Chr. Karthago »unauffindbar« gemacht haben – es waren knapp 850 Jahre später die Araber.

Hundert Jahre nach der Niederlage der Punier (Phönizier) gegen die Römer haben zwei der größten Gestalten der römischen Geschichte Karthago Mitte des 1. vorchristlichen Jahrhunderts zu neuem Leben erweckt: Julius Caesar und Kaiser Augustinus. Sie siedelten Tausende von Römern dort an und brachten es damit zu neuer Blüte. Als sich germanische Völker im 4. Jahrhundert anschickten, Europa in seinen Grundfesten zu erschüttern, war Karthago nach Rom, Alexandria und Antiochia die wichtigste Stadt des Römischen Reiches und ein Zentrum des frühen Christentums mit Märtyrern wie Felicitas und Perpetua, Kirchenvätern wie Tertullian, Cyprian und Augustinus sowie den ältesten lateinischen Dokumenten des jungen Glaubens. Karthagos theologische Seminare zogen Gelehrte von weither an und ihr Einfluss reichte bis Italien und Spanien.

In diese Blütezeit fiel 439 die Eroberung durch die Vandalen, die aber Karthago weitgehend unberührt ließen. Allein die Macht der Kirche schränkten die Vandalen ein. Gleichwohl lehnten die Einheimischen die Eroberer als Fremdherrscher ab. Geschwächt durch Überfälle der autochthonen Berber sowie interne Streitigkeiten, wurde die Vandalenherrschaft schließlich 533 eine Beute des oströmischen Reiches unter Feldherr Belisar, der im Dienste Justinians I. stand, einem der mächtigsten Kaiser der Spätantike.

Nur zwei Jahre später, im Jahr 535, blühte das große Karthago ein letztes Mal auf, nicht zuletzt dank der Tatsache, dass die nordafrikanische Kirche wieder mit den alten Privilegien einer Diözese ausgestattet wurde. Karthago war nun der unbestrittene Mittelpunkt des westlichen Reichsteils der Oströmer, bedeutender als Rom. Kaiser Herakleios erwog sogar angesichts der Bedrohung Konstantinopels durch die Perser im Osten und die slawischen Awaren im Norden, die Hauptstadt von dort nach Karthago zu verlegen.

Doch der neuerliche Aufstieg der Metropole war nur ein Schwanengesang. Mit dem Sieg bei Jarmud hatten sich die islamischen Heere den Weg nach Nordafrika gebahnt. Vor Karthago tauchten sie erstmals 647 auf. Mehr als ein halbes Jahrhundert wehrte sich der christliche Vorposten in Afrika gegen die ebenso dynamische wie rücksichtslose Übermacht.

Dieser im höchsten Maße dramatische Krieg ist selbst in der christlichen Welt nahezu vergessen.

Abgeschnitten vom Rest des Reiches suchten die Karthager verzweifelt Bundesgenossen; und sie fanden sie in den Berbern, die in den Arabern ebenfalls eine Bedrohung ihrer Existenz sahen. Der Oberbefehlshaber der karthagischen Truppen, Johannes, verbündete sich mit der legendären Berberkönigin Kahina (dt.: Priesterin). Sie gehörte einem zum Judentum konvertierten Berbervolk an und hatte bereits zehn Jahre zuvor verhindert, dass die Araber sich über die Küstenregion hinaus ins Landesinnere ausbreiten konnten. Dem vereinten berberisch-karthagischen Heer gelang 695 ein großer Sieg über die Araber unter Feldherr Zuhair Ibn Kais al Balawi, der in der Schlacht fiel und von den Muslimen als Glaubensmärtyrer verehrt wird. »Johannes befreite alle festen Städte Afrikas«, hieß es in einer zeitgenössischen Chronik.[7]

Doch der Erfolg gegen die arabische Übermacht war nur von kurzer Dauer. Drei Jahre später war das Ende nicht mehr abzuwenden. 698 erreichten die Araber ihr großes Ziel, die Einnahme Karthagos, durch eine List. Da die Stadt ähnlich wie Troja alle Angriffe vom Land abgewehrt hatte, setzten die Araber auf ihre Flotte, die mit einem Überraschungscoup die Stadt vom Meer aus attackierte und schließlich eroberte. Die Rache der Sieger war grausam. Wer nicht rechtzeitig übers Meer – der Landweg war abgeschnitten – fliehen konnte, wurde niedergemetzelt, die Stadt zerstört. Die Überreste der Häuser und Mauern dienten als Steinbruch für den neuen Verwaltungssitz sowie das aufstrebende Tunis und das südlich gelegene Kairouan, ein wichtiges islamisch-theologisches Zentrum im Mittelalter.

Um Brecht also richtigzustellen: Seit der arabischen Eroberung 698 war Karthago nicht mehr auffindbar und kein Homer zugegen, um dessen Untergang zu besingen.

Königin Kahina überlebte den Tod ihres Verbündeten Johannes, der in der Schlacht umkam, um drei Jahre. Sie starb 701 auf der Flucht vor den muslimischen Eroberern und mit ihr der Widerstand der Berber. Nordafrika stand fortan dem Islam vollständig offen.

Vergessen ist Kahina übrigens nicht, vor allem die algerische Frauenbewegung beruft sich immer wieder auf sie, allen voran die Politikerin Khalida Messaoudi (Toumi): »Jedes Mal, wenn eine algerische Frau aufsteht, um ihre Rechte zu verteidigen, steht ein Mann hinter ihr, der fragt: ›Was willst du eigentlich, willst du etwa wie die Europäerinnen werden?‹ Unsere Antwort lautet: ›Wir wollen wie Kahina werden! Kahina war eine algerische Herrscherin im siebten Jahrhundert. Sie hat ihr Land nicht in Angst und Schrecken geführt, wie es die Männer heute tun‹.«[8]

Das Ende Konstantinopels

Der Siegeszug der Osmanen, der mit der Eroberung Konstantinopels am 29. Mai 1453 einen ersten Höhepunkt erreicht hatte, weckte erneut das islamische Interesse an Zentraleuropa. Dies wird jedoch selbst von europäischen Wissenschaftlern abgestritten. Die Historikerin Almut Höfert vertritt zugunsten der türkischen Eroberer die Meinung, »dass im Mittelmeerraum die Ansprüche der einzelnen europäischen Mächte und der Osmanen aufeinandertrafen und es nicht angebracht ist, einer der beiden Seiten eine einseitige Legitimation auf eine Expansion zuzugestehen.«[9] Höfert übersieht dabei, dass die europäischen Mächte im 15. Jahrhundert den islamischen Reichen so weit unterlegen waren, dass von ihnen keinerlei Expansionsbestrebungen ausgingen, sondern sie sich glücklich schätzen konnten, wenn sie in der Lage waren, ihr eigenes Territorium zu verteidigen. Die Tatsache, dass hier osmanische Eroberungszüge in mediterrane Rivalitäten umgedeutet werden, ist ein besonders eindrucksvolles Beispiel dafür, wie Expansion bagatellisiert wird, wenn sie nur von der »richtigen« Seite betrieben wird. Gefangen in der Opferrolle können Muslime bei ihren Eroberungen keine Täter gewesen sein.

Zurück zu den Anfängen: Die Wiege der Turkvölker liegt weit vom Mittelmeer entfernt. Sie stammen aus Zentralasien, vermutlich aus der Altairegion südlich des Baikal-Sees. Manche Wissenschaftler sehen ihre Urheimat im Norden des heutigen China und vermuten einen gemeinsamen Ursprung mit den Mongolen, der jedoch nicht gesichert ist. Die Vorfahren der Türken, das mit Abstand größte und erfolgreichste Turkvolk, zogen von dort nach Westen und traten im 6. Jahrhundert erstmals ins Blickfeld der europäischen Chronisten. Im 8. und 9. Jahrhundert wurden sie unter arabischem Einfluss islamisiert. Osman I. (1258–1326) wurde schließlich der Stammvater einer Dynastie, die in der Neuzeit zu einer der bedeutendsten Mächte zwischen dem Balkan, Nordafrika und dem Kaspischen Meer wurde. Ihr großer Traum, mit gigantischen Armeen über den Balkan Zentraleuropa einzunehmen, scheiterte 1529 und 1683 vor Wien. Das war der Grund, warum die Türkengefahr »de facto« nicht ganz Europa betraf, wie Höfert anmerkt, und nicht etwa die zurückhaltende Expansionspolitik.

Die Elitetruppe der Osmanen, die von Osmans Sohn Orhan I. (1281–1359) gegründet worden war, bestand aus den Janitscharen. Das waren Kinder aus unterworfenen christlichen Familien, die ihren Eltern entrissen und zu besonders fanatischen Muslimen und rücksichtslosen Soldaten erzogen wurden. Einige Vertreter der modernen Islamwissenschaft weigern sich bis heute, derartige Verbrechen zur Kenntnis zu nehmen. Sie interpretieren zudem die Türkenkriege in einem Atemzug mit den Kreuzzügen als Ursache für Islamfeindlichkeit: »Die Abneigung gegenüber dem Islam ist keine Neuerscheinung, die mit den Terroranschlägen vom 11. September 2001 oder mit dem Mord an Theo van Gogh am 2. November 2004 neu entstanden ist. Islamfeindlichkeit ist ein historischer Makel, der sich seit Jahrhunderten tief in die europäische Seele eingebrannt und bis in unsere Tage sein hässliches Gesicht nie wirklich verloren hat. Die beiden Stichtage im Herbst 2001 und 2004 haben letztlich nur eine Stimmung revitalisiert, die in der Geschichte zahlreiche Marksteine hat. Die bekanntesten sind die Kreuzzüge und die Türkenkriege.«[10]

Weiße Sklaven für die Steinbrüche

Etwa ein Vierteljahrtausend herrschte in den nördlichen Anrainerstaaten des Mittelmeers Angst und Schrecken vor brutalen und militärisch nahezu unbesiegbaren Sklavenhändlern, die mit gut ausgerüsteten und kampferprobten Kriegern auftauchten, Bauern, Fischer, Frauen und Kinder in ihre Gewalt brachten und mit ihrer Beute ebenso rasch wieder verschwanden, wie sie aufgetaucht waren. Der Terror begann im frühen 16. Jahrhundert, als die christlich-abendländische Welt dabei war, ihre Gewaltherrschaft über neu entdeckte Kontinente auszudehnen, und endete erst im späten 18. Jahrhundert, als der weiße Kolonialismus allmählich Afrika entdeckte. Diese Zeitspanne lässt ahnen, dass es sich bei den Sklavenzügen im Mittelmeer nicht um ein marginales Ereignis mit lokaler Bedeutung gehandelt hat. Dennoch waren sie bis ins 21. Jahrhundert hinein niemals Gegenstand der wissenschaftlichen Forschung und auch unter den Opfern wurde die Erinnerung an das Leid nicht gepflegt. Die Geschichtsschreibung ging lange Zeit von nur »ein paar Tausend« Opfern aus.

2004 förderte der US-amerikanische Historiker Robert Davis von der Ohio State University bemerkenswerte Ergebnisse zutage. »Vieles von dem, was bisher geschrieben wurde, vermittelt den Eindruck, als wäre das Problem für Europa nicht bedeutend gewesen. Doch das ist ein Irrtum. (…) Wir haben das Gefühl dafür verloren, wie groß die Bedrohung für diejenigen war, die um das Mittelmeer herum lebten«, fasst er das Ergebnis seiner Forschungen zusammen. Nach seinen Untersuchungen landeten etwa 1 bis 1,25 Millionen Gefangene aus dem Norden auf den Sklavenmärkten des südlichen Mittelmeers.[11] Die jahrhundertelange Praxis hatte eine wirtschaftliche sowie eine kulturell-religiöse Komponente. Die Sklaven wurden als billige Arbeitskräfte auf Galeeren, in Steinbrüchen, in Salzminen und in der Landwirtschaft eingesetzt. Da viele aufgrund der harten Lebens- und Arbeitsbedingungen früh starben, war der Bedarf groß, sodass die Sklavenjagden für die Menschenhändler und Schiffsbesitzer lukrativ waren.

Für die Opfer gab es nur eine Möglichkeit, ihr Schicksal zu verbessern: Zum Islam zu konvertieren. Aus dem Sklavenstatus konnten sie sich dadurch zwar nicht befreien, aber sie wurden aus den härtesten Frondiensten entlassen, die man Glaubensbrüdern nicht zumuten wollte. Bei den Erbeuteten handelte es sich ausschließlich um Christen und ihr Schicksal stand laut Davis dem ihrer schwarzen Leidensgenossen in den amerikanischen Südstaaten wenige Jahrhunderte später in nichts nach – nur gab es kaum jemanden, der damals für das Los der Christensklaven eintrat. Die Versklavung durch islamische Sklavenjäger endete erst, als die europäischen Mächte so stark geworden waren, dass sie dem Treiben ein Ende bereiten konnten. Die Sklavenjäger jedoch ließen deswegen noch lange nicht von ihrem Geschäft ab; sie wechselten nur ihre Routen und wandten sich fortan nicht mehr nach Norden, sondern nach Süden, in die von Schwarzen besiedelten Regionen Afrikas. Zwischen dem 16. und dem 19. Jahrhundert nahmen sie etwa 11 Millionen Schwarze gefangen, die sie über den Atlantik nach Amerika brachten, wo sie auf den Baumwoll-, Zuckerrohr-, Tabak-, Kaffee- und Kakaoplantagen der neuen Oberschicht schuften mussten.[12] In den USA wurden die Sklaven während des Bürgerkriegs am 1. Januar 1863 befreit, in Brasilien als letztem legal sklavenhaltenden Staat erst 1888.

Exkurs: Der erste systematische Völkermord

Das 20. Jahrhundert gilt als das Jahrhundert der Völker- und Massenmorde. Die Shoah der Nationalsozialisten, die Massenmorde von Stalin und Mao an der eigenen Bevölkerung, Pol Pots Rote Khmer, der knapp ein Drittel der Kambodschaner zum Opfer fielen, der Völkermord in Darfur (Sudan) oder die Massaker in Ost-Kongo, Ruanda und Burundi gehören zu den extremsten Beispielen. Nahezu alle diese Massenverbrechen wurden nach dem Sturz oder Tod der Verantwortlichen verurteilt, in manchen Fällen wurde der Versuch unternommen, durch juristische Verfahren Täter zur Rechenschaft zu ziehen. Nur für den ersten großen Massenmord des 20. Jahrhunderts gilt dies bis heute nicht. Gemeint ist die Vernichtung von etwa 1,5 Millionen christlichen Armeniern sowie über 250 000 ebenfalls christlichen Assyrern in der Endphase des Osmanischen Reiches, der damals führenden Macht in der islamischen Welt.

Der Völkermord hatte einen kulturell-religiösen Hintergrund. Die Armenier gehören zur indoeuropäischen Sprachfamilie und bekannten sich schon früh zum Christentum. Bereits seit 301 n. Chr., noch vor der »Konstantinischen Wende« – der Annahme des Christentums als römische Staatsreligion –, existierte eine armenische Staatskirche. Auch die aramäisch sprechenden Assyrer zählen zu den ältesten christlichen Völkern der Erde. Neben den antiken Assyrern berufen sie sich auf die biblischen Völker der Aramäer und Chaldäer. Jahrhundertelang lebten beide Gemeinschaften relativ friedlich unter der osmanischen Herrschaft, die sie als Dhimmi akzeptierte. Damit waren sie in dem Vielvölkerreich religiös und ethnisch definiert. Sie existierten in Parallelgesellschaften, in denen sie ihre Identität wahren und sich wirtschaftlich entfalten konnten, nur die politische Macht war den Osmanen vorbehalten. Mit den antitürkischen Freiheitsbewegungen auf dem Balkan, in Griechenland und anderswo sank jedoch die Toleranz, die die Osmanen bisher den nicht-muslimischen Völkern entgegengebracht hatten. Auch die Armenier wurden in die sich anbahnenden Konflikte einbezogen. 1827 eroberte Russland einen Teil Armeniens um Jerewa, Ende des 19. Jahrhunderts kam es zu ersten Massakern an Armeniern durch die Osmanen, weil das im Zerfall befindliche Osmanische Reich damit armenischen Sezessionsbestrebungen vorbeugen wollte. Etwa 300 000 Armenier starben zwischen 1894 und 1896 eines gewaltsamen Todes. Mit dem Ausbruch des Ersten Weltkriegs sahen die sogenannten Jungtürken, die 1908 den letzten Sultan gestürzt hatten, ihre Chance gekommen, sich des »Armenierproblems« zu entledigen. Ein Massaker an 600 armenischen Intellektuellen in Konstantinopel am 25. April 1915 bildete den Beginn der planmäßigen Vernichtung. In den folgenden drei Jahren vertrieben die Türken, zum Teil mit Unterstützung der Kurden, etwa 1,5 Millionen Armenier aus ihren Siedlungsgebieten – angeblich, damit sie keine innere Front im Krieg bilden konnten. Die meisten Armenier starben während der Todesmärsche durch Hunger und Gewalt. Von den 1,5 Millionen Deportierten erreichten nur 125 000 die vorgesehenen Gebiete im heutigen Syrien und Libanon, wenig mehr konnten nach Russland und Persien fliehen. Bis zum Ende des 1. Weltkriegs waren zudem über 250 000 Assyrer den Türken durch Vertreibung, Massaker und Kämpfe zum Opfer gefallen.

Der Vater der modernen Türkei, Kemal Mustafa Atatürk, der 1921 die Macht übernahm, brach mit vielen osmanischen Traditionen, doch in der Frage nach der historischen Wahrheit bezüglich des Völkermordes blieb er seinen Vorgängern treu. Nicht anders hält es die heutige türkische Regierung. Bis heute bestreitet sie, dass es einen planmäßigen Genozid an Armeniern und Assyrern gegeben hat. Sie spricht von maximal 300 000 Toten, die Opfer der kriegsbedingten Umstände geworden seien, zumal sich die christlichen Völker mit den Feinden der Türkei (England, Frankreich) verbündet und versucht hätten, eine innere Front aufzubauen. Dieser Vorwurf entspricht nicht der Wahrheit und ist ideologisch motiviert. Denn England und Frankreich haben die Forderung nach einem eigenen Armenier-Staat nie ernsthaft verfolgt: Sie wünschten sich eine zwar erheblich verkleinerte, aber starke Türkei als Gegengewicht zur Sowjetunion.

Im Zuge der Bemühungen um den EU-Beitritt ist die türkische Regierung etwas konzessionsbereiter geworden und die Phalanx der Völkermordleugner hat einige Risse bekommen. Von einer wirklichen Anerkennung und Übernahme der Verantwortung für diesen Genozid, verbunden mit einer wie auch immer gearteten Entschädigung für die Nachkommen der Opfer, ist die Türkei jedoch nach wie vor sehr weit entfernt.

Die aktuelle Situation

Wer die offizielle Sicht Ankaras in politischen Fragen öffentlich anzweifelt, lebt bis ins 21. Jahrhundert hinein gefährlich, wie das Schicksal des Journalisten Hrant Dink (1954–2007) dokumentiert. Hrant Dink war armenischer Abstammung und verstand sich als Versöhner zwischen seinem Volk und den Türken. Sein wichtigstes Medium war die zweisprachige Wochenzeitung *Agos*, die kontroverse Themen offen aussprach. Nationalistischen Kräften war er seit Langem ein Dorn im Auge. Am 17. Januar 2007 wurde er in seiner Wahlheimat Istanbul vor seinem Verlagshaus von einem 16-Jährigen erschossen. Zwar löste der Mord eine Welle der Solidarität mit dem Opfer und seiner Arbeit aus – an der Beerdigung nahmen 100 000 Menschen teil und alle Politiker verurteilten die Gewalt –, doch eine grundlegende Änderung der Politik wurde nicht eingeleitet und die Signale der Regierung sind ambivalent.

Eines des größten Heiligtümer und das Symbol des armenischen Glaubens ist die Kirche des Heiligen Kreuzes auf der Insel Akdamar im Van-See, im Osten der heutigen Türkei, nach armenischem Verständnis West-Armenien. Sie war bis 1895 der Sitz des Katholikats von Aghtamar, eines der wichtigsten Heiligtümer im armenischen Hochland. Von 2006–2009 wurde das Gebäude aufwendig restauriert und die armenische Kirche verband damit die Hoffnung, es zumindest zeitweilig wieder als Gotteshaus nutzen zu dürfen. Dem erteilte die türkische Regierung unter Recep Tayyip Erdogan Anfang 2010 zunächst eine Absage. Sie beschied, die Kirche werde in ein Museum umgewandelt und dürfe weder zum Beten noch für christliche Symposien genutzt werden.[13] Zudem war bei der Renovierung unterlassen worden, das traditionelle Kreuz wieder auf das Dach zu setzen. Einige Monate später folgte plötzlich eine Kehrtwendung. Am 19. September 2010 fand erstmals wieder ein armenisch-christlicher Gottesdienst in der Kirche statt; Anfang Oktober wurde sie sogar mit einem zwei Meter großen Kreuz geschmückt.

Für die anderen christlichen Gemeinden in der Türkei hat sich die Lage ungeachtet der Beitrittsbemühungen der Regierung in die EU eher verschlechtert. Christliche Vereine oder Gemeinden werden nicht als juristische Personen anerkannt und sie erhalten keine Rechtstitel, wie es noch zur osmanischen Zeit üblich war. Sie können somit weder Mietverträge abschließen noch Bankkonten eröffnen. Lange Zeit halfen sich die Gemeinden, indem sie Stiftungen gründeten, die für eine gewisse Infrastruktur bei der Ausübung des Glaubens sorgten. Begüterte Privatpersonen überschrieben den Stiftungen Häuser, in denen die Christen Gottesdienste feiern konnten. Damit war 1974 Schluss. Ein Gericht entschied, dass diese Stiftungen keine Immobilien annehmen dürften, und der Beschluss galt sogar rückwirkend. Durch diese Justizwillkür verloren die christlichen Gemeinden etwa 80 Prozent ihrer Besitztümer. Im November 2006 hat das türkische Parlament im Zugzwang der EU-Verhandlungen ein neues Stiftungsgesetz erlassen, das für die religiösen Minderheiten jedoch nicht die erhofften Verbesserungen brachte. Zwar sind sie vor weiteren Enteignungen geschützt, doch haben sie kein Recht, verlorene Immobilien zurückzufordern. Zudem bleibt der Staat die letzte Autorität bei der Verwaltung der Besitztümer; der Willkür ist nach wie vor Tür und Tor geöffnet. Ähnliches gilt für den Bau von Kirchen, der offiziell wieder erlaubt ist, doch in der Praxis entscheidet der Staat darüber – und verschleppt die Verfahren über Jahre.

Keine der nicht-islamischen Glaubensgemeinschaften darf Geistliche ausbilden. Das letzte Priesterseminar der orthodoxen Christen – es befand sich auf der Insel Heybeli (gr. Halki), die Istanbul vorgelagert ist – wurde 1971 geschlossen. Dabei bediente sich die Regierung eines administrativen Tricks, der dieser Maßnahme einen weniger eigenmächtigen Anschein geben sollte: Die griechisch-orthodoxe Kirche wurde aufgefordert, ihr Seminar in die staatlich geführte Universität von Istanbul zu integrieren, was das Patriarchat jedoch ablehnte, weil es seine Unabhängigkeit nicht aufgeben wollte. Damit war sein Schicksal besiegelt. Im neuen Jahrtausend schien es jedoch nochmals Hoffnung auf die Wiedereröffnung des Seminars zu geben. Patriarch Bartholomaios I. – das Oberhaupt von 300 Millionen griechisch-orthodoxen Christen – nährte die Zuversicht und bekräftigte die Bedeutung des Patriarchats von Konstantinopel in einem Interview mit dem US-Sender *CBS*: »Das ist die Fortsetzung von Jerusalem. Für uns ist es gleichermaßen ein heiliges und sakrales Land. Wir möchten hier [Anm.: auf der Insel Heybeli] bleiben, auch wenn wir manchmal gekreuzigt werden.«[14] Premierminister Erdogan schaltete sich schließlich persönlich in die Debatte ein und nannte Bedingungen für die Wiedereröffnung des Seminars. Dabei folgte er einmal mehr der Opferargumentation, die er für die Muslime in Griechenland in Anspruch nahm: Zunächst müsse Griechenland den Status der dort lebenden Muslime grundlegend verbessern. Sie müssten das Recht haben, sich Türken zu nennen, ihren Mufti selbst zu bestimmen und eine repräsentative Moschee in Athen zu bauen sowie einen islamischen Friedhof einzurichten.

Erdogan erinnerte damit an den Vertrag von Lausanne (1923), der einen Bevölkerungsaustausch von Griechen (= Christen) und Türken (= Muslimen) festgelegt hatte. Knapp zwei Millionen Griechen wurden auf dieser Basis aus dem Westen der heutigen Türkei umgesiedelt, das Gebiet war seit 3000 Jahren ihre Heimat und dort hatten Persönlichkeiten wie Homer, Sappho u. a. gelebt. Gleichzeitig wurden etwa 350 000 Türken aus West-Thrakien in die Türkei ausgebürgert. Den jeweils verbleibenden Angehörigen wurden Minderheitenrechte zugestanden, die aber von beiden Konfliktparteien wenig beachtet werden.

Doch zurück zu Erdogans Argumentation: Er ignoriert in seinen Forderungen bewusst, dass es in Athen bereits Moscheen gibt. Abgesehen davon sind die meisten der in Griechenland lebenden Muslime keine ethnischen Türken. Und selbst wenn die türkische Regierung der Eröffnung des Priesterseminars zustimmen sollte, werden sich die orthodoxen Christen weiteren gravierenden administrativen Problemen ausgesetzt sehen. Ankara hat nämlich bestimmt, dass der Patriarch und seine Nachfolger türkische Staatsbürger sein müssen. Es gibt jedoch kaum noch junge griechisch-orthodoxe Christen, geschweige denn Priester mit türkischem Pass. Seit 2006 werden immerhin ausländische Seelsorger als solche akkreditiert. Zuvor mussten sie sich als Angestellte ihrer jeweiligen diplomatischen Vertretung ausgeben. So befindet sich auch die katholische Kirche in Ankara in gewisser Weise unter dem diplomatischen Schutz Frankreichs. Denn ihr Zentrum, die Anlaufstelle für viele christliche Gemeinden, befindet sich in einem alten Herrschaftsgebäude, über dem die französische Flagge weht.

Damit nicht genug. Die alltägliche Diskriminierung der Christen geht noch weiter – und bedient sich des Opfermythos. 2005 veröffentlichte das Staatliche Amt für religiöse Angelegenheiten ein Heft, in dem es heißt: »(…) die Missionare wollen unseren jungen Leuten den Glauben stehlen.«[15] Es handele sich dabei um einen »modernen Kreuzzug«. Dazu wird die antichristliche Stimmung immer wieder durch Gerüchte angeheizt, wonach Priester in den Kirchen Pornofilme zeigten sowie Frauen und Jugendliche verführten.

Die konstitutionelle Demütigung und Behinderung der Christen in ihrer Glaubensausübung hat dazu geführt, dass die Zahl der griechisch-orthodoxen Christen in der Türkei seit den 1960er-Jahren von 120 000 auf 3000 zurückgegangen ist. Insgesamt leben in der Türkei noch maximal 120 000 Christen, die verbliebenen Armenier stellen die Hälfte von ihnen, die Katholiken 20 000, der Rest verteilt sich auf Protestanten, Syrisch-Orthodoxe, Assyrer und Griechisch-Orthodoxe.

»Die größte Christenverfolgung der Gegenwart«

Nicht nur in der Türkei, auch in den meisten anderen islamischen Staaten hat sich die Situation der Christen im frühen 21. Jahrhundert weiter verschlechtert. Am brutalsten ist die Lage im Irak, ein globaler Zynismus ohne Beispiel. Es war der Sturz Saddam Husseins, der den Christen die Zukunft in einer ihrer ältesten Regionen geraubt hat. Zuvor konnten sie – im Rahmen der allgemeinen Repression des despotischen Regimes – ihre Religion genauso praktizieren wie die Muslime. Saddam Hussein war ein arabisch-nationalistischer Diktator, aber kein religiöser Eiferer. Er hat Christen akzeptiert, solange sie keine Gefahr für seine Herrschaft bildeten. Sogar sein enger Vertrauter, der langjährige Außenminister und stellvertretende Regierungschef Tariq Aziz, gehörte der chaldäisch-katholischen Kirche an. Um Karriere zu machen, hatte er jedoch seinen christlichen Namen Michail Yuhanna abgelegt.

Der Sturz Saddam Husseins war das persönliche Interesse des »wiedergeborenen Christen« George W. Bush, der sich nicht gescheut hat, dafür gezielte Falschmeldungen zu verbreiten und den Bruch des Völkerrechts in Kauf zu nehmen. Die von den USA geführte Invasion im Irak zeitigte einen ungewollten Nebeneffekt: Sie hat den dortigen Christen ihrer Lebensgrundlage insofern beraubt, als dass religiösen Fanatikern Raum gegeben wurde, nun ihre Vorstellungen von einem rein islamischen Land durchzusetzen. Diese Befürchtung äußerte der aus Bagdad stammende chaldäische Bischof Schlemoun Wardouni bereits wenige Monate nach der Invasion am 18. Dezember 2003: »Wir haben Angst vor der Zukunft – wir fürchten die Fanatiker.«[16] Es sollte eine prophetische Voraussage werden. Von den ehemals 1,4 Millionen Christen vor der US-amerikanischen Invasion sind Hunderttausende geflohen. In einer Dokumentation der Gesellschaft für Bedrohte Völker heißt es: »Ob Mann oder Frau, Kind oder Greis, Priester oder Nonnen – Angehörige der christlichen Minderheit, der Assyro-Chaldäer, sind im mittleren und südlichen Irak nirgendwo mehr sicher. Christen werden auf dem Weg zur Arbeit oder zur Schule angegriffen, in ihren

Wohnungen oder Läden überfallen. Hunderte wurden schon verschleppt. Mädchen und Frauen – sogar Nonnen – vergewaltigt. Selbst islamische Geistliche schüren die Hetzjagd gegen Christen und fordern sie öffentlich zum Verlassen des Landes auf. So verlangte Imam Hatim Al Razak im Mai 2007 von den Assyro-Chaldäern in Dura, einem Stadtteil von Bagdad, sie sollten zum Islam übertreten oder sofort gehen. (…) Für die Christen bedeutet der systematische Terror das Ende ihrer fast zweitausendjährigen Geschichte in weiten Teilen des heutigen Irak. Von etwa 650 000 Assyro-Chaldäern bei Kriegsbeginn 2003 wurden schon drei Viertel aus ihrer Heimat vertrieben.«[17]

Die Gesellschaft für Bedrohte Völker steht nicht im Verdacht, ein »antiislamisches Feindbild« zu schüren, hat sie sich doch zuvor als Anwalt der islamischen Bosnier und Kosovaren einen Namen gemacht hat. Tatsache ist dagegen, dass die von den USA unterstützte Regierung dem Treiben keinen Einhalt gebieten kann oder will. Heute werden Christen von islamischen Fanatikern entführt, vergewaltigt, gejagt, vertrieben, ermordet; ihre Kirchen niedergebrannt. Das jüngste Massaker vom 30. Oktober 2010 forderte über 50 Opfer unter den Besuchern der Abendmesse der Sayidat-al-Nejat-Kirche von Bagdad. Auch im »christlichen Abendland« war dies kaum mehr als eine kurze Randnotiz wert.

Als Vorwand für die Vernichtung der Christen im Irak wird bisweilen angegeben, sie seien Verbündete des Westens; eine Zuordnung, der jede Basis fehlt. Niemand hat unter dem Engagement des Westens so sehr gelitten wie die irakischen Christen. Von Minister Tariq Aziz ist – in stiller Vorahnung? – die resignierende Einschätzung überliefert, die er am Vorabend des amerikanischen Einmarschs von sich gegeben hat: Es sei ihm unerklärlich, warum die USA unbedingt eines der letzten laizistischen Regime in der arabischen Welt stürzen wollten.

Das Schicksal des Paulos Iskandar

Paulos Iskandar war syrisch-orthodoxer Pfarrer in der Mar-Afram-Kirche von Mosul, ein multiethnisches Zentrum im Norden des Irak. Am 6. Oktober 2006 wurde er verschleppt und seine Entführer wandten sich mit einer hohen Lösegeldforderung an die Familie. Diese bat die Gemeinde um Hilfe, die ihren Pfarrer sehr verehrte. In großer Sorge um sein Leben brachten Gemeinde und Familie schließlich das Lösegeld auf und lieferten es wie vereinbart ab. 48 Stunden später bekamen sie Paulos Iskandar zurück – oder das, was von ihm übrig geblieben war. Er war enthauptet und auf grässliche Art verstümmelt; seine Arme und Beine waren vom Rumpf abgetrennt. Seine Entführer hatten niemals die Absicht gehegt, ihm auch bei der Erfüllung ihrer Forderungen eine Chance zu geben.

Ägypten gilt als gemäßigter islamischer Staat, dessen Regierung sich um Toleranz im Umgang mit den Kopten, wie die ägyptischen Christen genannt werden, bemüht. Deren Zahl ist relativ hoch, auch wenn die Angaben weit auseinandergehen: Die Mindestzahl liegt bei 6 Prozent der 83 Millionen Einwohner, optimistische Schätzungen reichen bis 20 Prozent.

Die Geschichte der koptisch-orthodoxen Kirche reicht bis ins frühe 3. Jahrhundert zurück und viele der vorchristlichen Traditionen wie der populäre Isis-Kult fanden in ihren Glaubensinhalten Niederschlag. Von den Byzantinern mehr diskriminiert als akzeptiert, erlebten die Kopten die arabische Eroberung zunächst als Befreiung. Die Erleichterung währte jedoch nicht lange, denn die Eroberer gingen daran, alle Machtpositionen mit Muslimen zu besetzen.

Zudem erhoben sie eine Kopfsteuer für Christen und Juden. Zwischen dem 14. und frühen 16. Jahrhundert erreichte die Diskriminierung ihren Höhepunkt: Die Kopten waren gezwungen, einen besonderen Gürtel als Zeichen der Stigmatisierung zu tragen.

Heute werden die koptischen Christen von Staatsseite weitgehend geachtet. So ernannte die Regierung erstmals 2005 das orthodoxe Weihnachtsfest, das am 7. Januar gefeiert wird, zum Feiertag. Über den Bau einer Kirche entscheidet aktuell der Präsident bzw. eine von ihm eingesetzte Kommission, über die Renovierung von Gotteshäusern der Provinzgouverneur. Präsident Mubarak zeigt sich insgesamt relativ offen für integrative Ansätze. Sein ältester Sohn, Gamal Mubarak, hegt sogar unverhohlen Sympathien für das christliche Erbe Ägyptens; bisweilen erscheint er zum Weihnachtsgottesdienst von Patriarch Schenuda III., dem Oberhaupt der koptischen Kirche.

Trotz dieser positiven Zeichen sehen sich die Kopten seit den 1980er-Jahren einer immer stärkeren Verfolgung ausgesetzt, die auf das Erstarken der Muslimbruderschaft zurückgeht. Deren erklärtes Ziel ist es, aus Ägypten einen streng islamischen Staat zu machen. Da der Einfluss der Muslimbrüder weiterhin wächst, ist die Regierung aus machtpolitischen Gründen bestrebt, ihnen entgegenzukommen, indem sie die Rechte der Christen einschränkt. So wurde die weltweite Hysterie um das Virus H1N1 (Schweinegrippe) genutzt, um nahezu den gesamten Schweinebestand in Ägypten zu vernichten, der in koptischem Eigentum stand und ihr Vermögen darstellte. Vor allem im Süden, wo die Kopten in einigen Dörfern die Mehrheit bilden, werden sie immer wieder Opfer von Anschlägen. Anlass sind zumeist religiöse Symboliken, von denen sich Muslime provoziert fühlen. So führte angeblich »zu lautes Glockengeläut« 2004 zu gewalttätigen Auseinandersetzungen mit elf Verletzten. 2002 und 2010 gab es Anschläge in El-Kusheh und Nag Hammadi mit insgesamt knapp 30 Toten. Der jüngste dieser beiden Vorfälle hatte eine besonders politische Note. Nag Hammadi ist eine der traditionellen Hochburgen der Kopten. Dort waren bei antichristlichen Ausschreitungen im Herbst 2009 zahlreiche christliche Geschäfte zerstört worden. Der örtliche Bischof Kyrillus forderte daraufhin offen mehr Rechte und einen besseren Schutz für die Kopten ein. Die Reaktion waren zahlreiche Drohungen und vor allem die Warnung, von der Feier des Weihnachtsfestes abzusehen. Doch der Bischof ließ sich nicht einschüchtern. Am Ende der Weihnachtsmesse fuhren drei religiöse islamische Fanatiker mit einem Auto vor die Kirche und eröffneten das Feuer auf die dort versammelten Menschen und töteten sieben von ihnen. Unter anderem starb auch ein muslimischer Wachmann. Bischof Kyrillus geht davon aus, dass der Anschlag ihm persönlich galt.

Nach diesem Anschlag auf die koptischen Christen zum Weihnachtsfest 2009/10 veröffentlichte der Zentralrat der Muslime in Deutschland eine Erklärung, in der er sich deutlich von dem Gewaltakt distanzierte, jedoch gleichzeitig Zeitungsberichte zitierte, die jede religiöse Komponente des Verbrechen zurückwiesen, sondern darin einen Racheakt für die angebliche Vergewaltigung eines zwölfjährigen muslimischen Mädchens durch einen Kopten sahen.[18] Die Vergewaltigung ist nicht bewiesen.

Auch in Algerien herrscht wie in Ägypten eine große Diskrepanz zwischen einer relativ säkularen Regierung und der faktischen Behandlung der nicht-islamischen Religionen. Die Gleichberechtigung von Frauen ist zwar weiter fortgeschritten als in fast allen islamischen Ländern und die Regierung bekämpft Extremisten mit rücksichtsloser Gewalt, aber im Umgang mit der kleinen christlichen Minderheit unterscheidet sich das Land immer weniger von den intoleranten Fundamentalisten in Saudi-Arabien, Afghanistan und anderswo. Im Jahre 2006 wurde eine Verordnung erlassen, wonach alles, was einen Muslim durch »Anreize, Zwang oder Verführung« dazu bringen könnte, einen anderen Glauben anzunehmen, unter Strafe stellt. Selbst die »Veröffentlichung, Verbreitung und Lagerung« von Publikationen, die geeignet sind »den Glauben eines Muslims zu erschüttern«, sind streng verboten. Jedes »religiöse Treffen«, sprich Gottesdienst, muss fünf Tage vorher genehmigt werden. Diese Verordnung wird zusehends schärfer umgesetzt. Im Sommer 2008 wurden vier Konvertiten zu Gefängnisstrafen auf Bewährung verurteilt, weil sie in einer Privatwohnung einen nicht genehmigten Gottesdienst abgehalten hatten.

Besonders extrem zeigt sich die Missachtung der nicht-islamischen Glaubensgemeinschaften in Saudi-Arabien, dem Zentrum der islamischen Welt. Ungeachtet internationaler Kritik werden bereits die Kinder entsprechend indoktriniert. In Schulbüchern für Sechsjährige ist zu lesen: »Alle Religionen sind falsch, mit Ausnahme des Islam.« Kinder dürften deshalb keinen freundschaftlichen Umgang mit Christen und Juden pflegen. Ähnlich – wenn auch mit weniger Erfolg – formt die Islamische Republik Iran die Geisteshaltung ihrer Kinder. Das internationale Zentrum für Überwachung der Auswirkungen des Friedens (CMIP) untersuchte 2007 115 iranische Schulbücher und traf dabei auf folgende Passagen, die für die 8. Klasse bestimmt waren: »Initiative Dschihad: Immer wenn Unterdrückten zu helfen ist, kennt die Armee des Islam ihre Pflicht.«[19]

Terrorismus

Der Terrorismus ist nicht mit Al-Qaida auf die Welt gekommen. Diese Variante unterscheidet sich jedoch von allen anderen Terroristengruppen in einem wesentlichen Punkt: Von den russischen Anarchisten über jüdische Extremisten, Sikh-Militante, deutsche und italienische Stadtguerilleros, baskische Separatisten, nordirische Katholiken bis zu den Tamilen-Tigern – um einige namentlich hervorzuheben – war der Terrorismus immer regional auf einen Konflikt bezogen. Er traf Symbole und Personen, die aus der Sicht der Terroristen vor Ort mit diesem Konflikt zu tun hatten. Das gilt auch noch für den frühen palästinensischen Terrorismus.

Jürgen Todenhöfer philosophiert zum Thema Terrorismus: »Die Hauptursache des Terrorismus ist nicht Not oder Armut, sondern die totale Aussichtslosigkeit, einen als zutiefst ungerecht empfundenen Zustand mit legalen Mitteln beseitigen zu können. Gegen diesen Terrorismus hilft nur eine Strategie, die Härte mit Gerechtigkeit verbindet. Ohne Gerechtigkeit kann man den Terrorismus nicht beseitigen.«[20] Für den Terror, der von dem losen Al-Qaida-Netzwerk und Gesinnungsfreunden verübt wird, trifft diese Ursachenforschung nicht zu. Dieser Terror gründet nicht in politischer Unterdrückung, sozialer Perspektivlosigkeit, Elend, Diskriminierung oder dem Gefühl von Ungerechtigkeit. Seine Protagonisten sind häufig gut gebildete, vermögende, junge Männer aus gehobenen Gesellschaftsschichten, denen es an einer beruflichen Perspektive nicht mangelt. Ihnen geht es nicht um ein konkretes politisches Ziel und sie wenden sich nicht gegen einen klar definierten Gegner. Sie bekämpfen vielmehr einen Lebensstil, der von religiösen

Fanatikern als unvereinbar mit den eigenen Moral- und Glaubensvorstellungen angesehen wird. Und diese Fanatiker sind nicht bereit, anderen Menschen mit anderen Glaubensvorstellungen einen anderen Lebensstil als den eigenen zuzugestehen. So haben sie die ganze Welt zum Kriegsschauplatz erklärt. Das gilt nicht erst seit 9/11. Botschaftspersonal der amerikanischen Vertretungen in Kenia und Tansania, westliche Urlauber in einer Diskothek auf Bali, Passagiere von Vorortzügen in London, Madrid und Mumbai (Bombay), Gäste von Luxushotels in Jakarta haben wenig gemeinsam. Dennoch wurden sie Opfer eines Glaubens- und Wertekampfes, der sich noch nicht einmal darum schert, wie viele islamische Glaubensbrüder den Anschlägen zum Opfer fallen. Für diese Universalität des Kampfes gibt es in der Geschichte des Terrorismus kein weiteres Beispiel.

Von der Diskriminierung zur offenen Gewalt

Es gibt buchstäblich keinen Staat in der islamischen Welt, in dem Nicht-Muslimen flächendeckend das gewährt wird, was Muslime im Abendland erfolgreich einfordern, nämlich die Gleichbehandlung mit der Mehrheitsreligion, einschließlich der Möglichkeit, seinen Glauben zu wechseln. Letzteres ist unter den mehrheitlich islamischen Staaten allein in Indonesien möglich, doch werden auch dort die Bedingungen immer schwieriger. In neun Staaten wird die Abkehr vom Islam sogar mit dem Tode bestraft.
Christen, die im Verdacht stehen, ihren Glauben verbreiten zu wollen, setzen sich in nahezu allen islamischen Staaten einer großen Gefahr aus. Der Mord an dem katholischen Priester Andrea Santoro im nordtürkischen Trabzon im

Februar 2006, die Tötung der drei Mitarbeiter eines christlichen Verlages – darunter des Deutschen Tilman Geske – im südosttürkischen Malatya am 18. April 2007 oder die Ermordung der jungen deutschen Pflegehelferinnen Rita Stumpp und Anita Grünwald im Juli 2009 im Jemen sprechen eine deutliche Sprache – vor allem dann, wenn man bedenkt, dass auf jeden vollendeten Mord eine noch größere Zahl von Mordversuchen kommt.

Hintergründe von religiös motivierten Gewalttaten an Christen werden häufig mehr verschleiert als aufgeklärt, so auch bei den Morden von Malatya, dem Geburtsort von Hrant Dink, in der Türkei: Die Christen dort machen staatliche Stellen für die Gewalttaten mitverantwortlich. Bedri Peker, der Präsident des Bundes der protestantischen Kirchen in der Türkei, erklärte auf einer Pressekonferenz: »Christen werden als potenzielle Kriminelle, Separatisten und Landesverräter dargestellt. Einige Politiker und Medien stellen die Christen feindselig ins Zielvisier und hetzen die Bevölkerung auf. Missionar sein heißt nichts anderes, als unseren Glauben vorstellen zu wollen. Wir als Christen dieses Landes haben im Rahmen der Rechte und Freiheiten, die uns die Verfassung gewährt, das natürliche Recht, unseren Glauben zu praktizieren und zu verbreiten.«[21] Und der Vorsitzende des Vereins protestantischer Freikirchen, Ihsan Özbek, ergänzte, in der Türkei sei seit Langem eine Saat der Intoleranz, des Rassismus und der Christenfeindlichkeit gestreut worden, die jetzt aufgehe. Auch Senel Karatas, die Vorsitzende des Vereins für Menschenrechte in Malatya, vermutet hinter den Morden an den Christen *derin devlet* (den »tiefen Staat«). Darunter verstehen türkische Menschenrechtsaktivisten Verbrechen, die »ohne Billigung des Staates nicht geschehen können und mit Billigung des Staates nicht geschehen dürfen«. Den Aktivisten zufolge gibt es ein Netzwerk von Angehörigen aus Armee, Geheimdienst, Justiz und Staatsapparat, das in die Geschicke des Landes eingreift, wenn es das für notwendig erachtet und sich dabei leicht beeinflussbarer junger Menschen bedient. Tatsächlich fällt auf, dass die spektakulären Morde mit religiösem Hintergrund von Jugendlichen begangen wurden: Der Mörder von Hrant Dink war 16 Jahre alt. Der Mörder von Pater Santoro war ebenfalls ein 16-jähriger Schüler, der durch die Mohammed-Karikaturen der dänischen Zeitung *Jyllands-Posten* fanatisiert worden sein soll.[22] Der Mord von Malatya wurde von 19- und 20-Jährigen verübt.[23] Der Vorteil in dieser Auswahltaktik der Täter liegt darin, dass bei einer Festnahme die Minderjährigen noch nicht unter das Erwachsenenstrafrecht fallen, sodass ihnen nur milde Strafen drohen.

Zurückhaltende christliche Solidarität

Angesichts dieser erschreckenden Zustände drängt sich die Frage auf, wie es um die Solidarität der Christengemeinschaft weltweit bestellt ist. Die Antwort ist ernüchternd. Wenn in Pakistan oder dem Irak Christen allein aufgrund ihrer Glaubenszugehörigkeit inhaftiert, gefoltert oder ermordet werden, sie in Saudi-Arabien gar nicht existieren dürfen und ihnen in laizistischen Staaten wie der Türkei und Algerien die minimalsten Rechte vorenthalten werden, schaut der größte Teil der Christenheit betreten weg. Auch Institutionen, die informiert sein müssten, wie Einrichtungen der Islamwissenschaft, von Menschenrechtsaktivisten oder Entwicklungsexperten, halten sich, von Ausnahmen wie der Gesellschaft für Bedrohte Völker abgesehen, auffällig zurück, wenn es um die Anteilnahme am Schicksal verfolgter Christen geht.

Dagegen sind es vor allem kleine konservative oder pietistische Gruppen wie Kirche in Not, Open Doors bzw. Christian Solidarity International, die kontinuierlich auf die teilweise alarmierenden Lebensbedingungen der Christen in der islamischen Welt hinweisen. Dazu kommt die Internationale Gesellschaft für Menschenrechte, die ebenfalls zum konservativen, wenn auch nicht spezifisch kirchlichen Spektrum zählt. Insgesamt jedoch hält sich der gesellschaftliche Einfluss all dieser Organisationen in Grenzen – das belegt exemplarisch ihr Durchsetzungsvermögen bei Themen wie Abtreibung, Homosexualität etc., bei denen die Wertvorstellungen der konservativen Christen weit vom gesellschaftlichen Konsens entfernt liegen.

In Deutschland löste die langjährige Bischöfin der Nordelbischen Landeskirche, Maria Jepsen, 2009 in Hamburg eine emotionale Debatte aus, als sie für den Ruf des Muezzins zum Freitagsgebet plädierte, während sie kaum klar Stellung zur Christenverfolgung in der islamischen Welt nahm. Sie wurde deshalb als eine Bischöfin wahrgenommen, der die Rechte der Muslime in Deutschland mehr am Herzen liegen als Leben und Freiheit der Christen in der islamischen Welt. Bestärkt wird dieser Eindruck durch die äußerst zurückhaltende Reaktion der EKD (Evangelische Kirche in Deutschland) auf die Verfolgung der Kopten in Ägypten.

An dieser Stelle sei ein Blick über die Grenze nach Frankreich erlaubt. Dort hat die zunehmende Repression gegen Christen, vor allem Konvertiten, in Algerien eine lebhafte Diskussion entzündet, bei der die Grenzen zwischen Opfern und Tätern verschwommen sind. Der Islam sei nun einmal die Grundlage der Einheit Algeriens und wenn Einheimische konvertierten, würden »Erinnerungen an Schläge geweckt, die der koloniale Eroberer Kultureinrichtungen des Islam zugefügt habe« – so rechtfertigte nicht etwa ein Imam oder Orientalist die algerische staatliche Repression gegen Konvertiten, sondern der katholische Priester Christian Delorme aus Lyon, einer der Hauptvertreter des christlich-islamischen Dialogs in Frankreich.

218

Viele sogenannte progressive Theologen argumentieren ähnlich. In einer Schwerpunktausgabe »Bedrängte Christen« der Zeitschrift *Eine Welt* nimmt die Christenverfolgung in den islamischen Staaten ein paar wenige Seiten ein und wird zudem relativiert: »So steckt heute hinter Angriffen auf Christen auch die Angst vor der ›moralischen Verderbtheit des christlichen Abendlandes‹. Das ist nicht erst seit fünfzig Jahren so. Das Christentum schleppt eine schwere Last: Es kam mit den Kolonialherren nach Asien, Afrika und Lateinamerika.« Das ist die Einschätzung des Pressesprechers des Evangelisch-lutherischen Missionswerks in Niedersachsen, Klaus Hampe. Natürlich hat er recht – und gleichzeitig liegt er völlig falsch, wenn er gegenüber der anderen großen Missionsreligion, deren radikale Vertreter den vermeintlichen sittlichen Niedergang des christlichen Abendlandes anprangern, das Büßerhemd anzieht. Hampe wendet sich sogar »gegen eine leichtfertige Verwendung des Begriffs Christenverfolgung«, denn »hinter Übergriffen auf Christen stehen oft andere Motive als Hass auf ihre Religion.«[24] Hätten Delorme, Hampe und andere ähnlich viel Verständnis, wenn Moscheen in Europa bei manchen Menschen Erinnerungen an die arabischen oder osmanischen Eroberungszüge und Gräuel weckten? Oder bedeuten die muslimischen Expansionskriege eine weniger »schwere Last«?

Ein weiteres Beispiel, dass sich auch überzeugte Christen bisweilen mit der Solidarität für Muslime in Deutschland leichter tun als mit der Solidarität für ihre Glaubensbrüder und -schwestern in der islamischen Welt, lieferte die Missionszeitschrift *Kontinente*, die allerdings regelmäßig über die Christenverfolgung in der islamischen Welt berichtet. Sie erörterte in einem Leserforum die Frage, »ob Moscheen bei uns nur gebaut werden sollen, wenn in der Türkei im Gegenzug dazu Kirchen errichtet werden?« Erleichtert verkündete die Redaktion das Ergebnis: »Die Mehrheit ist gegen ein

›Aufrechnen‹.« Exemplarisch wurden dazu Stellungnahmen zitiert wie: »Wir sollten muslimischen Mitbürgern die Möglichkeit geben, Moscheen zu bauen. Verbindet uns doch der Glaube an einen Gott. Wir hoffen, dass unsere Großzügigkeit Nachahmung in anderen Ländern findet.«[25]

Die Hoffnung hat sich bislang als trügerisch erwiesen und nichts deutet darauf hin, dass sich daran in absehbarer Zeit etwas ändert. Man muss es nüchtern betrachten: Es gibt keinen ernsthaften Druck einflussreicher gesellschaftlicher Kräfte im Abendland, die darauf hinarbeiten würden, dass den Christen in der muslimischen Welt die grundlegenden Menschenrechte gewährt werden. Das gilt für Vertreter der Kirchen ebenso wie der christlichen Parteien. Lieber wird die Opferrolle des Islam im Abendland beklagt – ungeachtet der Tatsache, dass es im Dialog der Kulturen nicht weiterhilft, wenn immer nur die Vergehen der einen Seite zur Sprache kommen und die andere höchst selten mit ihren Fehlern konfrontiert wird; aus Angst, die Vertreter des Islam könnten sich dann vom Dialog zurückziehen.

Wenn die allgemeinen Grundsätze von religiöser Toleranz keinen universellen Anspruch besitzen, so darf es nicht überraschen, dass am Ende des ersten Jahrzehnts des 21. Jahrhunderts 80 Prozent der Opfer religiöser Intoleranz Christen sind (Anschläge, Morde und sonstige Übergriffe innerhalb einer Glaubensgemeinschaft nicht mitgerechnet). Wenn also die Moslems, wie es gerne heißt, die neuen Juden Europas wären, was wären dann erst die Christen in der islamischen Welt?

Perspektiven für ein friedliches Miteinander

Wie immer man die Inhalte der islamischen Lehre beurteilen mag, verlangt allein die Tatsache, dass sich etwa 1,3 Milliarden Menschen weltweit dazu bekennen, Respekt und Achtung vor dieser Religion. Respekt ist immer dann überzeugend, wenn er aus einer Position der Stärke resultiert.

Doch der Respekt, den wichtige Meinungsführer in der abendländischen Welt – von Helmut Schmidt über Günther Grass, den Professoren Hans Küng, Eugen Drewermann, Johan Galtung und Horst-Eberhard Richter bis zum Erzbischof von Canterbury – immer wieder für den Islam einfordern, wird nicht aus einer selbstbewussten und starken Haltung heraus gezollt, sondern entspringt einer Büßerhemd-Mentalität, denn er attestiert dem Islam eine Opferrolle. Dies aber entspricht weder der historischen noch der aktuellen Situation. In ihrer Geschichte standen sich die beiden großen Offenbarungsreligionen Christentum und Islam an Verfolgung, Grausamkeit und Intoleranz in nichts nach, im Kontakt mit dem Buddhismus und Hinduismus waren muslimische Eroberer die Aggressoren. Sich dies bewusst zu machen, bedeutet nicht aufrechnen, sondern aufklären. Die Tatsachen müssen offen auf den Tisch, damit man sich ehrlich und sachlich mit ihnen beschäftigen kann. Daraus fordern zu wollen, dass Muslime in Demutshaltung herumlaufen sollen, wäre Unsinn. Eine nüchterne Auseinandersetzung mit den Schattenseiten der eigenen Vergangenheit jedoch ist eine wichtige Voraussetzung für jede Emanzipation; dabei kann sich der Islam auf die eigenen historischen emanzipativen Ansätze im Sinne der Ijtihad-Tradition zurückbesinnen. Den Muslimen in dem Prozess Ratschläge oder gar Vorgaben zu erteilen, wäre allerdings paternalistische Bevormundung.

Dennoch soll in diesem Zusammenhang hervorgehoben werden, dass es auch heute einflussreiche, aufklärerische Muslime in der Tradition von Al-Mamum, Avicenna, Averroës oder Rumi gibt. Manche kommen aus der mystischen Sufi-Bewegung, etwa der Sudanese Mahmud Muhammad Taha (1909–1985), der in vielen Belangen Mahatma Gandhi ähnlich war. Von tiefer Frömmigkeit geprägt, kämpfte er entschieden gegen die britischen Kolonialherren und setzte sich für eine gesellschaftliche Emanzipation sowie die Aussöhnung mit dem nicht-islamischen Südsudan ein. Das führte immer wieder zu Anklagen wegen Apostasie, den Abfall vom Islam. Unter Präsident Numeiri wurde er als 75-Jähriger in einem politischen Schauprozess zum Tode verurteilt und gehängt, obwohl das sudanesische Gesetz die Hinrichtung von über 70-Jährigen verbietet. Wenige Tage später vertrieb das Militär Numeiri von der Macht. Tahas vor allem in den 1950er-Jahren entstandene Schriften, darunter die *Zweite Botschaft des Islam*, bezeugen den hohen Wert der Individualität und der persönlichen Freiheit, die er nicht im Widerspruch zum Koran sah. Zudem war Taha ein früher Befürworter der Gleichstellung der Geschlechter.

Unweit von Tahas Heimat wirkte Nasr Hamid Abu Zaid (1943–2010), ein ägyptischer Literaturwissenschaftler und ein mutiger Vertreter des liberalen und reformierten Islam. Er forderte unter anderem eine kritische Exegese des Korans, die er damit begründete, dass die heilige Schrift in einer »menschlichen Sprache« niedergeschrieben sei und die »damaligen Werte« widergespiegelt habe. Obwohl Abu Zaid die göttliche Offenbarung des Korans nie bestritten hat, betrachteten ihn die Strenggläubigen als Apostaten. Auch er wurde verfolgt, bedroht und diskriminiert, bevor er schließlich mit seiner Frau, von der er »als Apostat« zwangsgeschieden werden sollte, in die Niederlande floh.

Aus der gleichen Generation stammt Abdurrahman Wahid (1940–2009), Indonesiens »Lehrer der Nation«. Er war einer der einflussreichsten Geistlichen seines Landes, der sogar in die Politik ging und 1999 zum Präsidenten gewählt wurde. Als Politiker weniger erfolgreich, gehörte er zu den wichtigsten Vertretern eines toleranten, weltoffenen Islam, der Salman Rushdie und die *Satanischen Verse* verteidigte.

Über die Grenzen seines Landes hinaus ist auch der »Imam des Friedens« bekannt, Hassem Chalghoumi, der Prediger der Moschee von Drancy im Nordosten von Paris. Er ruft zu Feindesliebe und Versöhnung auf, vor allem mit den Juden, die in Frankreich häufig Opfer von Überfällen arabischer Banden werden. »Wir entstammen der gleichen Familie, die Kinder Israels und Ismaels sind Vettern«[1], postuliert er. Zudem ist er ein entschiedener Verfechter des Burka-Verbots.

Eine muslimische Reformbewegung in Nordamerika hat Persönlichkeiten wie Irshad Manji und Tahir al-Kadri hervorgebracht. Manji, die Tochter indischer Eltern aus Uganda mit kanadischem Pass, wendet sich vor allem gegen die Diskriminierung von Frauen und Homosexuellen im Islam – und ist selbst bekennende Lesbe, was sie nicht im Widerspruch zu ihrem Glauben sieht. In Kanada lehrt auch der aus Pakistan stammende al-Kadri, der im März 2010 als erster muslimischer Geistlicher in einer 600-seitigen Fatwa islamische Terroristen als »Ungläubige« gebrandmarkt hat: »Die Täter erweisen sich als völlig unfolgsam gegenüber dem Islam, mit anderen Worten: Sie sind Ungläubige.«[2]

In Deutschland ist die Islamwissenschaftlerin Lamya Kaddor eine der bekanntesten Vertreterinnen eines liberalen Islam.

Der von ihr initiierte »Liberal-islamische Bund« akzeptiert ebenfalls gleichgeschlechtliche Beziehungen und wendet sich entschieden gegen alle Formen des Antisemitismus.

Wechselseitige Beeinflussung

Für die Vertreter der abendländischen Kultur stellt sich die Frage, wie sie den islamischen Strömungen in Europa und darüber hinaus begegnen sollen. Dazu eignet sich das Büßerhemd nicht. Stattdessen müssen selbstbewusst die eigenen Werte bekräftigt und gelebt werden. Ob es sich dabei um dezidiert christliche, aufklärerische oder atheistische Positionen handelt, ist eine Frage der individuellen Überzeugung und des gesellschaftlichen demokratischen Konsens. All diese Geisteshaltungen gehören zum Abendland und sie sind sich einig in der Forderung nach Individualität, persönlicher Freiheit, Gleichheit, Pluralismus, Rede- und Versammlungsfreiheit, Toleranz, Menschenrechten sowie der Trennung von Religion und Politik. Ferner gehört dazu auch das Recht, sich im Wettstreit der Meinungen kritisch und bisweilen polemisch auseinanderzusetzen. Diese Werte dürfen unter keinen Umständen zur Disposition gestellt oder relativiert werden, auch nicht mit dem Verweis auf religiöse Gefühle oder vergangene Schandtaten, sonst ist der Beliebigkeit Tür und Tor geöffnet. Auch müssen die Werte, die verfassungsrechtlich gesichert sind, in ihrer Gesamtheit von allen Interessensgruppen anerkannt werden und dürfen nicht nur partiell eingeklagt werden, wenn es dem eigenen Vorteil dient. Konkret nimmt dann die Religionsfreiheit keinen höheren Stellenwert ein als die Pressefreiheit. Die Grenzen der Letzteren liegen dort, wo bewusst Unwahrheiten oder persönliche Diffamierungen in die Welt gesetzt werden. Zudem ist die Forderung der christlich-abendländischen Gemeinschaft angemessen, dass diejenigen, die freiwillig in ihr leben, diese Werte in ihrer Substanz anerkennen und sie nicht bekämpfen.

Im Gegenzug beeinflusst auch der Islam die abendländische Gesellschaft. Die wohl nachhaltigste Folge besteht darin, dass die wachsende Zahl der in Europa lebenden Muslime und ihre selbstbewusste Art der öffentlichen religiösen Praxis die christliche Religion selbst, die seit der Aufklärung immer stärker in die Defensive geraten ist, wieder zu einem Thema gemacht hat. So gibt es nicht nur anhaltende Debatten über den Islam, sondern auch über den Wert von Religion und Spiritualität im Allgemeinen. Nicht-Muslime, die es früher kaum gewagt haben, offen zu ihrer Religiosität zu stehen, fühlen sich durch diese Entwicklung gestärkt, mutiger ihren eigenen Glauben zu leben.

Wohin also geht die Reise der religiösen Koexistenz in Europa? Womöglich kommt es zu einem neuen Wertekonsens, der die abendländische Tradition als Substanz anerkennt und die religiöse Hingabe der Muslime integriert. Das Resultat könnte eine tiefe persönliche Frömmigkeit mit einem hohen Maß an Toleranz gegenüber allen anderen Lebens- und Glaubensformen sein. Eine solche Mischung hat es bislang nur in kleinen religiösen Gruppen wie der Mystik oder dem Sufismus gegeben, aber nicht als gesellschaftliches Konzept. Und diese Mischung kann sogar die Debatte in der islamischen Welt anregen und befruchten.

Eine gemeinsame geistliche Basis ganz anderer Art propagiert der aus dem Iran stammende und in den USA lebende Politologe Vali Nasr: »Im Kern geht es nicht um die Frage der Toleranz, sondern darum, wie Muslime und der Westen zu gemeinsamen Werten kommen. Und da ist die Antwort eindeutig: Der Kapitalismus, die Ausweitung der Märkte, also die Globalisierung, werden dafür sorgen. Toleranz ist eine moralische Kategorie, gemeinsame wirtschaftliche Interessen aber schaffen Bande, die weit darüber hinausgehen.«[3] Nasr erwartet, dass Unternehmer und Geschäftsleute den Islam öffnen und reformieren werden. Auf diese Weise, sozusagen von innen, könne auch der Extremismus besiegt werden, der den Interessen der Mittelschichtsmuslime widerspreche, weil er den Geschäften schade. Der Politologe belegt seine These mit Ländern wie Somalia, Jemen, Afghanistan und Pakistan: Dort sei die ökonomische Integration am schwächsten und der Extremismus am stärksten.

Eine Frage der Ehre

Wie immer eine künftige gemeinsame Orientierung aussehen wird, die abendländische Gesellschaft sollte von ihrer Basis schon deshalb nicht abrücken, weil sie religiösen Minderheiten alle Voraussetzungen bietet, ihren Glauben frei zu leben. Auch wenn es vereinzelt in Teilen der deutschen Bevölkerung Ressentiments gegenüber Muslimen gibt, so gilt dies nicht für die Mehrheit und schon gar nicht für die Entscheidungsträger in Politik, Justiz, Wirtschaft, Publizistik. Beispiel Köln: Im Zuge der Debatte um die Kölner Großmoschee hat sich eine antiislamische Bürgerrechtsbewegung formiert, die sich Pro Köln nennt. Sie lehnt den Bau des islamischen Gotteshauses als einzige lokale Kraft dezidiert ab. Bei der Kommunalwahl 2009 hat sie gerade einmal 4 Prozent der Stimmen erhalten, so wenig wie bei der Wahl zuvor. Von einem Zuwachs ihrer Anhängerschaft also keine Spur. Ihre Mahnwachen gegen den Bau werden außerdem so kläglich frequentiert, dass sie das Gegenteil von dem bewirken, was Pro Köln will: Sie sind eine Demonstration für die Akzeptanz der Großmoschee in der Rheinmetropole. Der landespolitische Ableger Pro NRW erreichte bei den Landtagswahlen 2010 sogar nur 0,8 Prozent, obwohl Wahlkabinen ein idealer Ort für Islamgegner wären, um ihren Vorbehalten Ausdruck zu verleihen, ohne sich zeigen zu müssen. Doch der Protest findet einfach nicht statt.

Pro Köln und Pro NRW sind keine Einzelfälle: Nirgendwo haben es Islamgegner in Deutschland geschafft, zu einer politischen Kraft zu werden und nennenswerte Teile der Bevölkerung zu mobilisieren, egal ob auf Kundgebungen, bei Wahlen oder dem Versuch, Moscheebauten zu verhindern. Das sollte von den Muslimen deutlicher als bisher anerkannt werden, statt dass sie in der Opferrolle verharren.

Der Islam fordert von seinen Gläubigen fünf grundlegende Pflichten, über die nicht diskutiert werden kann: das Bekenntnis zu Allah, das fünfmalige Gebet pro Tag gen Mekka, die Wallfahrt (Hadsch) nach Mekka mindestens einmal im Leben, die Einhaltung des Fastenmonats Ramadan und die Almosen-Pflicht. So weit das Pflichtprogramm, das nicht nur in Deutschland, sondern im gesamten Abendland gewährleistet ist. Alles, was darüber hinausgeht, ist Kür. Diese sorgt bekanntlich für die kreative Selbstverwirklichung und die Freude an der Einhaltung der Pflichten. Im Abendland zählt zu ihr der Bau repräsentativer Moscheen mit eindrucksvollen Minaretten. Dagegen ist nichts einzuwenden – außer, dass Entscheidungen über Gotteshäuser und deren Symbole sowie ganz allgemein über die Praxis der Religionsfreiheit nicht isoliert für ein Land oder eine Kultur gefällt werden können, sondern ein weltweiter Konsens gefunden werden muss, der alle religiösen Minderheiten gleichermaßen einschließt. Das verlangt die Allgemeine Erklärung der Menschenrechte und deren universeller Anspruch. So kann nicht akzeptiert werden, dass Vertreter türkisch-islamischer Verbände in Deutschland, die von der Türkei unterstützt, deren Imame vom türkischen Religionsministerium entsandt werden, in deren Moscheen und Versammlungshäusern die türkische Nationalfahne hängt und die den türkischen Ministerpräsidenten Erdogan wie einen Helden feiern, behaupten, die Diskriminierung und Verfolgung der Christen in der Türkei ginge sie nichts an, darüber würden sie nicht diskutieren. Wenn sie die Werte ernst nähmen, auf die sie sich im Abendland berufen, wäre es eine Frage ihrer Ehre, die Rechte, die sie selbst in Anspruch nehmen, für die Minderheiten in ihrer Heimat einzuklagen.

Was aber ist die Konsequenz aus der weitverbreiteten Intoleranz innerhalb der islamischen Welt? Gewiss nicht, es ihr gleichzutun. Denn damit würde das Abendland all seine Werte leichtfertig aufs Spiel setzen. Es gibt keine Alternative zu selbstbewusster Toleranz und Gleichheit. Rechte für die religiösen Minderheiten in der islamischen Welt zu fordern, bedeutet nicht, in Aufrechnung und Rechthaberei zu verfallen. Da diesen Schritt bisher noch niemand von staatlich-offizieller Seite getan hat, kann nur darüber spekuliert werden, wie die islamische Welt darauf reagieren würde. Sollten die Regierungen der muslimischen Länder aber die Gewährung von Religionsfreiheit weiterhin als einseitige Verpflichtung betrachten, der alle westlichen Länder nachzukommen haben, darf dort zumindest die Einschränkung von Privilegien kein Tabu sein, solange damit die gesetzlichen Grundlagen der Religionsfreiheit nicht berührt werden.

Warum zum Beispiel wird der Türkei zugestanden, immer neue Imame nach Deutschland zu schicken, während die dortigen Christen noch nicht einmal Kirchen, geschweige denn theologische Seminare errichten dürfen? Ebenso muss die Frage erlaubt sein, ob angesichts des hartnäckig verweigerten Kirchenbaus in der Türkei die Moscheen der türkischen Vereine etwas bescheidener ausfallen sollten. Bei den Bauten von Köln-Ehrenfeld, Duisburg-Marxloh und anderen islamischen Gotteshäusern geht es nicht um Religionsfreiheit, sondern um machtpolitische Präsenz, um die Botschaft: »Wir gehören dazu«. So weit, so gut, doch zur Türkei gehören seit knapp 2000 Jahren auch die Christen, die 1000 Jahre vor dem Eindringen der Türken in Kleinasien ansässig waren. Ein paar Appelle in Fernseh-Talkshows oder am Rande von türkischen Staatsbesuchen reichen nicht aus, um der Verantwortung für die Christen am Bosporus gerecht zu werden. Werden solche Zusammenhänge hergestellt und deutlich gemacht, dass ein Messen mit zweierlei Maß nicht länger akzeptiert werden kann, könnte eine Angleichung der Standards nach oben statt unten die Folge sein, zumal die Türkei großen Wert darauf legt, ihren Einfluss auf die in Deutschland lebenden Landsleute nicht zu verlieren. Um aber solche Forderungen zu erheben, muss die abendländische Welt zunächst ein ähnlich starkes Gemeinschaftsgefühl entwickeln wie die muslimische Umma.

Das im bilateralen christlich-muslimischen Kontakt derzeit praktizierte vor-aufklärerische Prinzip, wonach die allgemeinen Menschenrechte keine universelle Gültigkeit haben, sondern von der Großzügigkeit des jeweiligen Souveräns abhängen, ist im Zeitalter der Globalisierung ein unakzeptabler Anachronismus. Dass dieser Anachronismus vor allem von denen vertreten wird, die innerhalb der eigenen Grenzen Gleichheit, Vielfalt und bedingungslose Toleranz fordern, trägt Züge einer Realsatire. Doch die Ironie bleibt angesichts der trostlosen Situation der Christen in der islamischen Welt im Halse stecken.

Ein Beispiel aus der jüngsten Vergangenheit deutet an, dass selbstbewusstes Auftreten letztlich für mehr Respekt sorgt: die Reaktionen auf die Regensburger Vorlesung zum Thema »Glaube, Vernunft und Universität« von Papst Benedikt XVI. am 12. September 2006. Darin zitierte der Papst den byzantinischen Kaiser Manuel II. (1350–1425) mit den Worten »Zeig mir doch, was Mohammed Neues gebracht hat, und da wirst du nur Schlechtes und Inhumanes finden wie dies, dass er vorgeschrieben hat, den Glauben, den er predigte, durch das Schwert zu verbreiten.« Im Gesamtkontext war die Rede des Papstes nicht so antiislamisch, wie das herausgegriffene Zitat eines von den osmanischen Eroberern bedrängten christlichen Kaisers zunächst erscheinen ließ. Denn es ging dem Papst in der Substanz seiner Vorlesung darum, Glaube und Vernunft in Einklang zu bringen und die Stellung des Glaubens in der Auseinandersetzung mit der Moderne zu stärken. In dem Zusammenhang wies er die gewaltsame Glaubensverbreitung zurück. Dies wäre sicherlich überzeugender gewesen, wenn der Papst auch den Beitrag seiner eigenen Kirche an der Schwertmission thematisiert und bedauert hätte. So aber wurde seine Rede in der islamischen Welt zunächst mit Protesten und Entsetzen aufgenommen: »Die Muslime haben das Recht, wütend und verletzt zu sein über diese Kommentare des höchsten christlichen Klerikers«, meinte der einflussreiche, der Muslimbruderschaft angehörige Scheich Jussuf al-Kardawi, der maßgeblich den Karikaturenstreit angeheizt hatte und Selbstmordattentate legitimiert. »Der Papst im Vatikan hat sich der zionistisch-amerikanischen Allianz gegen den Islam angeschlossen«, befand eine marokkanische Zeitung.[4] Die Proteste nahmen jedoch nicht das Ausmaß an wie im Falle von Rushdies *Satanischen Versen* oder den dänischen Mohammed-Karikaturen. Vielleicht weil muslimische Meinungsführer bei genauerer Analyse erkannten, dass die Anliegen des Papstes, der am Ende ein Dialogangebot unterbreitete, gar nicht weit von den eigenen Positionen entfernt waren? Jedenfalls nahmen 38 führende muslimische Theologen das katholische Kirchenoberhaupt beim Wort und luden ihn schriftlich zum Dialog ein: Prinz Hassan von Jordanien, ein Onkel des amtierenden Königs, initiierte 2007 einen von 138 muslimischen Religionsgelehrten unterzeichneten Brief an den Papst, den ökumenischen Patriarchen Bartholomäus I. sowie den anglikanischen Bischof Williams von Canterbury. Darin heißt es: »Wenn Muslime und Christen nicht in Frieden leben, kann die Welt nicht in Frieden leben.« Es gelte, sich auf »grundlegende gemeinsame Prinzipien« zu konzentrieren und nicht nur »den netten ökumenischen Dialog zwischen religiösen Führern« zu pflegen.[5] Derartige Initiativen bekräftigen die These, dass Menschen, die tief in ihrer eigenen Kultur verankert sind, Achtung und Respekt denjenigen entgegenbringen, die ebenfalls tief mit ihrer eigenen Kultur verwurzelt sind. Nur ein globales, gleichberechtigtes Miteinander von abendländischer und islamischer Welt garantiert langfristig Frieden und Entwicklung. Jede Art von Dominanz, Diskriminierung und Missionierung gebiert dagegen neue Konflikte.

Thesen zum christlich-islamischen Verhältnis

1. Beide Kulturen verbindet eine lange und wechselvolle Geschichte, die auch von zahlreichen Kriegen und Massakern geprägt ist. Hinsichtlich des Ausmaßes der Verbrechen stehen sich beide in nichts nach.

2. Religionsfreiheit und Toleranz, die von Muslimen in der abendländischen Welt eingefordert und dort weitgehend gewährt werden, sind universeller Natur und müssen auch für religiöse Minderheiten in der islamischen Welt gelten.

3. Die abendländische Welt hat gelernt, sich selbst zu reflektieren und ihre eigenen Überzeugungen nicht länger als alleinige Wahrheit anzusehen. Ein solcher Erkenntnisprozess ist auch für andere Kulturen unverzichtbar, wenn es zu einem friedlichen Miteinander kommen soll.

4. Verschiedene Rechtsgrundsätze wie das Recht auf Religionsfreiheit, auf körperliche Unversehrtheit, auf freie Entfaltung der Persönlichkeit, auf Meinungs- und Pressefreiheit u. a. sind gleichwertig und dürfen nicht gegeneinander ausgespielt werden.

5. Der Einsatz für die Opfer religiöser Intoleranz ist ein Gebot der Solidarität und Menschlichkeit. Dies als »Aufbau neuer Feindbilder« oder »Aufrechnen« zu diffamieren, ignoriert das Leid der Opfer.

6. Keine terroristische Vereinigung hat ihre Opfer so willkürlich und wahllos gesucht wie die religiös motivierten Gruppen, die sich unter Al-Qaida lose zusammengeschlossen haben. Dieser Gefahr zu begegnen, ist die Aufgabe der gesamten zivilisierten Welt.

Anhang

Anmerkungen

Einführung: Der Islam – Opfer abendländischer Arroganz?

[1] Todenhöfer, Jürgen: *Warum tötest du, Zaid?*, München 2008, S. 177
[2] Siehe u. a. www.ibka.org/artikel/rundbriefe03/muslime.html
[3] Vgl. Ein Bär namens Mohammed, in: *Der Spiegel*, 49/2007, S. 105 (Kurzbeitrag ohne Name)

Kapitel 1: Tragende Werte?
Das Abendland und die islamische Welt

[1] Tibi, Bassam: *Europa ohne Identität? Leitkultur oder Wertebeliebigkeit?*, München 2002, S. XVII
[2] Tibi, a.a.O., S. XVI
[3] Ates, Seyran: *Der Multikulti-Irrtum. Wie wir in Deutschland besser zusammenleben können*, Berlin 2008, S. 251
[4] Schmidt-Salomon, Michael.: Leitkultur Humanismus und Aufklärung, in: *Aufklärung und Kritik*, Sonderheft Islamismus, 13/2007, S. 170
[5] Droit, Roger-Pol: *Das Abendland. Wie wir uns und die Welt sehen*, Darmstadt 2010, S. 9f
[6] Strittmatter, Kai: Wer hat Angst vorm Muselmann?, in: *Süddeutsche Zeitung*, 31. Mai 2010
[7] Droit, a.a.O., S. 14
[8] Droit, a.a.O., S. 94
[9] Winkler, Heinrich August: *Geschichte des Westens. Von den Anfängen in der Antike bis zum 20. Jahrhundert*, München 2009, S. 28

[10] Jaspers, Karl: *Vom Ursprung und Ziel der Geschichte*, München 1949, S. 88

[11] Hammerstein, Konstantin v. und Wiegrefe, Klaus: Ungeheuer subversive Kraft, in: *Der Spiegel*, 39/2009, S. 60

[12] Menander: *Monosticha*, Sprüchesammlung, Nr. 2, hg. von Egon Gottwein, Speyer 2004/05

[13] Mohr, Reinhard, u. a.: Die unverschleierte Würde des Westens, in: *Der Spiegel*, 52/2001, S. 62

[14] Hammerstein, Konstantin v. und Wiegrefe, Klaus, a.a.O. in: *Der Spiegel*, 39/2009, S. 58

[15] Siehe u. a. Weidner, Stefan: *Allah heißt Gott*, Frankfurt 2006, S. 28ff

[16] Berg, Stefan und Wensierski, Peter: Es gibt die Pflicht zur Selbstkritik, in: *Der Spiegel*, 20/2008, S. 48

[17] Miquel, André und Laurens, Henry: *Der Islam. Eine Kulturgeschichte*, Heidelberg 2004, S. 39

[18] Miquel/Laurens, a.a.O., S. 36

[19] Khoury, Adel: Zur Theologie des Gesetzes im Koran, in: Fitzgerald, Michael, u. a. (Hg.): *Mensch, Welt, Staat im Islam*, Graz 1977, S. 73

[20] De Winter, Leon: Mörderische Frömmigkeit, in: *Der Spiegel*, 29/2005, S. 110

[21] Kermani, Navid: Und tötet sie, wo immer ihr sie findet. Zur Missachtung des textuellen und historischen Kontexts bei der Verwendung von Koranzitaten, in: Schneiders, Thorsten Gerald: *Islamfeindlichkeit. Wenn die Grenzen der Kritik verschwimmen*, Wiesbaden 2009, S. 202

[22] *The Encyclopaedia of Islam*, Bd. 5, hg. v. Bearman, P. J. u. a., Paris 1986, S. 436

[23] Lerch, Wolfgang Günter, in: *Frankfurter Allgemeine Zeitung*, 10. April 2006

[24] Kermani, Navid, a.a.O., S. 202

[25] Schirrmacher, Christine: Das Verhältnis der Muslime zu den Christen in der Frühzeit des Islam, in: Spuler-Stegemann, Ursula (Hg.): *Feindbild Christentum im Islam. Eine Bestandsaufnahme*, Freiburg 2009, S. 47

[26] Fuchs, Cornelia und Gassel, Steffen: Das verfemte Geschlecht, in: *Der Stern*, 28/2010, S. 48

[27] Miquel/Laurens, a.a.O., S. 174

[28] Vgl. N.N.: Was steckt hinter dem umstrittenen Paragrafen 301?, in: *Der Tagesspiegel*, 21. März 2008

[29] Zaman, Amberin: Pro-Armenian journalist shot dead in Turkey, in: *Daily Telegraph*, 21. Januar 2007

[30] Messaoudi, Khalida: Die Kulturfalle, in: Schwarzer, Alice (Hg.): *Die Gotteskrieger und die falsche Toleranz*, Köln 2002, S. 167

[31] Tibi, a.a.O., S. 51

[32] Tibi, a.a.O., S. 150f

[33] Zitiert nach *Fakt*, WDR, Informationen zur Sendung vom 25. September 2009

[34] Broder, Henryk M.: *Kritik der reinen Toleranz*, Berlin 2008, S. 14

[35] Ates, a.a.O., S. 210

[36] Tibi, a.a.O., S. 151

[37] Schwarzer, Alice: Die falsche Toleranz, in: Schwarzer (Hg.), a.a.O., S. 9

Kapitel 2: Wer pflegt die Opferrolle des Islam?

[1] Brettfeld, Katrin und Wetzels, Peter: *Muslime in Deutschland. Eine Studie des Bundesinnenministeriums*, Hamburg 2007, S. 441

[2] Zitiert nach www.tagesschau.de, 11. Juli 2006

[3] Schädler, Karin: Tote Ägypterin im Netz betrauert, in: *Die Tageszeitung*, 10. Juli 2009

[4] Schulz, Daniel: Muslime fordern mehr Anteilnahme, in: *Die Tageszeitung*, 17. Juli 2009

[5] Zitiert nach dem Rundfunk der Islamischen Republik Iran vom 14. Juli 2009, nachzulesen unter: www.medienverantwortung.de/publikationen/interviews

[6] Vgl. www.turkishpress.de vom 24. März 2010

[7] Vgl. www.solidaritaet-mit-dr-sabine-schiffer.de

[8] Denso, Christian u. a.: Unsere Angst, in: *Die Zeit*, 16. Juli 2009

[9] Schwilk, Heimo: Ein Herz für die Ärmsten der Armen, in: *Welt am Sonntag*, 21. Juni 2009

[10] Vgl. www.tagesschau.de vom 11. Juli 2009

[11] Vgl. u.a. www.migazin.de vom 26. Oktober 2009

[12] Rosenkranz, Stefanie: Islam in Deutschland. Eine Religion unter Verdacht, in: *Der Stern*, 16/2004, S. 26

[13] Zitiert nach www.heute.de vom 29. November 2009

[14] Vgl. u. a. Rüssmann, Ursula: ARD- und ZDF-Programm »stärkt Islam-Angst«, in: *Frankfurter Rundschau*, 3. Februar 2007

[15] Hafez, Kai und Richter, Carola: *Das Gewalt- und Konfliktbild des Islams bei ARD und ZDF*, hg. v. Lehrstuhl für Medien- und Kommunikationswissenschaft der Universität Erfurt, Januar 2007

[16] Hafez/Richter, a.a.O., S. 2

[17] Hafez/Richter, a.a.O., S. 2f

[18] Hafez/Richter, a.a.O., S. 7

[19] Schiffer, a.a.O., S. 226

[20] Schiffer, a.a.O., S. 33

[21] Zitiert nach www.tagesschau.de, 3. März 2007

[22] Schneiders, Thorsten Gerald (Hg.): *Islamfeindlichkeit. Wenn die Grenzen der Kritik verschwimmen*, Wiesbaden 2009, Klappentext

[23] Bielefeld, Heiner: Das Islambild in Deutschland. Zum öffentlichen Umgang mit der Angst vor dem Islam, in: Schneiders, a.a.O., S. 169

[24] Bielefeld, a.a.O., S. 195

[25] Peucker, Mario: Islamfeindlichkeit – die empirischen Grundlagen, in: Schneiders, a.a.O., S. 155

[26] Zitiert nach *KulturSpiegel*, 10/2008, S. 8

[27] Küng, Hans: *Der Islam, Geschichte, Gegenwart, Zukunft*, München 2004

[28] Hacker, Andreas: Miteinander reden statt schießen, in: *Schwäbisches Tagblatt*, 1. Dezember 2004

[29] N.N.: Drewermann lobt Islam, in: *Kölner Stadt Anzeiger*, 11. November 2006

[30] Drewermann, Eugen: *Krieg ist Krankheit, keine Lösung. Eine Basis für den Frieden*, Freiburg 2002, S. 77f

[31] Rede von Eugen Drewermann auf einer Kundgebung gegen den Krieg im Nahen Osten, Paderborn, 12. August 2006, nachzulesen unter: www.friedenskooperative.de

[32] Zitiert nach www.igmg.de, Internetportal der islamischen Gemeinschaft Milli Görüs, 5. November 2008

[33] Micksch, Jürgen: *Evangelisch aus fundamentalem Grund. Wie sich die EKD gegen den Islam profiliert*, Frankfurt 2007, S. 335

[34] EKD-Texte, 86/ 2006

[35] Weber, Hartwig: *Lexikon Religion*, Reinbek 2001, S. 149

[36] Weber, a.a.O., S. 146

[37] Weber, a.a.O., S. 146

[38] Schmidt. Helmut: *Außer Dienst*, München 2010, S. 310

[39] N.N.: Wir können nicht warten, bis Bush etwas merkt, Interview in: *Neues Deutschland*, 13. Februar 2006

[40] Zitiert nach www.schattenblick.de, 17. September 2010

[41] Sokolowsky, Kay: *Feindbild Moslem*, Berlin 2009, Verlagsankündigung

[42] Emcke Carolin: Liberaler Rassismus, in: *Die Zeit*, 25. Februar 2010

[43] Kandel, Johannes: Glaube und Wahn, in: *Die Zeit*, 15. April 2010

[44] Rösch-Metzler, Wiltrud: Kopftücher im Fitnessclub. Das Zusammenleben mit Muslimen verlangt viel – von beiden Seiten, in: *Eine Welt*, Hamburg 1/2008, S. 14

[45] Clearingprojekt (Hg.): *Das Islambild verändern. Positionen zur Überwindung von Islamfeindlichkeit*, Darmstadt 2009, S. 4

[46] Clauswitz, Bettina von: Religionen als Brandstifter oder Friedensstifter? in: *In die Welt für die Welt*, 3/2010, S. 6

[47] Schiffer, Sabine im Rundfunk der Islamischen Republik Iran, 14. Juli 2009

[48] Schiffer, Sabine: *Die Darstellung des Islam in der Presse. Sprache, Bilder, Suggestionen*, Würzburg 2005, S. 223

[49] Schiffer, Sabine und Wagner Christian: *Antisemitismus und Islamophobie. Ein Vergleich*, Wassertrüdingen 2009

[50] Zitiert nach http://zfa.kgw.tu-berlin.de/feindbild_konferenz.htm

[51] Schoeps, Julius H.: Hetzer mit Parallelen, in: *Die Jüdische*, 4. Januar 2010

[52] Denso, Christian, a.a.O., in: *Die Zeit*, 16. Juli 2009

[53] Vgl. Kotte, Hans-Hermann: Cihad mit Zahnspange, in: *Frankfurter Rundschau*, 5. Februar 2010

[54] Sardar, Ziauddin: The next holocaust, in: *New Statesman*, 5. Dezember 2005

[55] Hafez, Kai, zitiert nach: www.uni-erfurt.de/kommunikationswissenschaft/personen/personenuebersicht/prof-dr-kai-hafez/

[56] Pressemitteilung der EUMC vom 18. Dezember 2006

[57] Vgl. Open Society Institute (Hg.): *Muslims in Europe. A Report on 11 EU City*, London 2009

[58] Vgl. auch http://islam.de/15276.php

[59] Zitiert nach *Religiöser Fanatismus ist nicht die Hauptursache von politischer Gewalt und Terror*, Presseerklärung der Bertelsmann-Stiftung vom 21. November 2006

[60] Vgl. Röben, Bärbel: Religion ist keine wichtige Konfliktursache, in: *Eins Entwicklungspolitik*, 10,11/2007, S. 35

[61] Perger, W. A.: Gefährliche Wahrheiten, in: *Die Zeit*, 4. Dezember 2003

[62] *Manifestations on Antisemitism in the EU 2002–2003*, nachzulesen unter: http://eumc.eu.int

[63] Seidel, Eberhard: Die halbierte Aufklärung, in: *Die Tageszeitung*, 24. Oktober 2001

[64] Vgl. dazu Al-Nasani, Ali: Gemischte arabische Gefühle, in: *AI-Journal*, 9/ 2002, S. 14f

[65] Vgl. N.N.: Ich speise Ideen ein. Obama-Beraterin Dalia Mogahed über die Kairoer Rede, in: *Der Spiegel*, 24/2009, S. 116

[66] Vgl. dazu Hujer, Marc und Steinvorth, Daniel: Die besseren Amerikaner, in: *Der Spiegel*, 37/2007, S. 148f

[67] Zitiert nach http://www.migration-info.de/mub_artikel.php?Id=070509, Mai 2007

[68] Hujer, Marc und Steinvorth, Daniel: a.a.O., in: *Der Spiegel*, 37/2007, S. 149

[69] Stein, Hannes: Warum nur die USA den Islam retten können, in: *Die Welt*, 2. April 2008

[70] Zitiert nach www.heute.de, 6. November 2009

[71] Diederichs, Friedemann: Fort Hook. Amoklauf oder Terroranschlag?, in: *Nürnberger Nachrichten*, 9. November 2009

[72] N.N.: Alarmzeichen missachtet, in: *Der Spiegel*, 47/2009. S. 91

[73] Nichols, John: Horror at Fort Hook Inspires Horribly Predictable Islamophobia, in: *The Nation*, 5. November 2009

Kapitel 3: Die Motivation hinter der Opferrolle –
die zukünftige Gestaltung Europas

[1] Ates, a.a.O., S.140

[2] Miquel/Laurens, a.a.O., S.24

[3] Follath, Erich und Leick, Romain: Ein verwüstetes Universum, in: *Der Spiegel*, 46/2005, S.166

[4] Caldwell, Christopher: *Reflections on the Revolution in Europe. Immigration, Islam, and the West*, London und New York 2009, S.173

[5] Zitiert nach www.bdb.buergerbewegung.de; vgl. auch Schönfeld, Gerda-Marie: Gewohnter Tritt in die Eier, in: *Der Stern*, 34/2002, S.142

[6] Tibi, Bassam: Selig sind die Belogenen, in: *Die Zeit*, 29. Mai 2002

[7] Albrecht, Alexander: Die Fragen sind angebracht, in: *Pforzheimer Zeitung*, 11. Januar 2006

[8] Denffer, Ahmad von: Kritische Anmerkungen zur »Islamischen Charta«, in: *Al-Islam*, 2/2002, S.7

[9] Köhler, Ayyub Axel: *Islam – Leitbilder der Wirtschafts- und Gesellschaftsordnung*, Köln 1981, S.28

[10] Köhler, a.a.O., S.25

[11] Zitiert nach www.bdb.buergerbewegungen.de/yart0504ovg. html, 2005

[12] Hofmann, Wilfried Murat: *Der Islam als Alternative*, München 1992, S.23

[13] Vgl. N.N.: CSU erzürnt über Scharia-Äußerungen aus der FDP, in: *Süddeutsche Zeitung*, 30. Oktober 2008

[14] Vgl. Bartsch, Matthias u.a.: Mekka Deutschland. Die stille Islamisierung, in: *Der Spiegel*, 13/2007, S.32

[15] Vgl. auch Kandel, Johannes und Hempelmann, Reinhard: Der Erzbischof von Canterbury und die Scharia. Anmerkungen zum Islam in Europa, auf: www.islaminstitut.de

[16] Vgl. u.a. *Der Tagesspiegel*, 13. September 2006 (Agenturmeldung)

[17] Vgl. dazu. www.dradio.de/dlf/sendungen/interview_dlf/667130

[18] Ates, a.a.O. S.141

[19] Desselberger, A. u.a.: Vertraut und fremd, in: *Focus*, 48/2004, S.30

[20] Hipp, Dietmar und Verbeet, Markus: Pulverdampf des Kultur-kampfes, in: *Der Spiegel*, 13/2007, S. 26

[21] Vgl. N.N.: Unangenehme Überraschung, in: *Süddeutsche Zeitung*, 30. Mai 2008

[22] Siemes, Christof: Vor allem bin ich nicht ich, in: *Die Zeit*, 9. November 2006

[23] Kuzmany, Stefan und Pilarczyk, Hannah: Man braucht die nötige Portion Feigheit, in: *Die Tageszeitung*, 8. Februar 2006

[24] N.N.: Verlag nimmt Ehrenmord-Krimi aus dem Programm, in: *Der Spiegel online*, 3. Oktober 2009

[25] Vgl. www.netzeitung.de vom 13. Februar 2006

[26] N.N.: Liberaler Muslim-Verband, in: *Süddeutsche Zeitung*, 10. Juni 2010

[27] Vollständig dokumentiert unter www.sueddeutsche.de/politik/85/432834/text vom 13. Februar 2008

[28] Vgl. Cziesche, Dominik: Rasante Wende, in: *Der Spiegel*, 23/2006, S. 44

[29] Zu nennen ist in dem Zusammenhang vor allem das ZDF-Magazin *Frontal 21*, das unter anderem die extremistischen Predigten des Berliner Imams Yakup Tasci dokumentiert und sich kritisch mit dem Konvertiten Pierre Vogel auseinandergesetzt hat.

[30] Vgl. Ceylan Rauf: *Die Prediger des Islam. Imame – Wer sie sind und was sie wirklich wollen*, Freiburg 2010

[31] Kahl, Joachim: Grenzen der Toleranz, in: *Aufklärung und Kritik*, Sonderheft Islamismus 13/2007, S. 125f

[32] Mönch, Regina: Der Idomeneo-Reflex, in: *Frankfurter Allgemeine Zeitung*, 27. November 2008

[33] Vgl. N.N.: Mahnende Stimmen zur Eröffnung der Moschee, in: *Die Welt*, 27. Oktober 2008

[34] Vgl. Miersch, Michael: Was spricht gegen die Moschee?, in: *Cicero*, 10/2007, S. 102

[35] Vgl. www.wdr.de/themen/kultur/religion/moschee_duisburg/100407.jhtml?stdComments=1 vom 7. April 2010

[36] Kelek, Necla: Wer schützt die Muslime?, in: *Frankfurter Allgemeine Zeitung*, 17. März 2010

[37] Vgl. N.N.: Aufregung um Wendeltreppe in Minarett, in: *Odenwälder Zeitung*, 15. Mai 2010

[38] Vgl. www.remid.de/newsletter/religionen-info-2007-juni.pdf, 5. Juni 2007

[39] Vgl. dazu N.N.: Islam im demografischen Aufwind, in: *Focus online*, 31. März 2007

[40] Vgl. Brandt, Andrea u.a.: Angst vor Eurabien, in: *Der Spiegel*, 50/2009, S. 112ff

[41] Rohr, Mathieu v.: Der Islam ist in Europa wichtiger als das Christentum, in: *Spiegel online*, 8. Dezember 2009

[42] Steinfeld, Thomas: Unsere Hassprediger, in: *Süddeutsche Zeitung*, 14. Januar 2010

[43] Steinfeld, Thomas: Was heißt Religionskritik?, in: *Süddeutsche Zeitung*, 1. Februar 2010

[44] Maron, Monika: Die Besserfundis, in: *Der Spiegel*, 4/2010, S. 107

[45] Rienhardt, Joachim: Falsche Angst, in: *Der Stern*, 48/2004, S. 64

[46] Kresta, Edith: Wir sind zu indifferent gegenüber Islamisten, in: *Die Tageszeitung*, 17. November 2004

[47] Lau, Jörg: Die Einbürgerung des Islam, in: *Die Zeit*, 28. Juni 2007

[48] Maron, Monika: Die Besserfundis, in: *Der Spiegel*, 4/2010, S. 106

[49] Kurbjuweit, Dirk: Euphorie der Freiheit, in: *Der Spiegel*, 13/2010, S. 132

[50] Buter, Veronika: Die Anwältin der Abtrünnigen, in: *Kontinente*, 6/2009, S. 15

[51] Hirsi Ali, Ayaan: *Ich klage an. Plädoyer für die Befreiung der muslimischen Frauen*, München 2005, S. 30f

[52] Schiffauer, Werner: Klammheimlicher kultureller Rassismus, in: *Die Tageszeitung*, 6. November 2000

[53] Lerch, Wolfgang Günter: Ahmadineschad im Glashaus, in: *Frankfurter Allgemeine Zeitung*, 14. Juli 2009

[54] Vgl. Cassen, Bernard (ATTAC), Tribune, in: *Politis*, 20. Januar 2005

[55] Seidl, Claudius: Unsere heiligen Krieger, in: *Frankfurter Allgemeine Sonntagszeitung*, 10. Januar 2010 und Steinfeld, Thomas: Unsere Hassprediger, in: *Süddeutsche Zeitung*, 14. Januar 2010

[56] Chervel, Thierry: Das Unbehagen an der Unkultur, in: *Die Welt online*, 23. Januar 2010

Kapitel 4: Kampf der Kulturen und Krise der Moderne

[1] Huntington, Samuel P.: *Kampf der Kulturen. Die Neugestaltung der Weltpolitik im 21. Jahrhundert*, München und Wien 1996, S. 349f

[2] Zitiert nach *Kulturelle Konflikte treten häufiger auf – der ›Kampf der Kulturen‹ findet trotzdem nicht statt*, Presseerklärung der Bertelsmann-Stiftung zur Veröffentlichung der Studie *Kultur und Konflikt in globaler Perspektive*.

[3] Interview mit der Katholischen Nachrichtenagentur KNA, 7. Februar 2006

[4] Engel, Gerhard: Die offene Gesellschaft und ihre neuen Feinde, in: *Aufklärung und Kritik*, a.a.O., S. 104

[5] Wirsing, Giselher: *Engländer, Juden, Araber in Palästina*, Leipzig 1942, S. 135f

[6] Zitiert nach www.matthiaskuentzel.de/contents/ueber-die-europaeischen-wurzeln-des-antisemitismus-im-gegenwaertigen-islamischen-denken, November 2004

[7] Taheri, Amir: *Morden für Allah. Terrorismus im Auftrag der Mullahs*, München, 1993, S. 173

[8] Zitiert nach www.jamestown.org

[9] Cziesche, Dominik u. a.: Harte Hand gegen Hassprediger, in: *Der Spiegel*, 48/2004, S. 36

[10] Bloch, Werner: Die Poesie der Freiheit, in: *Die Zeit*, 2. Oktober 2002

[11] Vgl. sein Referat auf dem Symposium »Islamisches Denken im Wandel und die Europäische Aufklärung« des Annemarie Schimmel Forums für Interreligiöse und Interkulturelle Verständigung, Bonn, 21./22. Januar 2006

[12] Zitiert nach Erhard Brunn: Der Islam vor den Herausforderungen der Moderne, in: *Eins Entwicklungspolitik*, 5/2006, S. 13

[13] Broder, Henryk M.: *Hurra, wir kapitulieren. Von der Lust am Einknicken*, Berlin 2006, S. 16ff

[14] Zitiert nach Fanon, Frantz: *Die Verdammten dieser Erde*, Frankfurt/Main 1981, S. 17

[15] Als Ausnahme könnte die maoistische peruanische Bewegung »Sendero Luminoso« (Leuchtender Pfad) genannt werden, die

vor allem in den 1970er- und 1980er-Jahren einen blutigen Guerillakrieg gegen die Regierung in Lima geführt hat. Zwar gelang es ihr zeitweilig, Teile der indigenen Landbevölkerung zu mobilisieren, doch die Bewegung nahm keine Rücksicht auf deren Tradition und verübte zahlreiche Massaker an den Indigenas. Geistiger Vater und Führer der Bewegung war der Philosophieprofessor Abimel Guzmán, ein glühender Verehrer von Mao Zedong.

[16] Diner, Dan: *Versiegelte Zeit. Über den Stillstand in der islamischen Welt*, Berlin 2007, S. 109ff

[17] Enzensberger, Hans Magnus: *Schreckens Männer. Versuch über den radikalen Verlierer*, Frankfurt/Main 2006, S. 31ff

[18] Enzensberger, a.a.O., S. 33f

[19] Weber, Max: *Gesammelte Aufsätze zur Religionssoziologie*, Tübingen 1920/21

[20] Vgl. dazu www.arabstates.undp.org

[21] Vgl. dazu seine Äußerungen in *New Strait Times*, 16. Februar 2008 bzw. *The Star*, 17. Februar 2008

[22] Vgl. N.N.: Eine islamische Renaissance, in: *Der Spiegel*, 28/2010, S. 99

[23] Vgl. www.royalsociety.org/a-new-golden-age

[24] Vgl. Gathmann, Benjamin: Weltliches Geld und islamisches Recht, in: *Entwicklungspolitik* 7,8/2005, S. 30

[25] N.N.: Arm in Arm gegen Amerika, in: *Focus online*, 26. November 2009

[26] Jessen, Norbert: Die islamische Mickey Maus hetzt wieder, in: *Die Welt*, 14. Mai 2007

[27] Vgl. Ritzmann, Alexander: Hamas radikalisiert Kinder mit Hass-Hasen, in: *Die Welt*, 19. März 2008

[28] Zitiert nach www.tagesschau.de, 13. Mai 2007

[29] Hackensberger, Alfred: Schäuble verbietet Hisbollah-Sender Al Manar, in: *Telepolis*, 25. November 2008

[30] Deggerich, Markus: Wir führen faktisch einen Krieg der Kulturen, in: *Spiegel online*, 2. November 2001

[31] Schwabe, Alexander: Wir sollten nicht der Illusion Bushs verfallen, in: *Spiegel online*, 8. Februar 2006

[32] Thiel, Reinold E.: Mohammeds Kopf, in: *Welternährung*, 4/2006, S. 12

[33] Lefringhausen, Klaus: Dimensionen des Weltzorns, in: *Eins Entwicklungspolitik*, 13,14/2007, S. 66

[34] Interview mit der Katholischen Nachrichtenagentur KNA, 7. Februar 2006

[35] Hölkemeier, Wilhelm: Jetzt nicht die Spirale der Gewalt hochdrehen, in: *Schwäbisches Tagblatt*, 20. September 2001

[36] Schwabe, Alexander: Wenn man Bin Laden tötet, entstehen zehn neue, in: *Spiegel online*, 19. September 2001

[37] Leick, Romain: Das ist der vierte Weltkrieg, in: *Spiegel online*, 15. Januar 2002

[38] Roy, Arundhati: *Die Politik der Macht*, München 2002, S. 276f

[39] Todenhöfer, Jürgen: Bin Laden tötete weniger Menschen als Bush, in: *Der Stern* 31/2008, S. 98

Kapitel 5: »Ja, aber die Kreuzzüge ...« –
Christen als Opfer islamischer Expansion und Intoleranz

[1] Schirrmacher, a.a.O., S. 35f

[2] Stoldt, Till-Reimer: Hinrichtung im Namen des Propheten, in: *Die Welt*, 21. September 2007

[3] Vgl. www.opendoors-de.org/verfolgung/weltverfolgungsindex/plazierung_2010, 2010

[4] Milger, Peter: *Die Kreuzzüge – Krieg im Namen Gottes*, München 1988, S. 119

[5] N.N.: Das Erbe Saladins, in: *Geo*, 02/2006, S. 150

[6] N.N.: Das Erbe Saladins, in: *Geo*, 02/2006, S. 150

[7] Zitiert nach Käppner, Joachim: Karthagos zweites Leben, in: *Süddeutsche Zeitung*, 17./18. Mai 2008

[8] Messaoudi, a.a.O., S. 167

[9] Höfert, Almut: Die ›Türkengefahr‹ in der frühen Neuzeit. Apokalyptischer Feind und Objekt des ethnografischen Blicks, in: Schneiders, a.a.O., S. 62

[10] Schneiders, a.a.O., S. 12

[11] Davis, Robert C.: *Christian Slaves, Muslim Masters. White Slavery in the Mediterranean, the Barbary Coast and Italy, 1500–1800*, New York 2003, S. 23

[12] Vgl. dazu Curtin, Philipp D.: *The Atlantic Slave Trade. A Census*, Madison 1964

[13] Vgl. dazu www.tagesschau.de, 10. Januar 2010

[14] Zitiert nach CBS, 60 Minuten, 20. Dezember 2009

[15] Grossbongardt, Annette: Tod in der Kirche, in: *Der Spiegel*, 15/2006, S. 121

[16] Mitteilungen der Evangelischen Melanchthon Kirchengemeinde, Berlin-Spandau, November 2005

[17] Gesellschaft für bedrohte Völker (Hg): *Die größte Christenverfolgung der Gegenwart*, Winter 2007/08

[18] Vgl. *KRM verurteilt Anschlag auf gestrige Weihnachtsmesse ägyptischer Christen*, nachzulesen unter: www.islam.de, 8. Januar 2010

[19] N.N.: Schulbücher im Iran bringen Kindern Feindbilder bei, in: *Frankfurter Rundschau*, 5. Februar 2007

[20] Todenhöfer, a.o.O., S. 110

[21] Zitiert nach www.tagesschau.de/ausland/tuerkei52.html

[22] Grossbongardt, a.a.O., S. 121

[23] N.N.: Christenfeinde ermorden Deutsche in Bibelverlag, in: *Spiegel online*, 18. Juli 2007

[24] Zitiert nach www.idea.de, das christliche Nachrichtenportal, 2. Dezember 2009

[25] N.N.: Moscheenbau nur gegen Kirchenbau?, in: *Kontinente*, 4/2009, S. 7

Nachwort: Perspektiven für ein friedliches Miteinander

[1] N.N.: Der Imam des Friedens, in: *Kontinente*, 4/2010, S. 5

[2] Vgl. N.N.: Führender Islamgelehrter geißelt Terror, in: *Der Tagesspiegel*, 2. März 2010

[3] Zand, Bernhard: Ökonomie produziert Moral, in: *Der Spiegel*, 5/2010, S. 124

[4] Zitiert nach Bednarz, Dieter u. a.: Das Haus des Krieges, in: *Der Spiegel*, 38/2006, S. 68ff

[5] Zitiert nach Seiterich, Thomas: Zwei zu null für die Muslime, in: *Publik Forum*, 2. November 2007

Ausgewählte Literatur

Abdel-Samad, Hamed: *Der Untergang der islamischen Welt. Eine Prognose*, München 2010

Ackermann, Ulrike: *Welche Freiheit? Plädoyers für eine offene Gesellschaft*, Berlin 2007

Ahadi, Mina mit Vogt, Sina: *Ich habe abgeschworen*, München 2008

Akbas, Melda: *So wie ich will – Mein Leben zwischen Moschee und Minirock*, München 2010

Amirpur, Katajun und Ammann, Ludwig (Hg.): *Der Islam am Wendepunkt. Liberale und konservative Reformer einer Weltreligion*, Freiburg 2006

Ates, Seyran: *Der Multikulti-Irrtum. Wie wir in Deutschland besser zusammenleben können*, Berlin 2008

Ates, Seyran: *Der Islam braucht eine sexuelle Revolution. Eine Streitschrift*, Berlin 2009

Bazargan, Mehdi: *Und Jesus ist sein Prophet. Der Koran und die Christen*, München 2006

Beinhauer-Köhler, Bärbel und Leggewie, Claus: *Moscheen in Deutschland. Religiöse Heimat und gesellschaftliche Herausforderung*, München 2009

Brettfeld, Katrin und Wetzels, Peter: *Muslime in Deutschland. Eine Studie des Bundesinnenministeriums*, Hamburg 2007

Broder, Henryk M.: *Hurra, wir kapitulieren. Von der Lust zum Einknicken*, Berlin 2006

Broder, Henryk M.: *Kritik der reinen Toleranz*, Berlin 2008

Bsteh, Andreas und Mahmood, Tahir (Hg.): *Um unsere Zeit zu bedenken. Christen und Muslime vor den Herausforderungen der Gegenwart*, Mödling 2003

Bsteh, Andreas und Mahmood, Tahir (Hg.): *Intoleranz und Gewalt. Erscheinungsformen, Gründe, Zugänge*, Mödling 2004

Bundesamt für Migration und Flüchtlinge (Hg.): *Muslimisches Leben in Deutschland*, Nürnberg, Juni 2009

Caldwell, Christopher: *Reflections on the Revolution in Europe. Immigration, Islam and the West*, London und New York 2009

Cileli, Serap: *Eure Ehre – unser Leid*, München 2008

Cileli, Serap: *Wir sind eure Töchter, nicht eure Ehre*, München 2006

Chervel, Thierry und Seeliger, Anja (Hg.): *Islam in Europa. Eine internationale Debatte*, Frankfurt 2007

Churchill, Winston: *Kreuzzug gegen das Reich des Mahdi*, Frankfurt/Main 2008

Courbage, Youssef und Todd, Emmanuel: *Die unaufhaltsame Revolution. Wie die Werte der Moderne die islamische Welt verändern*, München 2008

Davis, Robert C.: *Christian Slaves, Muslim Masters. White Slavery in the Mediterranean, the Barbary Coast und Italy, 1500–1800*, New York 2003

De Gioia, John: *Islam and the West. Annual Report on the State of Dialogue*, Washington 2008

Diner, Dan: *Versiegelte Zeit. Über den Stillstand in der islamischen Welt*, München 2007

El Hassan bin Talal: *Das Christentum in der arabischen Welt*, Wien, Köln und Weimar 2003

El Masrar, Sineb: *Muslim Girls. Wer wir sind, wie wir leben*, Frankfurt/Main 2010

Enzensberger, Hans Magnus: *Schreckens Männer. Versuch über die radikalen Verlierer*, Frankfurt 2006

Fallaci, Oriana: *Die Wut und der Stolz*, München 2001

Fallaci, Oriana: *Die Kraft der Vernunft*, München 2006

Gabriel, Mark A.: *Islam und Terrorismus. Was der Koran wirklich über Christentum, Gewalt und die Ziele des Djihad lehrt*, Gräfelfing 2004

Gerhards, Meik: *Golgatha und Europa. Warum das Evangelium zu den bleibenden Grundlagen des Abendlandes gehört*, Göttingen 2007

Hafez, Kai: »*Heiliger Krieg*« *gegen den Westen. Das Gewaltbild des Islam in der deutschen Presse*, Köln 1996

Hafez, Kai: *Heiliger Krieg und Demokratie. Radikalität und politischer Wandel im islamisch-westlichen Vergleich*, Bielefeld 2009

Hippler, Jochen und Lueg, Andrea: *Feindbild Islam*, Hamburg 2002

Hirsi Ali, Ayaan: *Ich klage an. Plädoyer für die Befreiung der muslimischen Frauen*, München 2005

Hirsi Ali, Ayaan: *Mein Leben, meine Freiheit. Die Autobiographie*, München 2006

Huntington, Samuel P.: *Kampf der Kulturen. Die Neugestaltung der Weltpolitik im 21. Jahrhundert*, München und Wien 1996

Idriz, Benjamin u. a.: *Islam mit europäischem Gesicht. Perspektiven und Impulse*, Kevelaer 2010

Institut für Auslandsbeziehungen (Hg.): *Der Westen und die islamische Welt. Europäisch-islamischer Kulturdialog*, Stuttgart 2004

Jones, Sherry: *Aisha. Das Erbe des Propheten*, München 2009

Juergensmeyer, Mark: *Die Globalisierung religiöser Gewalt. Von christlichen Milizen bis al-Qaida*, Hamburg 2009

Kaddor, Lamya (Hg.): *Islamische Erziehungs- und Bildungslehre*, Münster 2008

Kaddor, Lamya und Müller, Rabeya: *Der Koran für Kinder und Erwachsene*, München 2008

Kaddor, Lamya: *Muslimisch, weiblich, deutsch. Mein Weg zu einem zeitgemäßen Islam*, München 2010

Karsh, Efraim: *Imperialismus im Namen Allahs. Von Muhammad bis Osama bin Laden*, München 2007

Kelec, Necla: *Islam im Alltag. Islamische Religiosität und ihre Bedeutung in der Lebenswelt von Schülerinnen und Schülern türkischer Herkunft*, Münster 2002

Kelec, Necla: *Bittersüße Heimat. Bericht aus dem Inneren der Türkei*, Köln 2008

Kelec, Necla: *Himmelsreise. Mein Streit mit den Wächtern des Islam*, Köln 2010

Kepel, Gilles: *Zwischen Kairo und Kabul. Eine Orient-Reise zu Zeiten des Dschihad*, München 2002

Kermani, Navid: *Schöner, neuer Orient. Berichte von Städten und Kriegen*, München 2003

Kermani, Navid: *Der Schrecken Gottes. Attar, Hiob und die metaphysische Revolte*, München 2005

Kermani, Navid: *Wer ist wir? Deutschland und seine Muslime*, München 2009

Kippenberg, Hans G.: *Gewalt als Gottesdienst. Religionskriege im Zeitalter der Globalisierung*, München 2008

Körber-Stiftung (Hg.): *Mittlerer Osten und Westliche Werte – ein Dialog mit dem Iran*, Hamburg 2004

Kroth, Isabella: *Halbmondwahrheiten. Türkische Männer in Deutschland – Innenansichten einer geschlossenen Gesellschaft*, München 2010

Küng, Hans: *Der Islam. Geschichte, Gegenwart, Zukunft*, München 2004

Lüders, Michael: *Das Lächeln des Propheten. Eine arabische Reise*, Stuttgart 1996

Lüders, Michael: *Wir hungern nach dem Tod. Woher kommt die Gewalt im Dschihad-Islam?*, Hamburg 2001

Lüders, Michael: *Im Herzen Arabiens*, Freiburg 2005

Lüders, Michael: *Allahs langer Schatten. Der Islam und die Angst des Westens*, Freiburg 2007

Lüling, Günter: *Die Wiederentdeckung des Propheten Mohammed. Eine Kritik am christlichen Abendland*, Erlangen 1981

Maier, Hans: *Das Doppelgesicht des Religiösen. Religion – Gewalt – Politik*, Freiburg 2004

Manji, Irshad: *Der Aufbruch. Plädoyer für einen aufgeklärten Islam*, Frankfurt/Main 2003

Meddeb, Abdelwahab: *Die Krankheit des Islam*, Heidelberg 2002

Mernissi, Fatima: *Herrscherinnen unter dem Halbmond. Die verdrängte Macht der Frauen im Islam*, Freiburg 2004

Mernissi, Fatima: *Der politische Harem, Mohammed und die Frauen*, Freiburg 2010

Naef, Silvia: *Bilder und Bilderverbot im Islam*, München 2007

N'diaye, Tidiane: *Der verschleierte Völkermord. Die Geschichte des muslimischen Sklavenhandels in Afrika*, Reinbek bei Hamburg 2010

Nolte, Paul: *Religion und Bürgergesellschaft. Brauchen wir einen religionsfreundlichen Staat?*, Berlin 2009

Pasha, Kamran: *Aischa und Mohammed. Ein Roma über die Seele des Islam*, München 2010

Pott, Marcel: *Allahs falsche Propheten*, Bergisch Gladbach 1999

Pott, Marcel: *Der Westen in der islamischen Falle*, Köln 2009

Qani, Nadia: *Ich bin eine Deutsche aus Afghanistan. Von der Drachenläuferin zur Unternehmerin*, Frankfurt/Main 2010

Rohe, Matthias: *Das islamische Recht. Geschichte und Gegenwart*, München 2009

Roy, Arundhati: *Die Politik der Macht*, München 2002

Roy, Olivier: *Der falsche Krieg. Islamisten, Terroristen und die Irrtümer des Westens*, München 2008

Said, Edward: *Orientalismus*, Frankfurt/Main 1979

Sarrazin, Thilo: *Deutschland schafft sich ab. Wie wir unser Land aufs Spiel setzen*, München 2010

Schäfer, Heinrich Wilhelm: *Kampf der Fundamentalismen. Radikales Christentum, radikaler Islam und Europas Moderne*, Frankfurt/Main 2008

Schiffer, Sabine: *Die Darstellung des Islam in der Presse*, Würzburg 2005

Schiffer, Sabine und Wagner, Constantin: *Antisemitismus und Islamophobie. Ein Vergleich*, Wassertrüdingen 2009

Schimmel, Annemarie: *Und Muhammad ist sein Prophet. Die Verehrung des Propheten in der islamischen Frömmigkeit*, Düsseldorf 1981

Schimmel, Annemarie: *Der Islam. Eine Einführung*, Stuttgart 1990

Schimmel, Annemarie: *Morgenland und Abendland. Mein west-östliches Leben*, München 2002

Schirrmacher, Christine: *Der Islam. Geschichte, Lehre, Unterschiede zum Christentum*, Holzgerlingen 1994

Schirrmacher, Christine: *Herausforderung Islam. Der Islam zwischen Krieg und Frieden*, Holzgerlingen 2002

Schirrmacher, Christine: *Islam und christlicher Glaube. Ein Vergleich*, Holzgerlingen 2006

Schirrmacher, Christine: *Die Scharia. Recht und Gesetz im Islam*, Holzgerlingen 2007

Schirrmacher, Christine: *Islamismus – Wenn Religion zu Politik wird*, Holzgerlingen, 2010

Schirrmacher, Christine und Spuler-Stegemann, Ursula: *Frauen und die Scharia. Menschenrechte im Islam*, München 2004

Schneiders, Thorsten Gerald (Hg.): *Islamfeindlichkeit. Wenn die Grenzen der Kritik verschwimmen*, Wiesbaden 2009

Schneiders, Thorsten Gerald (Hg.): *Islamverherrlichung. Wenn die Kritik zum Tabu wird*, Wiesbaden 2010

Scholl-Latour, Peter: *Allah ist mit den Standhaften – Begegnungen mit der islamischen Revolution*, Stuttgart 1983

Scholl-Latour, Peter: *Kampf dem Terror – Kampf dem Islam? Chronik eines unbegrenzten Krieges*, München 2002

Schulze, Fritz und Warnk, Holger: *Religion und Identität. Muslime und Nicht-Muslime in Südostasien*, Wiesbaden 2008

Schwarzer, Alice: *Die Gotteskrieger und die falsche Toleranz*, Köln 2002

Schwarzer, Alice: *Die große Verschleierung. Für Integration, gegen Islamismus*, Köln 2010

Serauky, Eberhard: *Im Glanze Allahs. Die arabische Kulturwelt und Europa*, Berlin 2004

Sokolowsky, Kay: *Feindbild Islam*, Berlin 2009

Spuler-Stegemann, Ursula: *Die 101 wichtigsten Fragen: Islam*, München 2007

Spuler-Stegemann, Ursula (Hg.): *Feindbild Christentum im Islam. Eine Bestandsaufnahme*, Freiburg 2009

Sternberg, Guido: *Der nahe und der ferne Feind. Die Netzwerke des islamischen Terrorismus*, München 2005

Tarnas, Richard: *Das Wissen des Abendlandes. Das europäische Weltbild von der Antike bis zur Moderne*, Düsseldorf 2006

Tibi, Bassam: *Die Krise des modernen Islam. Eine vorindustrielle Kultur im wissenschaftlich-technischen Zeitalter*, München 1981

Tibi, Bassam: *Der Islam und das Problem der kulturellen Bewältigung sozialen Wandels*, Frankfurt/Main 1985

Tibi, Bassam: *Die fundamentalistische Herausforderung. Der Islam und die Weltpolitik*, München 1992

Tibi, Bassam: *Islamischer Fundamentalismus, moderne Wissenschaft und Technologie*, Frankfurt/Main 1992

Tibi, Bassam: *Im Schatten Allahs. Der Islam und die Menschenrechte*, München 1994

Tibi, Bassam: *Krieg der Zivilisationen. Politik und Religion zwischen Vernunft und Fundamentalismus*, Hamburg 1995

Tibi, Bassam: *Der wahre Imam. Der Islam von Mohammed bis zur Gegenwart*, München 1996

Tibi, Bassam: *Europa ohne Identität? Die Krise der multikulturellen Gesellschaft*, München 1998

Tibi, Bassam: *Die neue Weltunordnung. Westliche Dominanz und islamischer Fundamentalismus*, Berlin 1999

Tibi, Bassam: *Kreuzzug und Djihad. Der Islam und die westliche Welt*, München 1999

Tibi, Bassam: *Der Islam und Deutschland. Muslime in Deutschland*, Stuttgart 2000

Tibi, Bassam: *Fundamentalismus im Islam. Eine Gefahr für den Weltfrieden?*, Darmstadt 2000

Tibi, Bassam: *Einladung in die islamische Geschichte*, Darmstadt 2001

Tibi, Bassam: *Islamische Zuwanderung. Die gescheiterte Integration*, Stuttgart 2002

Tibi, Bassam: *Der neue Totalitarismus. Heiliger Krieg und westliche Sicherheit*, Darmstadt 2004

Tibi, Bassam: *Die islamische Herausforderung. Religion und Politik im Europa des 21. Jahrhunderts*, Darmstadt 2007

Todenhöfer, Jürgen: *Wer weint schon um Abdul und Tanaya? Die Irrtümer des Kreuzzugs gegen den Terror*, Freiburg 2003

Todenhöfer, Jürgen: *Andy und Marwa. Zwei Kinder und der Krieg*, München 2005
Todenhöfer, Jürgen: *Warum tötest du, Zaid?*, München 2008

Udink, Betsy: *Allah & Eva. Der Islam und die Frauen*, München 2007
Ulfkotte, Udo: *Propheten des Terrors. Das geheime Netzwerk der Islamisten*, Frankfurt 2001
Ulfkotte, Udo: *Heiliger Krieg in Europa. Wie die radikale Muslimbrüderschaft unsere Gesellschaft bedroht*, Frankfurt 2007
Ulfkotte, Udo: *SOS Abendland. Die schleichende Islamisierung Europas*, Rottenburg 2008

Troll, Christian W.: *Muslime fragen, Christen antworten*, Regenburg 2003
Troll, Christian W.: *Als Christ dem Islam begegnen*, Würzburg 2004

Weidner, Stefan: *Allah heißt Gott. Eine Reise durch den Islam*, Frankfurt/Main 2006
Weiss, Walter M.: *Handbuch Islam*, Köln 2002
Weiss, Walter M.: *Schnellkurs Islam*, Köln 2008
Welzbacher, Christian: *Euroislam-Architektur. Die neuen Moscheen des Abendlandes*, Amsterdam 2008
Wils, Jean-Pierre: *Gotteslästerung*, Frankfurt/Main 2007

Ziegler, Jean: *Der Hass auf den Westen. Wie sich die armen Völker gegen den wirtschaftlichen Weltkrieg wehren*, München 2009
Zingsem, Vera: *Sind die Weltreligionen friedensfähig? Ein Plädoyer für eine gerechte Religion*, Stuttgart 2006

Das Leben der Tibeter im Exil

»Wenn der Eisenvogel fliegt und die Reitpferde auf Rädern rollen, wird der Mann aus dem Schneeland seine Heimat verlassen müssen und der Dharma wird die Länder des rotwangigen Mannes erreichen«, prophezeite der buddhistische Lehrer Padmasambhava im 8. Jahrhundert. 1200 Jahre später erfüllt sich die Vorhersage auf dramatische Weise, Tausende Tibeter gehen ins Exil. Wie ergeht es ihnen dort? Wie hat sich ihre Gesellschaft in Freiheit entwickelt?

Tibet-Kenner Klemens Ludwig beschreibt das Leben der Exilgemeinde in Indien, Nepal, Europa und Nordamerika. Er lässt Tibeter zu Wort kommen, die ihre eigene Geschichte erzählen.

»Eine umfangreiche, eindringliche und aktuelle Dokumentation. (…) Spannend zu lesen.«
Buddhismus aktuell

Klemens Ludwig
Wenn der Eisenvogel fliegt

188 Seiten mit Fotos, ISBN 978-3-485-01152-5

nymphenburger www.nymphenburger-verlag.de

*Vom Turbokapitalismus zur Nachhaltigkeit,
vom Ich zum Wir*

Die Finanzkrise ist die logische Folge eines Kapitalismus, dessen Akteure ohne Verantwortungsbe-
wusstein dem schnellen Gewinn hinterherjagen.
Auch wenn uns diese Art zu wirtschaften in der Vergangenheit Wohlstand gebracht hat, zukunftsfähig
ist sie nicht. Nun stellt sich die Grundsatzfrage: Wie
gestalten wir eine nachhaltige Wirtschafts- und
Lebenskultur und wie können wir dieses Ziel in
einer globalisierten Welt erreichen?

Alois Glück analysiert die Ursachen für unser jüngs-
tes Scheitern und beschreibt den Weg zu einem
gesellschaftlichen Kulturwandel. Fest steht: Die
Tatkraft jedes Einzelnen von uns ist dabei gefragt.

*»Eine lesenswerte Bestandsaufnahme der aktuellen
Diskussionen über die Zukunft unserer Gesellschaft.«*
Frankfurter Allgemeine Zeitung

Alois Glück
Warum wir uns ändern müssen

224 Seiten, ISBN 978-3-7766-2627-8

HERBiG www.herbig-verlag.de